人文史丛书

秋瑾
与二十世纪中国

夏晓虹 著

商務印書館
创于1897 The Commercial Press

商務印書館（上海）有限公司 出品
The Commercial Press (Shanghai) Co. Ltd.

"人文史丛书"总序

陈平原

现代学术的发展，固然后出转精，但也造成各学科自筑藩篱，楚河汉界泾渭分明，因而"人文"的整体面貌越来越模糊。确立此前未见使用的"人文史"概念，意在打破越来越精细的研究领域划分，将各人文学科的思考融会贯通。关注文学史、艺术史、学术史、思想史、教育史、媒介史等，但不是简单拼合，而是在各种结合部用力，透过相互间的区隔、纠缠与对话，挖掘其中蕴涵的时代精神与文化变迁。换句话说，借"自然史""社会史""人文史"三足鼎立的思路，重构学术视野与论述方法。

意识到国际国内形势急遽变化，技术手段及读者趣味日新月异，人文学者不能无动于衷。具体到某个学科的研究者，如何借助"新文科"的视野，重新调整自己的学术姿态，兼及外部观察与内在体验，凸显技术含量与生命情怀，实现经典化与批判性的统一，完全可以八仙过海，各显神通。

作为北京大学现代中国人文研究所主持的项目，"人文史丛书"希望尽最大可能，以跨学科的视野、跨媒介的方法、跨文体的写作，来呈现有人有文、有动有静、有声有色的古代/现代中国。

至于作者身份、论述范围、研究方法、篇幅大小等，本丛书不做任何限制。

2023年3月1日于京西圆明园花园

目　录

序

　　今年二三月间，趁着疫情未了，闲居家中，整理了迄今所写关于秋瑾的文章，辑为一书。之所以有此操作，原本是为了回应几年前的友情约稿。其实应该说，更早以前，2007年，秋瑾的侄孙秋经武先生已有过类似的提议。而写作这篇自序的此刻，上网检索，才发现老先生竟已于2021年8月故去。我的怠惰让我欠下了太多此生无法偿还的人情债。

　　为了约稿而编书固然是一个合适的理由，不过，无论提议者还是写作者，对于结集成书本当另有期待。秋瑾既然是二十世纪中国最知名的女性，对其三十三岁短促一生的研究早已硕果累累，难以计数，应该也不缺少我这一册小书的奉献。之所以执意履约，还是自认进入问题的角度与其他秋瑾研究者有别。简而言之，我对于秋瑾的考察，更多关注的是她与二十世纪中国社会思潮的关联。

　　显然，并不是每个研究对象都经得起这样的观察与分析。而秋瑾之足以成为话题人物，实与其个性中的好奇趋新、志向远大，甚至可以说具有强烈的青史留名欲望密不可分。由此造就了秋瑾思想的与时俱进，人生犹如一部传奇：从湖南时期擅长词章的"才女"，到北京时期接受男女平权启蒙的女学先进，再到留日时期崇奉民族革命的"英雌",最终以组织武装起义的光复军领袖而被杀头。可以说,秋瑾的生命历程,浓缩式地再现了近代中国激荡的思潮演变,也比一般闭锁闺中的女性拥有了更广阔的社会牵动面。

而从二十世纪中国社会思潮的视野论述秋瑾,这一构想在本书第二辑各篇有集中体现。

坦白说,全书虽分三辑,但第二辑无疑是重头戏,不仅多长文,也最近于本书论旨。辑中第一篇《秋瑾早年行迹考辨——以〈京报〉相关史料为中心》实为最晚出的论文,2021年10月写完此篇,感觉有了新作,诸文才有理由集合成编。而该文尽管仍属生平考证,乃力图确认秋瑾的出生地、赴台与入湘之年,所涉时段也在二十世纪之前,不过,思路完全是从家族史展开,亦可看出秋瑾祖父与父亲从幕僚到地方官的仕进之路,这在那个时代颇具普遍性。

接下来的《晚清人眼中的秋瑾之死》反而很早成文,这是我写的第二篇关于秋瑾的论述,也是影响最大的一篇。只是,秋瑾并非本文的主角,通篇讨论的是其1907年7月15日被杀后引发的种种社会反响。文中逐一考论了民间报刊所代表的舆论的独立性及对法制的呼唤,江苏士绅抵制浙江巡抚张曾敭调任背后的民间社团力量,山阴县令李钟岳的自杀透露出的官场分化,吴芝瑛与徐自华冒险义葬秋瑾体现的侠烈风尚,传为告密者的胡道南难逃一死彰显的暗杀威力,以及众多文学作品合力构建的爱国女杰秋瑾被冤杀的形象。凡此,都是有意借助秋瑾一案,多角度地透视晚清社会正在发生的深刻变化。我看秋瑾的特别观察点也经由此文而确立。

随后的《秋瑾与贵林》从标题可知,论文的重心显然放在了满营军官贵林一边。依据新见贵林在公祭秋瑾大会上的演说词,本文力图还原其攻击秋瑾反清革命的传言，认为参祭本身已表明贵林对秋瑾有起码的同情，演说中也委婉表达了秋瑾罪不至死一层意思。但我更看重的还在贵林所具有的满族维新人士的身份，"想分辨的是，其间不只有'革命'与'反（对）革命'之争，也有'立宪'与'革命'之争；更细致区分，则贵林代表的实为满族内部期望自新的立宪派的政治理念"。我希望能够辨认埋没在历史深处的这些人物的身影，以及他们的活动与心事。

《秋瑾诗词集初期流传经过考述》本是聚焦于最早编印的三种秋瑾遗著，即1907年何震所编《秋瑾诗词》、1910年龚宝铨编刊的《秋女士遗稿》，以及1912年王时泽编印的《秋女烈士遗稿》，主要讨论各本的成书及编者情况，特别关注三个文本之间的联系以及秋瑾遗稿的来龙去脉。而我的意图又在观照各本背后隐含的社会思潮变迁，是即本文结尾所概括的"三个印本的递嬗传衍，不仅展示了秋瑾感人的精神魅力，也见证了时代思潮的演进，为无政府主义、民族革命与共和话语留下了历史的片影"。

排在本辑最后的《二十世纪秋瑾文学形象的演化》接近五万字，属于书中最长的一篇。而论文的整体构思在开篇已有揭示：晚清以来，"对秋瑾的言说本身已积淀了丰富的历史内涵，足以映现出二十世纪中国社会思潮的更迭与演进态势"。本文"将重心置于文学作品中秋瑾形象的随时变异，借以透视隐含其间的百年政治风云与学术潮流"。以此，全文从秋瑾之死起笔，主要划分为晚清、民初、1930年代、1950—1980年代以及1990年代五个阶段，剖析秋瑾如何从女界先觉，晋升为革命先烈，并最终回归真实的女性这一系列文学形象变迁背后的社会意涵。

如果说，整个第二辑都是在秋瑾之外做文章，那么，相对而言，第一辑各篇则基本扣紧了秋瑾本人。不过，即便如此，在题目的设定上，我还是有意横向拉开。置于首篇的《始信英雄亦有雌——秋瑾与〈芝龛记〉》，亦为本人在秋瑾研究上的试笔之作。围绕秋诗《题〈芝龛记〉》八章，文章着重讨论了清人董榕所编《芝龛记乐府》中的两位女英雄——明末女将军秦良玉与沈云英对秋瑾一生行事的影响。《秋瑾与谢道韫》则以秋瑾在湖湘时期所作《谢道韫》一诗为核心文本，探究其"天壤王郎"之憾，以证成这段令秋瑾痛悔莫及的婚姻，如何反转成为她走向革命的重要动力。《秋瑾北京时期思想研究》更借由钩稽秋瑾1902年北上后的交游圈，集中考论了她积极参与的近代北京第一个妇女团体"中国妇女启明社"的成立与活动状况，以及秋瑾与京城早期女学堂的关系，确认了秋瑾此期所达致的提倡女学以谋求男女平权的思想高度。最后一篇《〈中国女报〉中的"汉侠女儿"——秋瑾的国族论述与女性意识》，乃是截取《晚清女报中的国族论述与女性意识——1907年的多元呈现》第一节而成，原文分别论述了1907年出现的三种女报不同的思想旨趣，即秋瑾主办的《中国女报》之提倡民族主义，燕斌主持的《中国新女界杂志》之宣导国家主义，何震编辑的《天义报》之标举无政府主义，如何共同丰富了近代中国的思想图景。全文已编为《晚清女子国民常识的建构》（北京大学出版社，2016年）第六章。

至于第三辑的三篇短文，大致均可归入随笔。其中《英雌秋瑾》乃报刊命题约稿。最后一则《晚清上海报刊中的秋瑾祖父遗闻》，原是本人借《点石斋画报》解读晚清上海社会系列图说中的一篇，后各文汇编为《晚清上海片影》（上海古籍出版社，2009

年）一书。而本辑最值得一说的是《我欲只手援祖国——说秋瑾的女杰情怀》，和全书各篇恢复初刊题目的体例相违，本文放弃了《秋瑾》这个最初的题名，而采用了编入《旧年人物》（文汇出版社，2008年）时的拟题。写作的缘起是接受了袁行霈先生的征召，他其时正主持《中华文明之光》大型系列电视片的制作，命我编写《秋瑾》一集。我的任务是提供一篇文稿，由导演改编成分镜头脚本。片子拍摄完成并播出后，各位作者原先的讲稿也没有浪费，又整编为同名书籍出版。

参与《中华文明之光》一事之所以要特别提出，是因为我的秋瑾研究实由此启动。此次编集才发现，1996年，我竟然一连写了三篇论秋文字：1月完成了《始信英雄亦有雌》，5月《晚清人眼中的秋瑾之死》结稿，8月提交了《秋瑾》摄制底稿。自此，秋瑾也成为我最熟悉、投入时间最多的晚清女性。

而说到各文来历，第一辑前三篇，嗣后合成《晚清文人妇女观（增订本）》（北京大学出版社，2016年）第八章《秋瑾：从家庭革命到社会革命》。犹可补记一笔的是，《秋瑾北京时期思想研究》还在酝酿中，即已接受早稻田大学岸阳子教授的邀请，在日中人文社会科学交流基金会成立二十周年，1999年8月28日假座北京友谊宾馆举办的学术研讨会上做了发言。

第二辑中，《秋瑾早年行迹考辨——以〈京报〉相关史料为中心》的成文相当偶然。2021年应浙江越生文化传媒集团邀请，为《大家文萃系列丛书》选编秋瑾读本。而依照丛书体例，最后须附一《秋瑾年表》。按说秋瑾年谱已有多家撰写，化繁为简，编制起来应不费事。不料，此事一入手便疑问多多，秋瑾早期生活轨迹几乎言人人殊。念及当年其年龄幼小，多半只能随宦，我便去检索《申报》数据库，竟然真在《京报》与新闻报道中发现了秋瑾祖父与父亲确凿的仕宦经历。论文也写得相当顺畅，自认可为相关积案下断语。

《晚清人眼中的秋瑾之死》先已编入《晚清女性与近代中国》（北京大学出版社，2004年），为第十章。其最初发表于台北《中央日报》主办的"百年来中国文学"学术研讨会的情况，已见该书《后记》。《秋瑾诗词集初期流传经过考述》也是一篇为会议写作的论文，2014年5月在香港中文大学举办的"今古齐观：中国文学的古典与现代"国际学术研讨会上首次宣读。

需要单独叙述的是《秋瑾与贵林》一文的发表。此篇系专为2007年7月15日在绍兴举办的"纪念皖浙起义暨徐锡麟、秋瑾就义一百周年"学术讨论会而作。而我之与会，乃由秋经武先生先行联络。7月14日傍晚抵达后，我也有幸应邀参加了在绍兴饭店举办的秋氏家宴，因韩国秋氏宗亲会为秋瑾百年祭组团来了三十多人。当时听到的说法是，韩国的秋姓族人有三万多，这很让我惊讶。

事后想来，我在纪念秋瑾就义百年的研讨会上，提交了一篇为满人贵林申辩的论文，确实有些不合时宜。我当然也了解，不少学者抱怨研究对象的家属或后人对其学术工作造成了干扰。不过，秋经武先生倒是对我格外有耐心，虽然我知道他不满意我的颠倒史论，包括我对秋瑾丈夫王廷钧的恕词，但他也只是辩称："王家并未准许秋瑾的棺木葬入家族墓地。"以此指出我的王家接纳了秋瑾灵柩之说并不准确（我的根据是，秋瑾弟宗章《六六私乘》中有记，"先大姊灵榇返湘，与姊婿合葬"）。秋经武先生还签字赠送了一册由他编著的《精卫石之隙——秋氏亲人记秋瑾》（远方出版社，2003年），此书连同他与郭长海先生合编的《秋瑾研究资料·文献集》（宁夏人民出版社，2007年）两大册，均已成为研究秋瑾必读的参考书。

依我所见，秋经武先生对推动秋瑾研究确实竭尽心力，功不可没。为此，我推荐过《葬秋》（Burying Autumn）一书的作者，美国加州大学尔湾校区的胡缨教授拜访过他。最后一次联系，是他为《竞雄女侠·秋瑾》上映，来北京后给我打电话，电影中秋瑾打丈夫一类情节的编造让他非常愤怒，表示要告上法庭。不过我至今没观看过这部影片，当场也无以表态，这或许让秋经武先生颇为失望。

最有戏剧性的还是《二十世纪秋瑾文学形象的演化》。此文的构思源于耶鲁大学孙康宜教授发来的会议邀请，不过，2003年3月初我刚刚动笔撰文，SARS疫情就开始蔓延。很快，我们便得到了会议延期，直至所有大陆学者不用参会的通知，我的论文也在写出两节后搁笔。再往后，《山西大学学报》来约稿，我即将此二节改题《秋瑾之死与晚清的"秋瑾文学"》交出。既然没有会议截稿时间的催促，这篇论文于是时断时续写了十年。直到2013年5月，贵州教育出版社"20世纪中国人的精神生活丛书"准备重印《秋瑾女侠遗集》（贵州教育出版社，2014年），我为之撰写《导读》，才算为这篇长文画上了句号。

如今在新冠疫情中编辑书稿，重读此文，二十年弹指而过，怎能不感慨系之？

2022年7月22日于京西圆明园花园

本事篇

始信英雄亦有雌

——秋瑾与《芝龛记》

在流芳青史的中国古代女性中，"才女"远多于"侠女"。此处所谓"侠"，不必是行走江湖、救人缓急之意，而偏取其为某一信念动用武力，因而更接近晚清以来对"侠女"的通解——为救国救民事业做出壮烈之举、勇于自我牺牲的女性。晚清人尚友古人，在此类具有侠烈风骨的女子中，最多被道及的自是花木兰与梁红玉。秋瑾痛心时事，亦称言："可怜女界无光彩，只恹恹待毙，恨海愁城。湮没木兰壮胆，红玉雄心。"[1]而歆羡"当年红玉真英杰，破虏亲将战鼓挝"[2]。不过，在木兰与红玉之外，秋瑾还别有取法，颇与众不同。

若依据上海古籍出版社1979年版《秋瑾集》加以统计，其诗词部分名列首位的"侠女"竟然非花非梁，而是秦良玉。三人出现的频率分别为三次、两次、一次[3]，梁红玉屈居末席。这还是以题目而

1　汉侠女儿（秋瑾）:《〈精卫石〉序·改造汉宫春》，中华书局上海编辑所编:《秋瑾史迹》第158页，北京: 中华书局，1958年。

2　秋瑾:《愤时叠前韵》其二，《小说林》第5期，1907年8月。

3　提及秦良玉的诗词为《题〈芝龛记〉》《赠女弟子徐小淑和韵》《满江红（肮脏尘寰）》；提及花木兰的诗作为《题〈芝龛记〉》、《偶有所感用鱼玄机步光威哀三女子韵》(一作《和〈全唐诗话〉中鱼玄机原韵》)；提及梁红玉的诗篇为《愤时叠前韵》。

不是以首数计算的结果,若在相反的情况下,秦氏还可加六分。并且,论诗题与花木兰同等的沈云英,实际占名最少为七首诗。依情理而言,花木兰、梁红玉应当最对秋瑾的心思,二人所抗击的敌方均系外族入侵者,与清末的形势及秋氏的反清革命思想正合拍。而说到历史知名度,无论秦良玉还是沈云英,都无法比攀木兰和红玉。秋瑾的舍此取彼,爱重秦、沈,总该有其特别的缘故。

事情不妨从远处谈起。读秋瑾的白话文,固然可知其尽力模仿口语,但戏曲语言也在取用的范围内。以演讲体写作的《敬告姊妹们》文中,关于女同胞的悲惨境遇即有如下一段说辞:

> 足儿缠得小小的,头儿梳得光光的;花儿朵儿札的镶的戴着,绸儿缎儿滚的盘的穿着,粉儿白白、脂儿红红的搽抹着。一生只晓得依傍男子,穿的吃的全靠着男子。身儿是柔柔顺顺的媚着,气虐儿是闷闷的受着,泪珠儿是常常的滴着,生活儿是巴巴结结的做着。一世的囚徒,半生的牛马。[1]

与《西厢记》"长亭送别"一折中著名的《叨叨令》唱词对勘:"见安排着车儿马儿,不由人熬熬煎煎的气;有什么心情将花儿靥儿,打扮得娇娇滴滴的媚;准备着被儿枕儿,则索昏昏沉沉的睡;从今后衫儿袖儿,都揾做重重叠叠的泪。"不难发现秋氏的范本所在。因此,其女弟子徐双韵述秋瑾"在学习经史诗词以外,特别爱读《芝龛记》等小说",证实秋氏对传奇一类戏曲文学的确情有

1　秋瑾:《敬告姊妹们》,《中国女报》第1期,1907年1月。

独钟；由读《芝龛记》进而"对秦良玉、沈云英备极推崇"[1]，则于秋瑾的作品中也可得到印证。

　　秋瑾早期诗篇中有《题〈芝龛记〉》八章，写作时间虽不能确指，大抵可认作居住湖南时期的手笔[2]。而董榕的《芝龛记乐府》自乾隆年间完成以来，便屡有印本，距秋瑾阅读时间最近的是光绪十五年（1889）道州署董氏重刊本。道州今地为湖南道县，重刊者为榕玄孙董耀焜，与秋瑾诗题记中所言及并熟识的"董寅伯"应是同宗晚辈，因董榕乃"董寅伯之王父"[3]。《芝龛记》原本卷首已载有大量名人序文及题词，光绪重刊本新增的此类文字便只能置于卷末，称作"书后"或"题后"。这多出的部分，即是光绪本与道光二年（1822）由董榕之孙象垚所刊本的不同处。秋瑾的题诗，又名《〈芝龛记〉题后》，也是其所读为光绪本的一条旁证。只是徐双韵所谓"小说"，用的是旧时的文类概念。今日说来，董作《芝龛记》自应算作戏曲类的传奇项下，全本有六十出。

　　尽管有人批评《芝龛记》"考据家不可言诗，更不可度曲"[4]，"失之琐碎，演者或病之焉"[5]，不过，其不适合舞台演出的短处，并未影响案头阅读的效果。文人戏曲被欣赏处往往在彼不在此。以

1　徐双韵：《记秋瑾》，中国人民政治协商会议全国委员会文史资料研究委员会编：《辛亥革命回忆录》第四集第205页，北京：中华书局，1963年。

2　各种秋瑾集的排次中，《题〈芝龛记〉》均夹在居湘诗作间。

3　秋瑾《题〈芝龛记〉》题记云："董寅伯之王父所作传奇。"（中华书局上海编辑所编：《秋瑾集》第55页，上海：上海古籍出版社，1979年）

4　杨恩寿：《词余丛话》卷二，中国戏曲研究院编：《中国古典戏曲论著集成》（九）第247页，北京：中国戏剧出版社，1959年。

5　李调元：《雨村曲话》卷下，中国戏曲研究院编：《中国古典戏曲论著集成》（八）第27页，北京：中国戏剧出版社，1960年。

《藏园九种曲》知名的蒋士铨，夜读《芝龛记》，"月昏灯炧，按节歌咏之"，也会"感触唏嘘，不自知其悲从中来，因剪灯疾书，题词数章"[1]，托人转寄给未必相识的董榕。而诸人激赏处亦即作者引以自豪的，全在"以一寸余纸，括明季万历、天启、崇祯三朝史事"，"洵乎以曲为史矣"[2]，剧中"所有事迹，皆本《明史》及诸名家文集志传，旁采说部，一一根据，并无杜撰"[3]。因之，秋瑾读此曲本，也有代信史之意。

图1-1　《重刊芝龛记乐府》封面

　　秦良玉与沈云英虽同生长明季，却并无关联。只因二人的对手均有明末农民起义军，董榕出于"阐扬忠孝节义"[4]的题旨，于是设计绾合二者，杜撰沈氏之姊并其前身云贞曾与秦氏结拜，颇具匠心。若论其本事，秦良玉为四川忠州（今忠县）土家族人[5]，于夫死后，代领其职，任石砫宣抚使。秦"为人饶

1　蒋士铨：《〈芝龛记〉题词》，董榕：《重刊芝龛记乐府》卷首第3、4页，光绪十五年（1889）道州署董氏刻本。

2　黄叔琳：《序》，董榕：《重刊芝龛记乐府》卷首第2页。

3　董榕：《〈芝龛记〉凡例》，董榕：《重刊芝龛记乐府》凡例第1页。

4　同上。

5　参见王晓波《巾帼英雄秦良玉》，《中国典籍与文化》1995年第1期。

胆智，善骑射"，"所部号白杆兵，为远近所惮"。在明末内忧外患
纷起的时局中，秦氏南征北战，赴榆关（今山海关）抵御后金军，
在四川境内与张献忠、罗汝才交锋，屡建功勋，受封总兵官，得
崇祯皇帝召见平台，赐诗四首[1]。秦良玉于晚清突受重视，尚可取其
杀敌为国的勇略；而沈云英最著名的事迹，亦为唯一的战功，则
不过是闯入敌营、夺回父尸，而被比附为孝女曹娥。这在文人的
一支生花妙笔下，自然也是奇功盖世、英杰了得：

> 于是列女束发用胄，覆罗以鞈；刷金箱而斩秣，溉黛碗
> 以传餐。朱旗拭泪，尽作胭脂；素钺矢心，勿县巾帼。乃率
> 十余骑，奋呼突隍，直趋贼垒。连斩卅寇，顿惊五校；夺父
> 骸于车上，拔贼帜于帐中。裙披马腹，泹似桃花；齿啮箭
> 头，碎为蔬叶。

因沈氏"求尸杀寇，不用城颓；誓命哭父，如浮江出"[2]，本出孝心，
兼忠国事，明廷特授以游击将军，命代其父任湖广道州守备。虽
然领兵仅三月，沈氏即辞职还乡，不似秦良玉为明朝作战之全始
全终，秋瑾亦不介意，只取其平生一事，而青目相加。

　　《芝龛记》对秋瑾影响之大，从其纵断千古、屈指二女的推
举，已分明可见。所谓"壮哉奇女谈军事，鼎足当年花木兰"（其

1　《秦良玉传》，张廷玉等：《明史》卷二七〇，第23册第6944、6946页，北京：中华
　　书局，1974年。
2　毛奇龄：《故明特授游击将军道州守备列女沈氏云英墓志铭》，毛奇龄撰、李塨等编：
　　《西河合集》第84册，"墓志铭卷七"第7、8页，乾隆乙丑（1745年）书留草堂刻本。

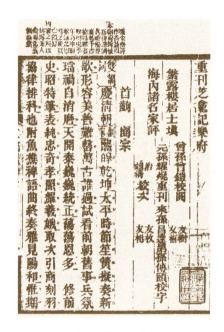

图1-2 《重刊芝龛记乐府》首出

八），能够与家弦户诵的女英雄木兰比肩者，秋氏心中唯有秦良玉与沈云英。而三人共同处，均在尝横枪跃马、沙场歼敌，不比梁红玉的击鼓助战，尚隔了一层。秋瑾称颂秦、沈，便多于"翠鬓荷戈上将坛"（其五）一点落笔：

> 撑撑乾坤女土司，将军才调绝尘姿。
> 靴刀帕首桃花马，不愧名称娘子师。（其二）

> 结束戎装貌出奇，个人如玉锦驼骑。
> 同心两女肩朝事，多少男儿首自低。（其七）

所欲吐露的，其实还是秋瑾本人建立同样一番惊天动地事业的心思。读《芝龛记》剧本的当日，秋氏并无坚定、自觉的反清革命意识，因而对秦、沈功成后的封赏不免过于看重：

> 今古争传女状头，红颜谁说不封侯？
> 马家妇共沈家女，曾有威名振九州。（其一）
>
> 莫重男儿薄女儿，平台诗句赐蛾眉。
> 吾侪得此添生色，始信英雄亦有雌。（其三）[1]

对皇帝的平台赐诗也以为荣耀，津津乐道，与日后的想法显然相左。不过，做乾坤中一奇女子，于天地间留大名声，却始终为秋瑾一生不变的追求。

　　这一借《题〈芝龛记〉》诗发露出来的豪气，待秋瑾北上京师，阅读新书新报、目睹清廷腐败后，便与其迅速滋长的革命情绪融为一体，至留日加入同盟会而达于极点。不断歌咏刀、剑，取号"鉴湖女侠"，持剑穿和服留照，所有这般表现，都昭示着秋氏"但恃铁血主义报祖国"[2]的悲壮决心。再言及秦良玉与沈云英，注目处便尽在救国救种一点心事上。自署"汉侠女儿"写作的弹词《精卫石》，开篇第一回即设计了"觉天炯炯英雌齐下白云乡"的场景，以改变"睡国昏昏妇女痛埋黑暗狱"的现实。这

1　秋瑾：《题〈芝龛记〉》，《秋瑾集》第55页。
2　秋瑾：《宝剑歌》，《秋瑾集》第83页。

些被瑶池王母遣下人间的男仙女仙，均为在"下界作过英雄事业
及有名者"，下凡的任务是实现男女平等、推翻清廷统治："扫尽
胡氛安社稷，由来男女要平权。"男仙人选全是宋、明两朝抵抗
异族的文臣武将，女仙不可能那么齐整，而走在前头的恰是"木
兰携手秦良玉，沈氏云英联袂偕"。三人居首、余众随后的安排，
显示出秦、沈在秋瑾心目中的特殊地位。故事的主角黄鞠瑞（留
学日本后改名"黄汉雄"）口口声声所赞颂的古代女杰，也以有战
功者最提气：

> 如古来奇才勇女无其数，红玉、苟嫈［灌］与木兰，
> 明末云英、秦良玉，百战军前法律严，
> 虏盗闻名皆丧胆，毅力忠肝独占先。[1]

因秋瑾遇难，《精卫石》未完稿，黄氏诸英雌的革命壮举具体情节
不可知；而从秋氏早已拟好的回目推想，第十三回"天足女习兵
式体操"、第十六回"投盾叱帅女子显英雄"[2]，其中正该有义举的
预演与实际的交兵之类勇壮表现。

　　弹词故事中的诸人尽管影写了秋瑾本人的行迹、志向，仍不
如秋氏的侠女自道，更明白揭出其以秦、沈自许的真心。《满江
红》一词最传神：

1　汉侠女儿：《精卫石》第一、二回，《秋瑾史迹》第32、49、51、49、78页。
2　汉侠女儿：《精卫石目录》，《秋瑾史迹》第28、29页。

　　肮脏尘寰，问几个男儿英哲？算只有娥眉队里，时闻杰
出。良玉勋名襟上泪，云英事业心头血。醉摩挲长剑作龙
吟，声悲咽。　　　自由香，常思蓺；家国恨，何时雪？劝吾
侪今日，各宜努力。振拔须思安种类，繁华莫但夸衣玦。算
弓鞋三寸太无为，宜改革。[1]

　　这一首受岳飞影响甚为明显的同调词作，同样抒发了救国雪耻的
"壮怀激烈"之情。而秋瑾认定的洗雪家国之恨的最佳途径，便是
如秦良玉与沈云英一般杀敌报国，立功疆场。未能致此，秋瑾不
免暗自悲伤，焦急万分。

　　这种秦不离沈的并举，固然得自早年阅读《芝龛记》的印象，
却也与秋瑾个人的性情相关。董榕撰写《芝龛记》，对秦良玉、沈
云英其实各有侧重，所谓"修前史，昭彤笔，表纯忠奇孝照耀羲
娥"（首出《开宗》）[2]。何东山点评时，便有意道破："《明史》特为
秦良玉立传，且著于诸臣列传中，表纯忠也；《流贼传》载攻道州，
守备沈至绪战殁，其女再战，夺父尸还，城获全，表奇孝也。记
本此而考据更博。"[3]秋瑾阅读戏文的当日，也一并接受了剧中对秦、
沈二女的"忠""孝"定位。《题〈芝龛记〉》全诗八章，倒有两处
直言此义："忠孝而今归女子，千秋羞说左宁南"（其五）、"忠孝声
名播帝都，将军报国有良姝"（其六），并专有一诗颂沈女孝行：

1　秋瑾：《满江红》，《小说林》第5期。
2　董榕：《重刊芝龛记乐府》卷一第1页。
3　董榕：《重刊芝龛记乐府》卷一又1页。

百万军中救父回，千群胡马一时灰。

而今浙水名犹在，想见将军昔日才。（其四）[1]

对沈云英的"奇孝"之举一片钦佩。其中的"忠"，在反清意识产生后，自然是只忠于国家而非指朝廷；至于"孝"，在秋瑾一生倒确是恪行不违。

翻阅秋瑾遗文，不难发现她很珍视亲情。特别在结婚以后，对王家多有不满，自然更容易亲近自家人。为兄长留学出谋划策，频频赋诗感叹与妹分离，而尤以思母之情最深厚。尽管她也抱怨家长做主的"婚姻不能自由"，使其无法"得一佳子弟而事"，"不能稍有所展施以光母族"，但为此而"不能孝养，反使老母萦心"，仍自责为"负罪实深"[2]。几乎从出嫁之日始，秋瑾即不断借诗词倾吐对母亲及家人的深长思念。《乍别忆家》云：

远隔慈帏会面难，分飞湘水雁行单。

补天有术将谁倩？缩地无方使我叹。

拼却疏慵愁里度，那禁消瘦镜中看！

帘前勾样昏黄月，料得深闺也倚栏。[3]

它如《思亲兼柬大兄》《寄家书》诸作均与此同调。后诗念及母亲，更是无微不至："发容应是旧，眠食近何如？""秋来宜善保，

1　秋瑾：《题〈芝龛记〉》，《秋瑾集》第55页。

2　秋瑾：《致秋誉章信三》（1905年9月12日），《秋瑾史迹》第184页。

3　秋瑾：《乍别忆家》，《秋瑾集》第66页。

珍摄晚凉初。"[1]并借他人之酒杯，浇自己胸中之块垒，题郑沅《孤帆细雨下潇湘图》一词，竟也写得十分动情："课儿声，长已矣！思亲泪，何时止？剩潇湘诗句，兰闺遗志。"[2]这些作品大抵写于湘中及居京初期。北上日久，更多新朋友、新事物吸引着秋瑾，思母情怀虽稍释，但"高堂有母发垂白"[3]仍占据其心中隐秘的一角，思报母恩始终为其未了的心愿。秋母于秋瑾被害前半年病逝，女儿的挽联极尽哀痛：

> 树欲宁而风不静，子欲养而亲不待，奉母百年岂足？哀哉数朝卧病，何意撒手竟长逝？只享春秋六二；
> 爱我国矣志未酬，育我身矣恩未报，愧儿七尺微躯，幸也他日留芳，应是慈容无再见，难寻瑶岛三千。[4]

为救国而不能分身奉母，"忠孝难两全"这一困扰古来无数仁人志士的难题，也成为秋瑾的现实处境。而我们从《挽母联》中读出的，仍是铭心的孝思与深刻的悲哀。

不过，《孝经》说"孝"，"事亲"乃是最起码的要求，而"立身行道，扬名于后世，以显父母"，方为"孝之终也"（《开宗明义章》）。于此，忠、孝亦可兼得。秋瑾的《挽母联》显然也循这一

1　秋瑾：《寄家书》，《秋瑾集》第71页。

2　秋瑾：《满江红》（题郑叔进名沅《孤帆细雨下潇湘图》，调寄《满江红》），《秋瑾集》第108页。

3　秋瑾：《申江题壁》，《小说林》第5期。

4　秋瑾：《挽母联》，《秋瑾史迹》第22页。

思路展开，因而最终归结到"他日留芳"，而以"慈容无再见"为无可弥补的遗憾。

对流芳后世，秋瑾早有充分的自信，问题只在如何做法。文武兼长固是其衷心所愿，《芝龛记》中塑造的秦良玉与沈云英正是典范；而自古多才媛而少侠女，秦、沈的赫赫战绩于是更令人惊羡。秋瑾偏重二人的女将军身份，原因在此。何况，她所面对的亡国危机、欲铲除的清政权，都以使用暴力手段解决最有效。在这种情境下，沈刚中为《芝龛记》写的一首题词诗无疑最合秋氏的心意：

> 桃花马上耀红妆，娘子成名震远方。
>
> 瓦解渐看移镇后，偏教一女系兴亡。（其二）[1]

在秋瑾本人的《题〈芝龛记〉》中，便也突出这一理念，使"肉食朝臣尽素餐，精忠报国赖红颜"（其八）[2]成为全诗的基调。

而其有志救国、投身革命之后，慷慨豪迈、"舍我其谁"的担当精神愈加发扬激越。由于内中带有明确的自我牺牲意识，"我辈不出，如苍生何"即与"我不下地狱，谁下地狱"融成一片，而更显悲壮。身为女子，却能负此大任，尤令秋瑾举目天地，豪情万丈。诗作中"只身东海挟春雷""我欲只手援祖国"[3]之偏爱形单

---

1 沈刚中：《〈芝龛记〉题词》，董榕：《重刊芝龛记乐府》卷首第5页。

2 秋瑾：《题〈芝龛记〉》，《秋瑾集》第55页。

3 秋瑾：《题〈江山万里图〉应日人之索》，《小说林》第5期；《宝刀歌》，《秋瑾集》第82页。

影只，正是这种心态的表露。诸多作品对男子的斥责与对女性的颂扬，也导源于此。弹词《精卫石》的主人公黄鞠瑞比较历史上的男女人物，说罢秦、沈等"奇才勇女"的光辉事迹，接下来的数语竟将天下男子骂倒："投降献地都是男儿做，羞煞须眉作汉奸。如斯比譬男和女，无耻无羞最是男。"[1]《题动石夫人庙》联语亦云："如斯巾帼女儿，有志复仇能动石；多少须眉男子，无人倡义敢排金！"[2]碌碌无为的男子完全作为女性的陪衬，卑不足道。在这些不公平的叙述中，凸显的其实还是秋瑾本人高迈一世的女杰情怀：环顾宇中，唯我能救世界！

作奇女子，留大名声，早年阅读《芝龛记》的一点念头，竟伴随秋瑾一生，最终以擘划起义、从容就义而完成与实现。在世时，知其心曲的女弟子徐蕴华（小淑）已以"隐娘侠气原仙客，良玉英风岂女儿"[3]相推许；无独有偶，辛亥革命后，中华书局发卖的"世界女杰笺"，其第一组共八枚，中外人士各半，与南亭格尔、苏斐亚、罗兰、贞德匹配的，正是花木兰、秦良玉、沈云英与秋瑾[4]。能够与其仰慕的古代女杰一起被世人记诵，这可以说是对秋瑾最体贴的赞赏与最合适的纪念。

1996年1月30日于京西蔚秀园

（初刊《文学评论丛刊》第1卷第2期，江苏文艺出版社，1998年11月）

---

1 汉侠女儿：《精卫石》第二回，《秋瑾史迹》第78—79页。
2 秋瑾：《题动石夫人庙》，《神州女报》第1卷第1号，1907年12月。
3 徐蕴华：《送璿卿先生》，《中国女报》第1期，1907年1月。
4 "世界女杰笺"，《中华教育界》第1年第1号封三广告，1912年1月。

秋瑾与谢道韫

　　研究秋瑾的革命史，其婚姻状况无疑是一个绕不开的话题，尽管诠释可以有多种。能够被一致认定的事实是，秋瑾与王廷钧夫妻不睦，秋瑾的东游求学实际上宣告了婚姻的破裂。不过，问题并非到此为止，夫妇不和的原因何在，它在秋瑾投身革命的过程中具有何种意义，都是需要进一步深究的问题。

　　1896年，秋瑾在湘潭与富家子王廷钧（字子芳）结婚。这桩亲事完全是按照传统士绅家庭的规矩，由家长包办的。秋瑾日后对此多有抱怨，致其兄秋誉章信中，直言为"父母既误妹"，"亦婚姻不能自由之遗憾"[1]。两家经济地位的不平等，旧式婚姻中媳妇的受制于婆婆，都可想而知，不须细辩。因而，在今日所能确定为秋瑾湖南时期的诗词中，发现如许多的思亲之作，本不足为奇。写到动情处，直是涕泗交流，催人泪下。如《秋日感别》：

　　　　昨宵犹是在亲前，今日相思隔楚天。

1　秋瑾：《致秋萸子信二、三》（1905年7月下旬，1905年9月12日），中华书局上海编辑所编：《秋瑾史迹》第176、184页，北京：中华书局，1958年。《致秋萸子信二》原未署日期，为笔者据信中所述内容推断。

独上曝衣楼上望，一回屈指一潸然。

已是秋来无限愁，那禁秋里送离舟？
欲将满眼汪洋泪，并入湘江一处流。[1]

与家人的分离，即使同在湖南而分居两地，已带给婚后的秋瑾无尽的悲伤。这也从一个侧面揭示出秋瑾在王家的现实处境与真实心态，她在王廷钧那里并未得到足够的感情慰藉，于是，身处丈夫家中，更多的倒是作客他乡的孤独与寂寞感。

几乎可以肯定，从结婚伊始，所谓"幸福"的感觉便与秋瑾无缘。尽管湖南家居时期，秋瑾与王廷钧的夫妻关系尚属正常，矛盾并未表面化，但一些潜藏的裂痕已然存在，只待时机成熟，便可发作而扩大为鸿沟。那时机，在秋瑾的生涯中，即具体化为北上京城。根据现有的资料，我们有理由相信，秋瑾如果始终囿居湘潭，很可能只会以才媛淑女留名后世，其早期大量的闺怨诗作以及"一时有女才子之目"[2]的名声，已提示出此一前景。何况，志趣相左的夫妇终身厮守，即使在今日的中国也不罕见。不过，二人婚姻基础的先天缺陷仍值得关注。

王家靠经商致富，缺少文化气息，与秋家的以读书人进入官场根柢不同。王廷钧排行最小，受家庭熏染，自有一般富商子弟常见的习气，留日后的秋瑾曾愤恨地将其概括为，"无信义、无情

1 秋瑾：《秋日感别》，中华书局上海编辑所编：《秋瑾集》第60页，上海：上海古籍出版社，1979年。

2 陶在东：《苗山今昔谈·秋瑾遗闻》，《大风》第15期，1938年7月。

谊、嫖赌、虚言、损人利己、凌侮亲戚、夜郎自大、铜臭纨绔之
恶习丑态",并断言"其终身不能改变"[1]。后来的研究者往往根据
秋瑾的自述,相信王廷钧是一个专横、荒唐的恶少。这种说法起
码不够全面,因为还有另一面的材料值得关注。

　　秋瑾北上京华后结识的京师大学堂日本教习服部宇之吉的夫
人繁子(1872—1952),是少数几位接触过王廷钧并对其做过描述
的人。她笔下的秋瑾的丈夫,和我们已经熟悉的形象迥异。初次
见面,是服部繁子应邀去秋瑾家拜访。秋瑾出来迎接——

　　　　秋瑾的丈夫也跟了出来,白脸皮,很少相。一看就是那
　　种可怜巴巴的、温顺的青年。他腼腆地对我施礼,秋瑾又对
　　他低声说了几句,他又施了一礼便走了,好像是出门了。

此后,王廷钧还独自造访过服部夫人,专为请求她同意带秋瑾去
日本。当时服部繁子的印象是,"此人大概是管不住妻子了吧";
甚至想:"我若拒绝了他,他就会受到家庭女神的惩罚,那实在可
怜。"服部夫人最后一次见王廷钧是在永定门火车站为踏上东游路
的秋瑾送行:

　　　　丈夫面带哀伤,发辫在风中吹得零乱,看着更让人痛
　　心。可他还象一般丈夫应做的那样,提醒秋瑾一路保重,到

1　秋瑾:《致秋萊子信三》(1905年9月12日),《秋瑾史迹》第186页。

日本后来信。

列车开动后，他还"抱起男孩向车中招手"[1]。这样一个温顺、体贴的好丈夫，对于我们似乎很陌生。不排除其中以表象示人的一面，很可能中间也夹杂了经过"贤母良妻"教育的日本妇女的偏见，但王氏的性格软弱，这一点应该没有太大的疑问。

这时的秋瑾已独自与丈夫居住京城，脱离了婆婆的制约，且接受了男女平等的观念，与湖南家居时情形自不相同。不过，对丈夫的不满仍一以贯之。也许是出于爱面子或自尊，秋瑾与服部繁子讲起她与王廷钧的关系，出乎意外地用了"我的家庭太和睦了"的说法。但是，接下来的表白更值得玩味：

> 我对这种和睦总觉得有所不满足，甚至有厌倦的情绪。我希望我丈夫强暴一些，强暴地压迫我，这样我才能鼓起勇气来和男人抗争。[2]

假如服部夫人记忆无误，1904年2月间这段关于秋瑾婚姻状况的自白，起码表现出对丈夫的柔顺相当反感。自然，这并非意味着二人的和谐无冲突，从秋瑾赴日后给兄长的信，以及其女灿芝、知友徐自华的记述中，均可见与"和睦"之说截然相反的证词。

1　服部繁子著，高岩译、金中校：《回忆秋瑾女士》，郭延礼编：《秋瑾研究资料》第175、179、180、181页，济南：山东教育出版社，1987年。日文原文《秋瑾女士の思い出》，载《季刊東西交渉》第1卷第3號，1982年9月。

2　服部繁子著，高岩译、金中校：《回忆秋瑾女士》，郭延礼编：《秋瑾研究资料》第174页。

图1-3　服部繁子画的秋瑾像

　　灿芝此时虽尚年幼，也有心为父亲回护[1]，在尽可能依据史实写作的"革命历史长篇小说"《秋瑾革命传》中，却也不得不如此描写王廷钧：

　　　王廷钧原是一个年少风流的公子哥儿，到了北京以后，被一班朋友们带着，成天价在外面酒肉征逐，后来又结交上了几个贝子贝勒，常常是花天酒地的混在一起，有时竟彻夜不归，甚至卧倒在酒瓮的旁边，沉醉不醒，所以夫妻之间，

1　如徐自华所撰《鉴湖女侠秋君墓表》中，原有"所夫固纨绔子，至是竟不相能"（载1908年12月19日《申报》）一句，收入王灿芝编辑之《秋瑾女侠遗集》（上海：中华书局，1929年）时被删去。

时相勃谿。[1]

争吵最激烈的一次，应是秋瑾所说的"出居泰顺栈"[2]之事，即以其愤而离家别居显示了矛盾的白热化。那时还未与秋瑾相识的徐自华，在四十年后出版的《炉边琐忆》中倒说得颇为详细：

> ……王廷钧原说好要在家宴客，嘱秋瑾准备。但到傍晚，就被人拉去逛窑子、吃花酒去了。秋瑾收拾了酒菜，也想出去散心，就第一次着男装偕小厮去戏园看戏，不料被王发觉，归来动手打了秋瑾。她一怒之下，就走出阜外，在泰顺客栈住下。[3]

徐自华的消息来源虽无法确知，但对此事的叙述大体可信，参照秋瑾的自陈当可了然。尽管如前所述，王廷钧有个性偏弱的一面，却也不会事事依从秋瑾，发火，甚至动手打人（可能也有酒精的作用），都不能算反常。而其中更重要的信息，尤在于王廷钧的沉湎于习气而不能自拔，这在传统的道德修养中，也被视为无毅力的表现。

　　虽然有争闹，有不满，居京时期的秋瑾却并未与王廷钧决裂。临行时最后一刻的场景，服部繁子已有详细记述。而为约请时任

1　秋灿芝：《秋瑾革命传》第11页，台北：三民书局，1969年。

2　秋瑾：《致秋莱子信三》（1905年9月12日），《秋瑾史迹》第185页。

3　徐自华：《炉边琐忆》，上海：建设出版社，1943年。此据陈象恭编著《秋瑾年谱及传记资料》（北京：中华书局，1983年）第14页引录。

《大公报》编辑的女界名人吕碧城一同赴日留学，秋瑾在6月东渡
前的十余日[1]，曾往天津一行。据《大公报》主人英敛之1904年6月
10日（四月二十七日）日记："十点，秋闺瑾女（士）由京来，其
夫王廷钧及秦〇〇偕来，留午饭。"因秋留宿，王先归[2]，可见王廷
钧此行专为护送秋瑾而来。回京时，秋瑾系与傅增湘同伴，则去
程原可托付秦某。而王之陪同，于礼仪，于表现夫妻关系，均甚
周到，这未必非秋瑾之意。

　　不过，王廷钧乃凭家资捐纳进入仕途，来京后，逢"西学盛
行"，亦附会风气而"习洋文"[3]，但其人的无才学尽可断言。同乡
远亲、父辈又在湖南湘潭为同官因有通家之好的陶在东，居官京
城时，又与秋瑾相逢，所述王氏情景可信度甚高：

　　　　……一般富家子弟，多捐部曹而坐食此息[4]，子方［芳］
　　当然不能例外，女士（引者按：指秋瑾）意殊不屑，然此类
　　京官如习举业，仍可以附监生资格，赴顺天乡闱，取科第显

1　秋瑾离京日期，据服部繁子《回忆秋瑾女士》所述，为1904年6月28日（见郭延礼编
　《秋瑾研究资料》第180页）；而郭长海翻检《大公报》记事，定为6月22日（见《秋
　瑾研究资料的新发现》，郭延礼编《秋瑾研究资料》第332页）。秋瑾旅津，则以6月
　10日往，13日归。
2　英敛之：《英敛之先生日记遗稿》，"近代中国史料丛刊续编"第22册第838页，台
　北：文海出版社，1974年。
3　秋瑾：《致琴文信》（1903年5月5日），《秋瑾史迹》第213页。原信署"四月初九
　日"，无年份，中有"京都有兴女学之言，未知章程如何，尚未见明文也"之言。
　查《蒙养院章程及家庭教育法章程》颁布于1904年1月，因知此函应为1903年所写。
4　陶文前云："清时京官恃印结费为生，印结者，出仕人分发引见，需同乡京官出具
　认识并无违碍甘结，而纳费若干，苏浙之外，以湖南收入最多，每员月可分得数
　十乃至百数十金。"

达。子方［芳］为人美丰仪，翩翩浊世佳公子也，顾幼年失学，此途绝望，此为女士最痛心之事。[1]

秋瑾早年诗中吐露的闺中寂寞，此亦为重要原因。

这里值得特别提出讨论的是《谢道韫》一诗。各种秋瑾集一般将其置于居湘与在京诗作中间，以之代表在夫家生活及入京初期的秋氏心境，应该不成问题。这是一首五绝：

咏絮辞何敏，清才扫俗氛。可怜谢道韫，不嫁鲍参军。[2]

借咏古以自况，在诗中表达得明白无误。东晋才女谢道韫以"未若柳絮因风起"一句喻雪之轻柔，胜过堂兄谢朗"撒盐空中差可拟"的质实，遂成才思敏捷的佳话。但秋诗夸赞谢女的才华出众，重心却落在同情其婚姻的不般配。刘义庆《世说新语》既于《言语》篇记谢道韫之咏絮才，又在《贤媛》篇录其"天壤王郎"的故事：

王凝之谢夫人既往王氏，大薄凝之。既还谢家，意大不说。太傅慰释之曰："王郎，逸少之子，人材亦不恶，汝何以恨乃尔？"答曰："一门叔父，则有阿大、中郎；群从兄弟，则有封、胡、遏、末。不意天壤之中，乃有王郎！"[3]

---

1 陶在东：《苗山今昔谈·秋瑾遗闻》。

2 秋瑾：《谢道韫》，《秋瑾集》第74页。

3 刘义庆：《言语第二》71、《贤媛第十九》26，余嘉锡：《世说新语笺疏》第131、697页，北京：中华书局，1983年。

　　王凝之出身名门，父乃王羲之，照谢安的说法，本人资质也不差。不过，因谢道韫从小生活在一门人才济济的大家族中，提起自家的叔父、兄弟，都是并世少见的出类拔萃人物，眼界既高，丈夫王凝之自不能令其满意。不承想天地间竟还有王郎这一等人的说法语气，已充分传达出谢道韫对丈夫的鄙夷不屑与对婚姻的极度失望。于是，从才学考虑，秋瑾以为谢道韫若能嫁给南朝才子鲍照，方无遗恨。其实，诗人并非专为古人抱憾，异代隔世、门第悬殊的谢鲍联姻在现实中既绝无可能，此种设想因而只是表达了秋瑾个人的心事，即才女与才子结合的婚姻愿望。诗中隐身未出的不如意的女婿"王郎"，毫无疑问，实指其丈夫王廷钧。

　　与之相对应，谢道韫则显然为秋瑾之自拟。道韫最受世人推重处在才智，秋瑾也以才华自负，故常从此落笔，借以自许、许人。咏雪词，固然忘不了一提"谢家娇女，正笑倚栏干，欲拈丽句"的现成典故；愁雨诗，也要以之替换多情皇帝唐玄宗，而自写情怀："最是淋铃闻不得，谢娘减尽旧腰肢。"[1]在秋瑾笔下，谢道韫便是才女的代称，若转赠他人，亦属惺惺相惜的最高称誉。得其"丽句天生谢道韫"[2]之赞的徐小淑，即为秋瑾最喜爱的女弟子，绝命书的受托人。爱乌及屋，"谢庭""谢家"[3]也作为人才荟萃之地，为秋瑾所乐道。

1　秋瑾：《齐天乐·雪》《秋雨》，《秋瑾集》第106、63页。
2　秋瑾：《赠女弟子徐小淑和韵》，《小说林》第5期。
3　《秋菊》有"篱下墙边处处栽，千枝喜向谢庭开"（《秋瑾集》第67页）之句，仍循以谢道韫自喻的思路展开；《赠曾筱石》其一"一代雕虫出谢家"（《秋瑾集》第78页），则已用谢庭兰玉的典故。

一般人印象中，谢道韫只是位才学过人的聪明女子，这当然得益于《世说新语》的传神笔墨。而如果一并阅读了《晋书·列女传》本传，便会发觉，谢女原来还有胆力非凡的另一面。文人多半限于坐而论道，谢道韫以一介弱女子，偏有勇气抽刀杀人：

> 及遭孙恩之乱，举厝自若。既闻夫及诸子已为贼所害，方命婢肩舆抽刃出门，乱兵稍至，手杀数人，乃被虏。

其气概刚烈，气度雍容，"毒虐"如孙恩，亦"为之改容"敬服[1]。有此缘由，生性豪侠如秋瑾，对谢道韫自可更增一份亲近感。写作用以警醒女界的弹词《精卫石》，被派遣下凡"整顿旧江山"的女仙行列中，于是也少不了"舌辩临风道韫才"[2]。尽管所取为《晋书》记其能言善辩事，夫君弟王献之与人论说"词理将屈"时，道韫"乃施青绫步障自蔽，申献之前议，客不能屈"，而"为小郎解围"[3]，只因聪慧确系谢女最特出处。

不过，富文才、具胆量的谢道韫，毕竟有其人生憾事。且由于其人之冠绝一时，而显得遗憾更深。熟读前代小说、戏曲的秋瑾，对"郎才女貌""才子佳人"一类创作套路本已了如指掌，加以个人的亲身体验，自然对谢氏满怀同情。而既是心有同感，说起来也难分彼此，痛切伤情。"天壤王郎"这一并非罪大恶极的缺

1　《王凝之妻谢氏》，房玄龄等：《晋书》卷九十六，第8册第2516页，北京：中华书局，1974年。

2　汉侠女儿（秋瑾）：《精卫石》第一回，《秋瑾史迹》第51、50页。

3　《王凝之妻谢氏》，房玄龄等：《晋书》卷九十六，第8册第2516页。

憾，便成为包办婚姻最不幸的苦果，屡遭秋瑾厉斥。

东渡日本后，与革命派人士相接，秋瑾的思想日趋激进；加之因在外留学，费用紧张，与王廷钧的经济冲突更形加剧。此时，秋瑾对王氏的感情，已由不满急转为痛恨。1905年春，秋瑾曾回国省亲，逗留三四个月，却只回到绍兴母家，而未一往京城。在此期间及其后写给兄长秋誉章的信中，言及王廷钧，便咬牙切齿，再无半点情分。1905年6月19日自绍去信曰：

> 　　子芳之人，行为禽兽之不若，人之无良，莫此为甚！即妹之珠帽及珠花，亦为彼纂〔篡〕取，此等人岂可以人格待之哉？彼以待妹为无物，妹此等景况，尚思截取此银及物，是欲绝我命也。况在彼家相待之情形，直奴仆不如。……一闻此人，令人怒发冲冠，是可忍，此〔孰〕不可忍！

回东京后又去信曰：

> 　　讨取百金，不妨决裂，因彼无礼实甚，天良丧尽，其居心直欲置妹于死地也，目我秋家以为无人。妹已衔之刺骨，当以仇敌相见。[1]

从秋瑾信中可知，其赴日后，王廷钧"一年之久，未通一函"，不免绝情；秋瑾又误信"闻早娶妇矣"之说，"仇怨"自然加深。更

1　秋瑾：《致秋莱子信一、二》（1905年6月19日，1905年7月下旬），《秋瑾史迹》第172—173、175—176页。

兼以资财断绝，最后一丝系联亦将无存。至此，秋瑾对王廷钧便只剩下了仇恨。语及结局，也每称"怨毒中人"，而出恶言：或设想"不能自食，则必以一讼取此一儿女家财；不成，则死之而矣"；或嘱家人"如后有人问及妹之夫婿，但答之'死'可也"[1]。而经由法律程序正式离婚，也已在念中：

> 如彼至京有无礼之举动行为，吾哥即可借口彼从前之暴状及对我父母之无礼，种种荒谬之行为，例之今日文明世界，与之开谈判离婚。[2]

此时回首不如意的往事，经过感情的过滤，留在记忆中的也唯有痛苦与愤怒。

不必说，留日后的秋瑾与王廷钧，无论所思所想还是行为作派，相差已有天渊之别。丈夫仍是一碌碌无为的小京官，妻子却已成为胸怀革命大志的新派留学生。原有的情不投，再加上道不合，分手势在必行。何况，在秋瑾，正是英雄气长，儿女情短，一消一长，也应了古人之言。英杰心事，多半在拯世济民，青史留名。秋瑾也不例外，前者尽现于东游后所作诗词中，而与家人书信，则任情吐露了其流芳心愿。王氏既已被秋瑾视作个人婚姻史上的污点，为千秋名誉计，秋瑾也决意与之决裂。因此，在致其兄书中，秋瑾一再提及：

1　秋瑾:《致秋誉章信一、二》(1905年6月19日、1905年7月下旬)，《秋瑾史迹》第173—174、177—178页。

2　秋瑾:《致秋誉章信三》(1905年9月12日)，《秋瑾史迹》第191页。

妹得有寸进，则不使彼之姓加我姓上。

抚心自问，妹亦非下愚者，岂甘与世浮沉，碌碌而终者？水激石则鸣，人激志则宏。他日得于书记中留一名，则平生愿足矣。无使此无天良之人，再出现于妹之名姓间方快。

妹近儿女诸情俱无牵挂，所经意者，身后万世名耳；不则宁湮没无闻，断不欲此无信义者有污英雄独立之精神耳。[1]

应该承认，秋瑾向往英雄壮举的豪侠性格，已潜藏着对出名的渴望。而这一欲望转为强烈，则开始于北上京华。从相当封闭的湖南小城来到人才荟萃的政治中心，得以结识居家左近的吴芝瑛，是秋瑾一生之大幸。吴芝瑛的伯父吴汝纶，在文坛、政界均负盛名。1902年，京师大学堂重新开办，吴汝纶即被委以总教习之重任。虽因其执意先行赴日考察，归来遽而病逝，未及履任，但在上层社会仍留有深厚的根基。吴芝瑛既得此家声，本人又多才艺，书法造诣尤深，见重当世，名动京城[2]。秋瑾与吴过从，由莫逆之

1　秋瑾：《致秋誉章信一、二、三》（1905年6月19日、1905年7月下旬、1905年9月12日），《秋瑾史迹》第174、177、188—189页。

2　惠毓明《吴芝瑛夫人传略》云："清季南湖先生（引者按：即廉泉）抵京，就职度支部郎中，夫人随往。南湖除宦事外，辄与夫人作笔墨生涯，由是京邸显达名流，悉知夫人名。及手钞《楞严经》一部（袁项城为之作序，由寒云书，赵秉钧为之补释迦牟尼图，曾呈日皇御览），儒林视为希世之宝，求书者日众，盖慕其笔法有卫夫人之遗意焉。""西后那拉氏亦慕其书，得与余沈寿精绣同邀赏赉。是以海内外慕其名而索书者日有数起，户限为穿。"（惠毓明编：《吴芝瑛传》，传略第1、2页，无锡：双飞阁版，1936年）

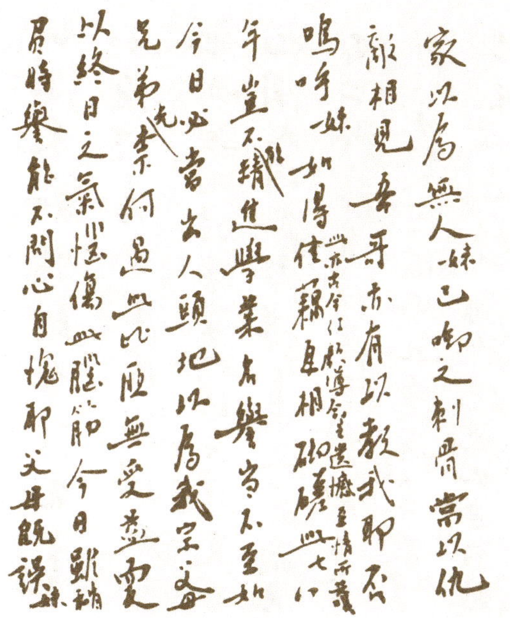
家以為無人，妹已銜之刺骨，當以仇
敵相見，吾哥亦有以教我耶？否
嗚呼！妹如得佳耦，良相砥礪，此七八
年豈不能進學業，名譽當不至如
今日，必當出人頭地，以為我宗
兄弟光，奈何遇此匪人，無受益處
以終日之氣惱傷此腦筋，今日雖猶
冒時譽，能不問心自愧耶？父母既誤妹

图1-4　致秋誉章（莱子）信（1905年7月下旬）

交到结拜姐妹，也在其引领下，扩大了社交圈。除同乡、亲属这层旧关系网，更添加了与京中新派名士的交往，如廉泉、傅增湘、江亢虎等，皆为此时相识。秋瑾又积极参与女学堂的筹办和妇女座谈会的活动，同女界名流亦往来密切，拜访创办京师卫生女学医院的廖太夫人邱彬忻，到日人服部繁子家中出席妇女座谈会[1]，因而日渐闻名。其名声也终于传出京外，英敛之即听人言，而知

1　秋瑾1903年10月曾有《俚句戏博廖太夫人哂政》之诗，刊10月15日《大公报》；妇女座谈会事见服部繁子《回忆秋瑾女士》一文。

"北京亦有一碧城女史，乃姓秋，适王氏者也"[1]。秋瑾日后东渡留学，也存有交结同志的用心[2]。其频繁出现在各种集会场合，先后参加"三合会""光复会""同盟会"等革命团体，又发起组织"演说练习会""实行共爱会"，活跃于众多社团中，未始与此无关。秋瑾急于寻求救国之方的焦虑，本易同正在留学界蔓延的革命情绪合拍，其"素自豪"[3]的个性，又以锋芒逼人而引人注目，因此，在留学界也很快出名。

　　已为女中豪杰的秋瑾，对丈夫的平庸与置之不理便再不能容忍，所谓"以国士待我，以国士报之；以常人待我，以常人报之"。此时反思当年婚事，也只觉其于个人事业、名声有百害而无一利：

　　　　呜呼！妹如得佳藕［偶］，互相砌［切］磋（此亦古今红颜薄命之遗憾，至情所共叹），此七八年岂不能精进学业？

1　英敛之：《英敛之先生日记遗稿》，"近代中国史料丛刊续编"第22册第824—825页。又，据吕碧城《欧美漫游录·予之宗教观》述秋瑾造访之言："彼亦号碧城。都人士见予著作，谓出彼手，彼故来津探访。相见之下，竟慨然取消其号，因予名已大著，故让避也。"（《吕碧城集》下册第61—62页，上海：中华书局，1929年）

2　据悲生（王时泽）《秋瑾传》引录秋瑾之言曰："日京为吾国志士汇萃之区，其间必多英杰。吾欲往游焉，亦以阴求天下奇士，为将来光复故物之一助，以尽国民之分于万一。"（《天义》第5卷，1907年8月）王时泽在东京时，与秋瑾交厚，秋视之如弟，又同时加入三合会，为革命同志。所言当为秋瑾自述。王时泽后撰《回忆秋瑾》文，亦称："秋瑾在东京时，喜欢结纳革命志士，交游甚广。"（《辛亥革命回忆录》第四集第226页，北京：中华书局，1963年）

3　太炎：《秋女士遗诗序》，《天义》第5卷，1907年8月。章太炎序对秋瑾之个性颇"有微言"，既评以"瑾素自豪，语言无简择"，又云："余闻古之善剑术者，内实精神，外示安仪，则喋喋腾口者寡。读《吴越春秋》，有袁公越女之事，惜乎瑾之不志此也。"

名誉当不至如今日，必当出人头地，以为我宗父母兄弟光。奈何遇此比匪，无受益，而反以终日之气恼伤此脑筋，今日虽稍负时誉，能不问心自愧耶？

　　使得一佳子弟而事，岂随［遂］不能稍有所展施，以光母族乎？悲哉！今生已矣。[1]

凡此，若提及姻缘错配，必关乎名誉受损，可见秋瑾对于成名的极为看重，以及对于王廷钧作为丈夫存在这一事实的无比痛悔。于是，不难理解，为何颇具自传性质的弹词《精卫石》，会有意改变主人公黄鞠瑞（赴日留学后更名"黄汉雄"，对应着秋瑾的名号"竞雄"与"汉侠女儿"）的婚姻状况，只因秋瑾努力想从记忆中抹去那一段不光彩的历史，断不许天壤王郎"有污英雄独立之精神"。

　　阅读《精卫石》，一个突出的感觉是，在诸种女性苦难中，作者对"遇人不淑"这一类型的"红颜薄命"寄予了最深的同情，花费笔墨最多。为彰显婚姻的不幸，本来不过是乏才情、无大志的不称心女婿，至此从内心到外貌越发不堪。尤其与秋瑾此时的民族革命情绪相结合，王家靠随曾国藩征讨太平天国而发家的隐私也被发掘出来，愈增重其罪恶。篇中以"苟才"（谐音"狗才"）影射王廷钧，已几近辱骂，叙其家世及本人行状则云：

1　秋瑾：《致秋菜子信一、二、三》（1905年6月19日、1905年7月下旬、1905年9月12日），《秋瑾史迹》第173、176、184页。

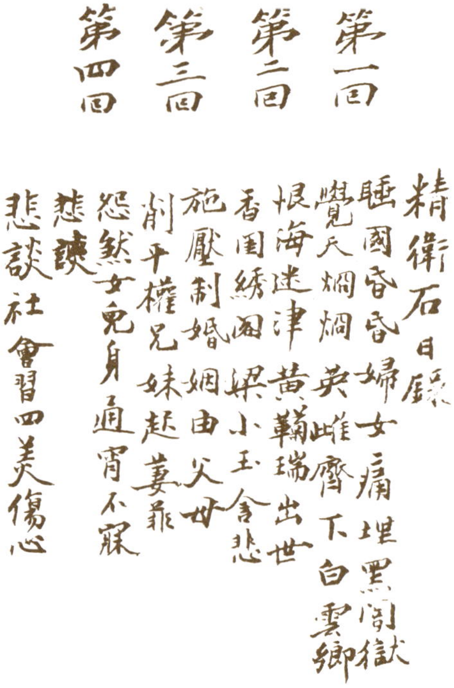

精卫石目录

第一回　精卫石目录　睡国昏昏妇女痛埋黑阁狱　觉天烟烟英雌奋下白云乡

第二回　恨海迷津黄鞠瑞出世　香闺绣阁梁小玉含悲

第三回　施压制婚姻由父母　削平权兄妹赵莫非

第四回　怨然女儿身通宵不寐　悲谈社会习四美伤心

图1-5　秋瑾《精卫石》目录手迹

　　其父名叫苟巫义（引者按：谐音"狗无义"），为人刻薄广金银。从前本是窦人子，开爿饭铺作营生。不知因了何人力，结识了、同里忠奴魏大清（引者按：谐音"卫大清"）。从此改营钱店业，提携平地上青云。家资暴富多骄傲，是个怕强欺弱人。一毛不拔真鄙吝，苟才更是不成人。从小就、嫖赌为事书懒读，终朝捧屁有淫朋。刻待亲族如其父母样，只除是、赌嫖便不惜金银。为人无信更无义，满口雌黄乱改更。虽只年华十六岁，嫖游赌博不成形。妄自尊大欺贫弱，自持［恃］豪华不理人。亲族视同婢仆等，一言不合便生嗔。要人人趋奉方欢喜，眼内何曾有长亲？如斯行动岂佳物，纵有银钱保不成。

除发迹史外，在秋瑾致其兄信中，均可见同类言辞。而称苟才"闻言像貌尚堪憎"[1]，对王廷钧来说，便属溢恶，因秋瑾弟宗章虽肯定二人"瑟琴异趣，伉俪不甚相得"，却也承认王氏"风度翩翩，状貌如妇人女子"[2]，并非面目丑陋。

而以此怙恶不悛的"纨绔无赖子弟"，行娶"容如美玉口如脂""傲骨英风藏欲露""琳琅满腹锦成章"[3]的女中英杰，自会引来作者的万般痛惜。除身为当事者的黄家父母外，出现在《精卫石》中的所有人，几乎都对这桩婚聘表示过叹惋，且言辞相近：黄鞠瑞的业师、颇具维新思想的俞竹坡评为"才女配匪人"，闺中友鲍爱群的母亲鲍夫人说是"才女配庸人"，另一女友左醒华的父亲也"深嗟彩凤配凡禽"[4]。而与黄鞠瑞年龄相仿、尚未论婚许嫁的四位年轻女子，由人思己，不寒而栗，说起来更是哀伤沉痛。与黄女结拜为姊妹的梁小玉情同一体，自是感慨最深：嗟叹黄"遇人不淑真堪痛，彩凤随鸦飞展难；唱和无人谁共语，俗奴浪子配才媛"；抱怨苍天"何苦生了人才又作贱，只落得、名花落溷鸟呼冤"[5]。四

---

1   汉侠女儿：《精卫石》第三回，《秋瑾史迹》第102—103、90页。
2   秋宗章：《六六私乘》，初刊《东南日报》副刊《吴越春秋》第32—75期，1934年；录自周芾棠等辑《秋瑾史料》第42页，长沙：湖南人民出版社，1981年。
3   汉侠女儿：《精卫石》第四、二回，《秋瑾史迹》第120—121、72、73、71页。
4   汉侠女儿：《精卫石》第三回，《秋瑾史迹》第91、103、104页。
5   汉侠女儿：《精卫石》第四回，《秋瑾史迹》第110—111、113页。

女子聚会一堂，"说到女人诸苦处"，话题也以婚姻为中心。江振华甚至叹息：

> 女子苦处多呢！最可痛的是：婚姻误配与俗儿，惨煞佳人薄命辞。……知己不逢归俗子，终身长恨咽深闺。

无怪乎鲍家丫环秀蓉向鲍夫人汇报"小姐都在痛泪潜〔潸〕"的缘故，重点也在"才女婚姻归俗子，后来必定受熬煎"[1]。众才女的悲观，更因古来如此，愈发愁不可解。梁小玉便以朱淑真、谢道韫、袁机这三位古代才女的所遇非人，痛伤黄妹并己身：

> 彩凤随鸦鸦打凤，前车之辙断人肝：淑真枉有才如锦，遇人不淑恨难填；道韫文章男不及，偏遇个、天壤王郎冤不冤；袁家三妹空能句，配一个、高子真如禽兽般。难道是、真个才人多命薄，都无非、父母连姻不择贤。

不过，除了痛哭怜伤，众人却想不出脱身之法，只能决心一死："若然误配终身恨，不若当时一命捐。"[2]瞻望前途，如此绝望，而其思路仍然落在古人窠臼中。

毕竟黄鞠瑞见识出众，且生当国门已被迫打开的近代中国，有古代才女无法想象的国外游学一途可供选择，因此，在婚期临

1　汉侠女儿：《精卫石》第五、四、五回，《秋瑾史迹》第131、117—119、148页。
2　汉侠女儿：《精卫石》第四回，《秋瑾史迹》第112、110页。

近、诸姐妹代为伤惋之际，竟从容不迫说出"求学向东瀛"一策，令众人大开眼界，顿见光明。在黄女讲来，西方男女平权，女子受教育，有学问、有技艺，自可身心独立。照此行事，在座诸人即不致重蹈覆辙，己身既能自立，择夫便当自主。而其理想的婚姻组合，也从才子才女进升为"学堂知己"[1]，虽已是人格完全平等，才学却仍是最受关注的素质。于是，一幕行将开演的"天壤王郎"悲剧，在黄鞠瑞率四女子"踏破范围去""万里快乘风"[2]的胜利大逃亡中，终以喜剧形式完满结束。

弹词中的"近代谢道韫"[3]们固然可以"鲤鱼脱却金钩去，摇头摆尾再不来"，现实生活中的秋瑾出嫁王家，却已成为无法更改的事实。对家人倾诉，秋瑾自不妨披肝沥胆：

> 吾以为天下最苦最痛之无可告语者，惟妹耳。居无室家之乐，出无戚友之助，飘泊天涯，他日之结局实不能豫定也。[4]

原有的家庭生活已无乐趣可言，幸好秋瑾确可如黄鞠瑞一般东走日本，便有机会打破家庭范围，专心向外发展，从求取知识，终至步入革命之路。一首以自比谢道韫开篇的《如此江山》词作，

1　汉侠女儿：《精卫石》第五回，《秋瑾史迹》第139、134—137页。

2　汉侠女儿：《精卫石》第六回，《秋瑾史迹》第161页。

3　《精卫石》中，众女子常以谢道韫故事互相推许，如梁小玉初见黄鞠瑞，即称其"咏雪才华富"（第二回，《秋瑾史迹》第73—74页），鲍爱群与江振华也互赞"诗才久仰如谢女""咏茗［絮］才高独数君"（第四回，《秋瑾史迹》第128、129页）。

4　秋瑾：《致秋菜子信七》（1905年11月28日），《秋瑾史迹》第205页。

清楚地展示了秋瑾的心路历程：

> 萧斋谢女吟《愁赋》，潇潇滴檐剩雨。知己难逢，年光
> 似瞬，双鬓飘零如许。愁情怕诉，算日暮穷途，此身独苦。
> 世界凄凉，可怜生个凄凉女。　曰"归也"，归何处？猛回
> 头，祖国鼾眠如故。外侮侵陵，内容腐败，没个英雄作主。
> 天乎太瞀！看如此江山，忍归胡虏？豆剖瓜分，都为吾
> 故土。[1]

个人"知己不逢归俗子"的不幸，反而化作从家庭革命走向社会
革命的重要动力。无家室之累的秋瑾，倒可以全心全意地投身革
命，并终于为之献身。

　　分析秋瑾的心理，赴日后，加入革命团体，交结革命志士，
生活的内容已全然改变。在新生活与旧婚姻的对比中，她认定后
者是前者的障碍，破除不合理的家庭关系于是被视为革命应有之
义。而且，因疏离家庭而归心革命，又在投入革命中，不断加强
对旧家庭的反感，这一互动的过程，也造成了秋瑾将怨愤集注在
王廷钧一身。秋瑾本人易趋极端的个性，又使其表现出来格外激
烈。因此，对秋瑾知之甚深的陶在东，才会有"其走入革命之途，
由于天壤王郎之憾"一说。至于断言秋瑾"徒以天壤王郎之憾，
致思想上起急剧之变化，卒归结于烈士殉名"，并设想"浸假王子
方〔芳〕而能如明诚、子昂其人者，则当过其才子佳人美满之生

1　秋瑾：《如此江山》，《秋瑾集》第111页。

活，所谓京兆画眉，虽南面王不易也"[1]，却又执于一端。秋瑾的豪侠性格，对英雄事业的热切向往，周遭环境的改变，以及时势的推移，都是其走向革命不容忽视的因素。其趋新的愿望、好动的性情，也使她易于感应时代氛围，深受时事刺激，并以激烈的方式表现出来。在肯定秋瑾对婚姻的不满大有助于其趋向革命的同时，我们也不应放过其他必要的条件。

留日以后，秋瑾必定在诸多场合对知友倾吐过与王廷钧的纠葛和对婚姻的痛悔，王时泽即从"其咏谢道蕴〔韫〕诗，有'可怜谢道蕴〔韫〕，不嫁鲍参军'之句"，而"见其对于婚姻之不满"[2]。王氏所作的《秋瑾传》，因写于秋瑾被杀后不久，记忆犹新，其篇末关于秋与王廷钧关系的概括，很能正确显现时人对秋瑾的评价：

> 或曰秋瑾狂妇人耳，其夫遇之厚，而瑾终轻之，与人言，则肆詈詈骂。秋瑾狂妇人耳。或曰秋瑾奇女子也，其夫特庸奴耳。瑾之绝之，非瑾之罪也。且瑾性伉直，故不谐于俗，则人之訾之也固宜。论者言人人殊，世莫知其当否。然瑾固爱国尚义之人也。瑾未尝学阳明之学，而其行义，则与阳明暗合。特瑾疾恶过甚，面诘人非，或不免来人之诋訾耳。呜乎！此固瑾之所以为瑾欤？[3]

1　陶在东：《苗山今昔谈·秋瑾遗闻》，《大风》第15期。

2　王时泽：《秋女烈士瑾略传》，《湖南历史资料》1980年第一辑第218页，长沙：湖南人民出版社，1980年9月。

3　悲生（王时泽）：《秋瑾传》，《天义》第5卷，1907年8月。

准此，秋瑾之以决绝的态度对待王廷钧，亦是其所以为秋瑾的至性表现。而"知行合一"，勇于任事，无论待人还是爱国，均出之以"尚义"精神，这也是秋瑾由家庭革命转向社会革命一以贯之的人格底蕴。

1998年2月18日于京北育新花园

（初刊《北京大学学报》1999年第1期）

秋瑾北京时期思想研究

　　毫无疑问，秋瑾为晚清女界的先觉者。但这并非意味着其思想的自发与自足，恰恰相反，秋瑾的言行清晰地映现出时代思潮的演进脉络。由于秋瑾的敏感与激烈，她能够得风气之先，成为最新学说的接受者，从而如同测试与显示晚清思想界风云变化的一只晴雨表。

　　追踪秋瑾女性独立意识的萌生，1902年前后北上京城实为一大契机。居湘时期的秋瑾，也会对丈夫王廷钧及其家庭有所不满，但其婚姻理想，距旧式小说、戏曲中赞美的"才子佳人"型并不遥远。1897年，其妹秋珵出嫁，秋瑾赋词祝贺。这一阕《贺新凉》虽以"戏贺佩妹合卺"为题，似存游戏之义，而其中"蓝桥玉杵缘圆足，人争道郎才女貌，天生嘉淑"[1]，却还是反映出秋瑾的真实心迹。才子佳人的结合，较之以金钱、权势联姻固然已胜一筹，然而，其仍然置根于男子中心的社会结构与思想体系，故于女性更强调的是美貌而非才学。在此阶段，秋瑾因闭锢于家庭，未能

1　秋瑾：《贺新凉·戏贺佩妹合卺》，中华书局上海编辑所编：《秋瑾集》第106页，上海：上海古籍出版社，1979年。

图1-6　吴芝瑛中年照

更多接触新风气，从其诗词所用语汇不脱旧范围可见一斑。因此，推至极致，其诗中流露的对建立赫赫战功的古代女将军的仰慕，以及"漆室空怀忧国恨，难将巾帼易兜鍪"[1]的自叹，也仅指示出秋瑾人生理想与现实处境的悬隔，选择的典范仍指向传统，而并非对争取男女平权的现代意识有所领悟。

　　旅京以后，秋瑾的思想风貌迅速改观。其时，北京尽管在清王朝的直接控制下，不及上海华洋杂处，对西方思潮采更开放的态势，但新学也已相当流行。秋瑾本以才学自负，又怀有高远的理想，一旦跻身新环境，读到各种新书新报，结识众多新学之士，自然如鱼得水，原先潜藏的能量勃然爆发，转化为趋新的巨大动力，在京师学界很快脱颖而出。

1　秋瑾：《杞人忧》，《秋瑾集》第60页。

据徐珂《清稗类钞》记述："光绪壬寅，秋瑾初至京师，寓南横街圆通观斜对一小宅，终日蛰居，非其所亲，见之辄敛避。"[1] 这种描述颇符合从小城镇家规严格的大家庭初入京师者的防范心理，此时的京城对于秋瑾还是一个满布危险的陌生环境。不过，秋瑾很快就从最初的拒斥转为兴奋的投入，而与吴芝瑛的交往，则是其破关而出的机缘。

吴芝瑛的丈夫廉泉与王廷钧为同事，且秋瑾居京期间，曾借寓吴宅，秋住丞相胡同（又名绳匠胡同，南端接南横街），吴家北半截胡同，"相距咫尺"，故可以"无日不相见"[2]。由于吴芝瑛的关系，秋瑾得以结交众多新派人物，并获读各种新书刊。此中，与1902年刚刚恢复的京师大学堂的联系尤其值得注意。

当年，被任命为总教习的吴汝纶访日，得知东京大学教授服部宇之吉将携夫人到北京，出任京师大学堂外籍教习，特介绍其侄女吴芝瑛与服部夫人繁子相识。秋瑾亦得以与服部繁子交往，并常至其家中交谈[3]。秋还曾应繁子之请，写出《日本服部夫人属作日本海军凯歌》一篇长诗。她当时有意留学，正热心学习日语与英语。其日文教师中也包括1904年2月来京师大学堂任教的铃木

1　徐珂：《秋瑾赋诗乞书》，《清稗类钞》29册（文学）第127页，上海：商务印书馆，1917年。

2　吴芝瑛：《致徐自华书》，见王士伦《秋瑾出生年代》引录，《历史研究》1979年第12期。秋瑾《致琴文信》（1903年5月5日）云："瑾在京假寓绳匠胡同吴宅内，每月租金八两。"（中华书局上海编辑所编：《秋瑾史迹》第212—213页，北京：中华书局，1958年）原信只著"四月初九日"，时间为笔者考订。

3　见服部繁子《回忆秋瑾女士》，郭延礼编《秋瑾研究资料》第167—180页，济南：山东教育出版社，1987年。

图1-7　服部繁子在北京

信太郎，秋瑾集中有《日本铃木文学士宝刀歌》[1]一首，即为其人而作。而江绍铨（亢虎）也与铃木同时受聘为京师大学堂东文教习，秋瑾亦与之往还[2]。此外，其时在京师大学堂任编书局总纂的李希

1　见中村忠行作，高岩译、金中校《秋瑾杂俎》，郭延礼编：《秋瑾研究资料》第247—249页。铃木任职时间依据《国立北京大学廿周年纪念册》（1917年）中《职教员名单》所著录。

2　秋瑾《致秋誉章书》其一（约1905年4月）言及："江亢虎处无非使其指点而已，吹嘘恐不能，但彼能为力之处必尽力，因彼为维新中人，朋友中待人甚好也。"（《秋瑾集》第33页）此为秋瑾1905年春归国省亲初抵上海所写，证明她与仍在京师大学堂任教的江绍铨早有交谊。

圣、仕学馆学生欧阳弁元(旭德),也同秋瑾熟识[1]。

京师大学堂虽为清廷所办的最高学府,却毕竟是戊戌新政的产物,以取法西方大学教育为主导倾向。加之,"清季戊戌政变、庚子拳变,虽皆以失败而告终。然在青壮年学生知识分子中,则自由、民主、革命及向往西方文化的思想正在萌发",京师大学堂也不例外。1902年入学的师范馆学生王道元曾回忆当时学堂情形:"梁启超著的《饮冰室文集》及《新民丛报》,几乎人手一篇,成为普通的读物。"[2]因而,秋瑾也有机会在友人家中读到梁启超的著作,并将阅读感想兴奋地写信告诉其妹:

> 任公主编《新民丛报》,一反以往腐儒之气。……此间女胞,无不以一读为快,盖为吾女界楷模也。[3]

其中,梁启超所作《(近世第一女杰)罗兰夫人传》,无疑给秋瑾留下了深刻印象,日后秋瑾在《〈精卫石〉序》中,亦尝号召中国

---

1 陶在东《苗山今昔谈·秋瑾遗闻》记:"时方议废科举、兴学堂,新政具举,议论甚盛,湘人户部郎中李希圣,以著《光绪会稽录》著名者也;刘少少,主帝国日报社论,女士尝从之游,多所论列,是为由文学入政事之始。"欧阳弁元与秋瑾的关系见服部繁子《回忆秋瑾女士》。但该文记欧阳弁元的身份为"大学堂副教授"(郭延礼编:《秋瑾研究资料》第168页),不确。欧阳实为仕学馆学生,1903年《京师大学堂师范、仕学两馆学生上管学大臣请代奏拒俄书》中,署名者即有"仕学生"欧阳弁元(《大公报》1903年5月7日)。

2 王道元:《早期的北京师范大学——京师大学堂师范馆》,《文化史料》第四辑第132页,北京:文史资料出版社,1983年。

3 秋瑾:《致秋理书》,转引自沈祖安《拼把头颅换凯歌》,《杭州大学学报》1979年1、2合期。

女子继承罗兰夫人的精神，而其本人也确以罗兰夫人为楷模，为救国走上了断头台[1]。

更值得一表的是京城最早出现的妇女团体——中国妇女启明社，也与京师大学堂及服部繁子相关。参与其间，对秋瑾最终选择留学日本具有决定性影响。

服部繁子在《回忆秋瑾女士》中曾提及，1904年正月的一天，欧阳弁元的夫人访问她，讲到已和吴芝瑛商定，为了"我们妇女可以常常聚会开展讨论，交流学问"，"想举办一个妇女座谈会"，邀请服部夫人指导。正月中旬，在西城某会馆召开了妇女座谈会开幕典礼，肃亲王的姐姐葆淑舫、日本公使内田康哉的夫人等都应邀出席。二月，在欧阳夫人家举行的座谈会上，秋瑾也来参加，要求入会[2]。这是她第一次与服部夫人会面。

由于服部繁子的文章写于事隔多年以后，关于座谈会的名称记忆不确，也是情理中事。而翻查当年的《大公报》，则可大体考知其经过。先是欧阳弁元利用1903年大学堂放暑假，游历日本，归来即立意创办北京西城私立高等小学校。1903年11月19日，设于西城翠花街的学校开学，管学大臣张百熙及京师大学堂各教习、总办、提调等，以及仕学、师范两馆学生均出席典礼，以助声势[3]。两个多月后，《大公报》又刊出如下报道：

---

1 参阅笔者《罗兰夫人在中国》一文，刊《学人》第十三辑，南京：江苏文艺出版社，1998年。

2 服部繁子：《回忆秋瑾女士》，郭延礼编：《秋瑾研究资料》第169—171页。

3 见《大学近闻》《北京西城私立高等小学校招收学生广告》及《西城私立高等小学校开校记》，《大公报》1903年10月16日、10月2日、11月22日。

> 西城私立小学校校长欧阳君之夫人，拟创办一中国妇女
> 启明社，其大旨以昌明女学、广开风气为目的。定于明正举
> 行初次会议。[1]

而旧历的正月初一是1904年2月16日，此社极可能是在2月20日左右开办（说详下）。发起人为欧阳弁元的夫人，也与服部夫人的回忆一致。而根据《中国妇女启明社开办简章》（下文简称"《开办简章》"）的"发起人"署名，可以知道欧阳夫人的本名为锡贞[2]。

中国妇女启明社创立的本意，并非为限于知交间的小型座谈会，而有更宏大的志向。在《开办简章》的"宗旨"一条，对此有说明："本社以昌明女学、广开风气为目的，先在北京创立，以后再于各行省渐次推广，添设分社。"社址便暂设在西四牌楼北边的翠花街西城私立高等小学校内。其"职员及名誉员、顾问员"一章规定：

> 本社议举正副社长二人，以华族妇女有学问者任之。任
> 事员□人，以投票得多数者充之。并另延东西各国华族妇女
> 有学术名望、旅居我国者为名誉员，各分期演说普通女学。
> 又请顾问四员，不论中外，但求学术名誉，随时临社考察，
> 以期完善。

1　《昌明女学》，《大公报》1904年2月10日。
2　《中国妇女启明社开办简章》刊于1904年3月11日的《大公报》，文末"发起人"署"渤海龙田之子锡贞"，应即是欧阳弁元夫人之名。

服部繁子既然被欧阳夫人、吴芝瑛等尊称为"师母",成为主讲,其身份应该是名誉员。

该《简章》拟订的办法有十条,议定"每月聚会□次,以星期六为会期","十二点到会,四点钟散会";"本社中人,执事者可以执书演说,余者从旁静听"。为体现"互换知识"的学术组织新风尚,简章对革除陋俗亦颇用心,如"会所仅备清茶,不供膳点","服饰不可过华,务尚朴素",蠲除车班费,"依我国古礼,无长幼,均以执手为礼,请安、敛衽诸繁文概从删节","于外来女客,无论在社与否,来去概不迎送",都明文列出。出于扩大社务的考虑,章程也要求社员:"其相识之妇女,务乞相约偕来,不论满汉长幼,皆可入会。"秋瑾第一次加入的妇女社团,规模虽未达到预期的目标,但其组织形式与精神,无疑为她留学日本后组建"实行共爱会"提供了启示。

从如饥似渴吸取的新知识中,秋瑾很快确立了男女平权观念。其在家庭关系上的表现,即是对丈夫王廷钧原有的不满进一步公开化。对秋瑾而言,反抗男权与夫权已不只是思想,更变为行动。在与王廷钧的冲突中,秋瑾甚至采取了在当时女性中极为少见的离家出走这一激烈方式[1]。而留下一对小儿女、东渡留学的义无反顾,更显示出秋瑾对自主独立的热切向往,在摆脱丈夫羁绊的同时,也打破了家庭的范围。恰如密友吴芝瑛准确记述的秋瑾自白:

---

[1] 秋瑾《致秋誉章子信》(1905年9月12日)言及"妹出居泰顺栈"(《秋瑾史迹》第185页)事,徐自华《炉边琐忆》更进而补叙"王央请廉泉之妻吴芝瑛将她接到廉家新宅纱帽胡同暂住"(陈象恭编著:《秋瑾年谱及传记资料》第14页,北京:中华书局,1983年)的后事。

> 女子当有学问，求自立，不当事事仰给男子。今新少年
> 动曰"革命，革命"，吾谓革命当自家庭始，所谓男女平权
> 是也。[1]

虽然在秋瑾被杀后，为其抱不平的国内报刊多辩言，秋瑾之革命
论乃"男女革命"而非"种族革命"，但在北京时期，其所追求的
革命，确实未必越出"家庭革命""男女平权"之外。这从此时她
对女学的热心、专注可清楚看出。

1903年，京城已有清廷正在考虑兴女学的传言，内务府大臣诚
璋并曾委托服部宇之吉起草计划。而中国妇女启明社之举，在提
议者锡贞、吴芝瑛等人，也有作为女学堂的预备与补助的用意[2]。但
此议在朝廷内部显然遇到了强大阻力，于是，1904年1月清政府正
式公布的《蒙养院章程及家庭教育法章程》，在女学问题上便仍持
顽固态度，认定："中国此时情形，若设女学，其间流弊甚多，断
不相宜。"因而，除少数已婚妇女可在各地官办的蒙养院接受简单
的保育培训（每堂限定三十人以内），普通女子教育仍被严格限制
在家庭范围，并特别强调，绝不允许少年女子"结队入学，游行
街市"。不过，此《章程》既然指出，"使全国女子无学，则母教
必不能善"，"蒙养通乎圣功，实为国民教育之第一基址"[3]，而其所
允许的受学方式，又无法承担起提供普遍良好的母教这一重大责

1　吴芝瑛：《纪秋女士遗事》，《时报》1907年7月25日。
2　见服部繁子《回忆秋瑾女士》，郭延礼编：《秋瑾研究资料》第168—169页。
3　《蒙养院章程及家庭教育法章程》第1、4页，《奏定学堂章程》，学校司排印局，
　　1904年。

任。有鉴于此，民间小学的潮流因而并未严重受挫，在该《章程》公布后，反而可以弥补官方教育之缺失的正当理由：试办女学堂。即便在京师重地，民办女学堂亦陆续创立。其中于1907年以前开办而与秋瑾及其交游圈有关联者，已不在少数。

就在《蒙养院章程及家庭教育法章程》颁布后一个月，1904年2月1日的《大公报》便刊出一条《创设女学》的报道：

> 杜若洲农部拟在南城创设女学堂一区，学生往来备车接送。延浙江秋女士为教习，已择绳匠胡同某宅为讲堂，明正即行开办。北京女学此为权舆，不禁拭目望之。

杜若洲本名杜德舆，与夫人、女儿均热心女学。他曾力邀吕碧城来京，以壮大北京女学界的声势[1]。其夫人黄铭训与二女儿杜成淑又一起创办了中国妇女会[2]。此校即设立于绳匠胡同杜宅，1904年3月21日开学。引人注目的是，《大公报》在同一报道中，对于该校师资情况的说明"教习为日本某教员之夫人"[3]，证明在最先出现的京师女学堂中，已活跃着日本女性的身影。与国人在上海自办的第一所女子学校——中国女学堂得到了西方妇女的帮助路数不同，

1　见吕碧城《欧美漫游录·予之宗教观》，《吕碧城集》下册第62页，上海：中华书局，1929年。

2　《中国妇人会南洋分会来函照登》（《中国新女界杂志》第3期，1907年4月）云，"杜成淑女士，为杜若洲主政次女公子，系四川旅京女学堂学生"，"杜夫人率同成淑诸女士，自立中国妇女会，禀由警厅立案"。

3　《纪女学堂》，《大公报》1904年3月25日。

晚清京城的女校多半与日人相关。

被誉为"北京女校之嚆矢"[1]的豫教女学堂，则与服部宇之吉夫妇有密切关系。此校总经理人沈钧，"因为京城里，女学不兴，立意要创办一所女学堂，开通风气"，从1905年5月开始酝酿，得到"大学堂总教习服部先生，和服部夫人，帮同尽力，苦心经营商议，延请各位女教习"，终能在当年8月30日开学上课[2]。服部宇之吉并出任经理人，"襄助学堂一切事务"；服部夫人则为女经理兼教员[3]。至1907年初，该校已有学生近七十人[4]。服部夫人对兴办中国女子教育十分投入，除经管豫教女学堂外，也曾一度协助办理淑范女学校教务。后者创立于1905年9月3日，到1906年10月，已有学生八十人[5]。

豫教、淑范之外，被服部宇之吉主编的《北京誌》并举为北京最知名的三所私立女校中，尚有江亢虎创建的女学传习所[6]。江氏亦为女子教育的力行人。1908年春，他有事到密云，也顺便竭力鼓动知县出面，以官力办女学，并代为筹划，终使女学堂得以

1　服部宇之吉主编，张宗平、吕永和译：《清末北京志资料》第207页，北京：北京燕山出版社，1994年。日文原本清国驻屯军司令部编《北京誌》，由东京博文馆1908年出版。

2　《豫教女学堂庆贺万寿并周年纪念会演说》，《顺天时报》1906年11月27日；录自李又宁、张玉法主编《近代中国女权运动史料》下册第1121页，台北：龙文出版社股份有限公司，1995年。学校开学时间见《清末北京志资料》第195页。

3　《北京豫教女学堂章程》，《东方杂志》第2年第12期，1906年1月。

4　《记北京豫教女学堂教育进步》，《顺天时报》1907年2月20日；见《近代中国女权运动史料》下册第1136—1138页。

5　见《清末北京志资料》第195页。

6　见《清末北京志资料》第188页。

在密云县署西花厅内开张。这在江亢虎尚属"无心插柳"[1]。而其自任经理的三所女学传习所，则是江氏倾注大量心血的传世功业。1905年创办之初，女学传习所只有内城一处，后逐渐扩大，又增加外城与中城两所校址。三处校名也均由女界名流题写，外城的书写者为吴芝瑛，内城是吕碧城。"江亢虎君一个人办理三个女学传习所"[2]，也成为京城教育界的佳话。1907年1月，秋瑾在上海创办的《中国女报》第1期上，便有《北京外城女学传习所详记》一文，介绍该校"开办以来，规模整备，教课完善，远近闻风报名，络绎不绝"，学生人数已达150名，且有自天津、保定等外地前来就学者。《中国女报》的寄售处，北京地区也注明由"顺直门外绳匠胡同外城女学传习所江亢虎君"办理。

此外，秋瑾去国前专程前往拜访的吕碧城，为1904年在天津成立的天津公立女学堂（后改称"北洋女子公学"）总教习；给《大公报》主人英敛之写信引见秋瑾，并伴其返回京城的傅增湘，则是这个天津第一所官绅合办的女学堂监督，傅氏还兼任北洋高等女学堂与北洋女师范学堂（均于1906年设立）两校监督（总理）[3]。

既然秋瑾居京时期交往的朋友中有如许多的女子教育热心人，

1　《密云县署女学成立志喜》，《顺天时报》1908年5月22—23日；见李又宁、张玉法主编《近代中国女权运动史料》下册第1173页。

2　见《女学纪念展览会详记》《三城女学传习所开学》，《顺天时报》1909年10月1—2日、9月3—7日；李又宁、张玉法主编《近代中国女权运动史料》下册第1196、1192、1190页。

3　见《英敛之先生日记遗稿》，"近代中国史料丛刊续编"第22册第831、839页，台北：文海出版社，1974年；《记天津学界总调查》，《顺天时报》1909年11月20日，见李又宁、张玉法主编《近代中国女权运动史料》下册第1200页；《北洋女师范学堂开校纪盛》，《直隶教育杂志》第2年第9期，1906年6月。

受此氛围感染，她也将推行女学作为女性争取独立地位最重要的手段。吴芝瑛所述秋瑾有关"女子当有学问，求自立"的一段话，可为佐证。因吴氏感觉其以"家庭革命"求"男女平权"之言过于激烈，"时时戒之"，秋瑾却答道："姊勿怪，吾所持宗旨如此。异日女学大兴，必能达吾目的，其在数十年后乎？然不有倡之，谁与赓续也？"[1]秋瑾于是一力担当起提倡女学以谋求平权的责任。即使留学后，其思想已有极大发展，而对女子教育的关注仍始终如一。牺牲前半年发刊的《中国女报》，也明确地在创办宗旨中列出"提倡女学""志在扩充普及女界之智识"[2]的内容，虽然对此时的秋瑾而言，这已是妇女解放的最低要求。

1904年2月22日主动与吴芝瑛结拜为姐妹的秋瑾，显然以吴为其留京期间最知己的挚友。吴氏的记述对理解此期秋瑾的思想，自是最可靠的证言。秋瑾遇难后数日，吴芝瑛曾满怀悲愤，写出《秋女士传》一文，概述秋瑾的生平，痛斥官吏的残暴。而叙其北京生活一段，文字如下：

> 女士随某君居京师有年，痛愤庚子之变，以提倡女学为己任。凡新书新报，靡不披览。以此深明中外之故，而受外潮之激刺亦渐深。

以下所记"脱簪珥为学费""孑身走东瀛留学"[3]，既因受刺激而起，

1　吴芝瑛：《纪秋女士遗事》，《时报》1907年7月25日。
2　《创办〈中国女报〉之草章及意旨广告》，《中国女报》第2年第1号，1907年3月。
3　《秋女士传》，《时报》1907年7月21日。原未署名。

又与"提倡女学"直接相关。从杜德舆延聘秋瑾出任女学堂教席一事的反复，可见秋瑾此时的真实想法。

秋瑾对女子教育原抱有极高热情，1903年清廷有意开放女学堂的传闻，曾经使其大为兴奋。当年5月5日，她给不久前在上海结识的琴文伯母写信，便议及："京都有兴女学之言，未知章程如何，尚未见明文也。"[1]正因对办女学如此关注，秋瑾才会应邀出任绳匠胡同杜宅女校的教职。而前述《大公报》上的记事，自是以秋瑾本人的承诺为依据。但仅仅一个月后，1904年3月1日，该报又发出另一则内容更改的消息：

　　浙西秋瑢［璿］卿女士，好学极笃。去冬有订其为女学教习者，女士以未经身亲文明教育，未敢冒昧从事。故极意游东瀛，以觇学务。乃适值日俄事起，海道阻梗，而女士之志不以此少馁。现与大学堂教习服部君之夫人相订偕行，俟有东渡之船，即行束装。壮矣哉！须眉男子所不及焉。[2]

参照服部繁子所记秋瑾参加妇女座谈会因而与其相识的经过，则中国妇女启明社在旧历新年后不久，即2月20日左右，便应举行过成立典礼，秋瑾也必定很快加入该社。因在天津出版的《大公报》刊载得自北京的消息，最少也要迟两天。起初答应杜德舆任教之时（1月底以前），秋瑾尚未见过服部夫人。而一旦会面，有服部

<hr/>

1　秋瑾：《致琴文信》，《秋瑾史迹》第213页。
2　《女士壮志》，《大公报》1904年3月1日。

繁子代为向东京实践女学校校长下田歌子推荐，并结伴上路，留学日本已成为切实可行的计划[1]，求新好奇的秋瑾自然会改变初衷。不过，此行仍以研究日本女子教育、为中国女学取法为主旨，游学的目的正是为了取得办好女学堂的合格资格，这在上述通讯中已交代得十分清楚。

秋瑾东行前一日[2]，吴芝瑛曾给在日本的朋友写信，引见秋瑾，托其介绍于下田歌子，并"为秋女士照料一切，至要至要"。此信因只见缩小之影印件，有些字辨认不清，但大意可知。吴在信中言及：

> 兹有秋璇卿女士，自备资斧，来东留学。女士与（予）结为兄弟，在京晨夕过从，亲若同胞。今痛（吾国）女学之不振，在京创设学会，大声疾呼，欲以一身挽回数千年之积习，使吾国二万万女子脱此沉痛，以达其自由之目的。[3]

从信中所言，可知秋瑾确为中国妇女启明社的重要成员，而非如服部繁子所说，"不大出席座谈会"[4]。此函也进一步证实了，直到去国前夕，吴芝瑛从秋瑾那里得到的留学说法，仍是以振兴中国女

1　见服部繁子《回忆秋瑾女士》，郭延礼编：《秋瑾研究资料》第180—188页。

2　据《大公报》1904年6月23日《车站纪事》："北京大学堂教习日员服部氏之夫人，于昨早由京乘火车至塘沽，换轮回国。"而吴芝瑛的信函落款时间为"五月初八日灯下"，即阳历6月21日晚。

3　吴芝瑛《祭女烈士秋瑾文》上端之影印件，惠毓明编：《吴芝瑛夫人遗著》第8页，《吴芝瑛传》，无锡：双飞阁版，1936年。括号内为笔者代拟字。

4　服部繁子：《回忆秋瑾女士》，郭延礼编：《秋瑾研究资料》第176页。

子教育为鹄的。

　　尽管到达日本以后，秋瑾很快接受革命思潮，转向寻求民族解放，言行日趋激烈；但考察其在北京时期的思想，根据现有的可靠材料，我们只能得出如下结论：秋瑾的认识已达到争取妇女解放的高度，其实行手段即是推广女学，以获取女性自立的能力。如此描述，并非贬低其觉悟程度，而恰恰是肯定秋瑾的思想确实与时代同步。

1999年10月25日于东京弥生寓所

（初刊《浙江社会科学》2000年第4期；

《中国文哲研究通讯》第10卷第3期，2000年9月）

《中国女报》中的"汉侠女儿"

——秋瑾的国族论述与女性意识

　　《中国女报》是由著名的女革命家秋瑾创办。发刊之前，秋瑾曾于1906年7月31日至8月9日在上海的《中外日报》连续登载广告，拟筹集股金万元，可惜应者寥寥。在"经费很为难"[1]的情况下，《中国女报》仍勉力出版了两期。第三期文稿1907年6月中旬前也已编就[2]，但因秋瑾随后的筹划起义与迅速就义，而未能付印。

　　检索两期杂志，秋瑾以本名或"鉴湖女侠"之号刊载的论说文字并不多，第一期里只有"社说"栏的《发刊辞》与"演坛"栏的《敬告姊妹们》，第二期更仅见卷首的《创办〈中国女报〉之草章及意旨》一篇广告，余外便是译稿《看护学教程》与诗歌作品了。而第二期分列"论说"与"演坛"的《女子教育》与《恭喜恭喜》，虽然署名不同，却均出自后来担任《（续办）女子世界》主编的陈志群（本名以益）之手[3]。于是，另外一位作者"黄公"显

1　参见秋瑾《创办〈中国女报〉之草章及意旨广告》《敬告姊妹们》，郭长海、郭君兮辑注：《秋瑾全集笺注》第376—377、386页，长春：吉林文史出版社，2003年。

2　秋瑾《致陈志群》其九（1907年6月17日寄）中提及："《女报》编辑已就，前因无暇，约于此月必行付印。"（郭长海、郭君兮辑注：《秋瑾全集笺注》第458页）

3　《女子教育》署名"钝夫"（目录）或"纯夫"（正文），此文后在《（续办）女子世界》第2年第6期刊出修订稿，自署"志群"，与《恭喜恭喜》一文作者名相同。实则，"志群"即陈志群，本名陈以益。

图1-8　《中国女报》创刊号

得格外引人注目。此人在《中国女报》的重要性显然不亚于秋瑾，两期理应由报社中人执笔的"社说"文字，竟然都由"黄公"具名。而第二期中"钝夫"即陈以益的文章特意放置在"论说"而非"社说"栏，也显示出"黄公"乃是自家人。因而，尽管目前没有更确凿的线索，笔者仍希望能对其人稍做推测。

秋瑾遗稿中有一部《精卫石》弹词，今存完整的前五回及第六回前半篇残稿。学界一般认为，第一册1—3回写于1905年秋瑾留学东京时，第二册4—5回为归国后1906年续写，第6回残稿则大致草于1907年[1]。按照其弟秋宗章的说法，"姊所撰《精卫石》弹词手稿四本，初意在《中国女报》逐期刊布"[2]。尽管因为第三期的夭折，我们不知此说是否可靠，但起码可以引起关联的是，弹词主角黄鞠瑞的故事，确为秋瑾自身心事、行迹的影写。而依据第6回所述，黄女赴日留学后，改名"黄汉雄"，而非秋瑾原拟回目中设定的"黄竞雄"——后者显然与秋瑾已经流传于世的"竞雄"名号相同。此回弹词也在大肆铺写"真革命党"光复会在各地的分支系统[3]，亦与秋瑾其时正在组织的武装起义情实吻合。因此，经由"黄汉雄"的性别变异，笔者也怀疑"黄公"实为秋瑾的化名。如此也可以解释，秋瑾以本名或人所熟知的"鉴湖女侠"名号在《中国女报》发表的诗文，为何全然不见种族革命色彩，只因这类言说已由"黄公"包揽。更何况，从秋瑾致陈志群信中可知，《中国女报》编务完全由秋瑾一人承担，所谓"前瑾至沪，略为料理报事，嘱樊君付印，近可出版。瑾因绍中校事（引者按：指大通学校），友人倩代襄理，故在绍日多。樊君于报中文字茫无头绪，不能代理，故不能不二处兼顾"[4]，因此，报馆中也确无其他人可分担秋瑾的主笔职责。

明白了《中国女报》作者笔名中的奥妙，便可将报中的启蒙文字分为两个层次，即面向女性大众的发言与针对女性知识者的

1　参见郭延礼《秋瑾年谱简编》，郭延礼编：《秋瑾研究资料》第38页，济南：山东教育出版社，1987年。

2　秋宗章：《六六私乘》，郭延礼编：《秋瑾研究资料》第133页。

3　汉侠女儿：《精卫石》，中华书局上海编辑所编：《秋瑾史迹》第162—168、28页，北京：中华书局，1958年。

4　秋瑾：《致陈志群》其一，郭长海、郭君兮辑注：《秋瑾全集笺注》第450页。

立论。前者以秋瑾代表，后者由"黄公"主持。

在最低的层次上，秋瑾见于《中国女报》的言说只揭出"我中国之黑暗何如，我中国前途之危险何如"，虽然也用了不少形容词语描画黑暗与危险，如"黑暗界凄惨之状态，盖有万千不可思议之危险"，但此"中国之黑暗"与"前途之危险"究竟何所指，却并未落实。因此，爱国多半成为秋瑾的自我表白，并不作为对女性的普遍期待。这一低姿态的启蒙预设更进而引导以秋瑾之名发表的论说，其重心均放在"我中国女界之黑暗更何如，我女界前途之危险更何如"[1]的阐发上，从而凸显了对女性自身解放的高度关注。

由此看来，《发刊辞》与《敬告姊妹们》二文更像是彼此关联的上、下篇，前者提出对中国女界黑暗与危险的设问，后者做出回答，展现了中国女性生存的现实情境：

> ……我的二万万女同胞，还依然黑暗沉沦在十八层地狱，一层也不想爬上来。足儿缠得小小的，头儿梳得光光的；花儿朵儿札的、镶的戴着，绸儿缎儿滚的、盘的穿着，粉儿白白、脂儿红红的搽抹着。一生只晓得依傍男子，穿的吃的全靠着男子。身儿是柔柔顺顺的媚着，气虐儿是闷闷的受着，泪珠儿是常常的滴着，生活儿是巴巴结结的做着。一世的囚徒，半生的牛马。

其中对于缠足、装扮的否定，早有先进者发明在前，算不上秋瑾

1　秋瑾：《发刊辞》《敬告姊妹们》，《中国女报》第1期，1907年1月。

的特识。秋瑾言说的长处因而只在用类似戏曲唱词的表述，突出呈现了女性身体被男性拘缚的状况："这些花儿朵儿，好比玉的锁、金的铘〔枷〕，那些绸缎好比锦的绳、绣的带，将你束缚得紧紧的。那些奴仆，直是牢头、禁子看守着。那丈夫不必说，就是问官、狱吏了，凡百命令皆要听他一人喜怒了。"显然，在秋瑾看来，身体的拘禁实为女性失去自由最重要的表征与根源。以此，那些"安富尊荣""自己以为我的命好"的"太太奶奶们"，落在秋瑾眼中，照样是"没有一毫自主的权柄"的可怜女同胞[1]。故而，恢复女性身体与行动的自由，便成为秋瑾整个论述的基点。而其设定的抗争对象，也首先指向家庭中的男性。

　　正是在西方文明、自由理念的观照下，上述男性对于女性身体的桎梏，被秋瑾恰当地概括为女性成为男性的"囚徒"与"奴隶"："总是男的占了主人的位子，女的处了奴隶的地位。"而且，女性"为着要倚靠别人，自己没有一毫独立的性质。这个幽闭闺中的囚犯，也就自己都不觉得苦了"。既然"这奴隶的名儿，是全球万国没有一个人肯受的，为什么我姊妹却受得恬不为辱呢？"秋瑾指出，其原因纯粹在于女性无法自谋生计，只好依赖丈夫。于是，为女子设想"求一个自立的基础，自活的艺业"，秋瑾也指明向上一途："如今女学堂也多了，女工艺也兴了，但学得科学、工艺，做教习，开工厂，何尝不可自己养活自己吗？"而女性拥有自立的能力固然有益家庭，所谓"不致坐食，累及父兄、夫子了"，"可使家业兴隆"；不过，秋瑾更看重的实在第二义项，即"可

1　秋瑾:《敬告姊妹们》,《中国女报》第1期。又，"奴仆"后原多出一"奴"字。

使男子敬重，洗了无用的名，收了自由的福"。女性所获得的这种"自由自在的幸福"，也不只是在家庭中得到男子的尊重，以及"夫妻携手同游，姊妹联袂而语"之乐，还包括了走出家门后，在社会上与男子平等、自由地交往，这就是秋瑾所描述的"在外有朋友的教益"。并且，不止此也，经济自立的更上一级，才是秋瑾理想中女性可达致的最高境界："如再志趣高的，思想好的，或受高等的名誉，或为伟大的功业，中外称扬，通国敬慕。"虽然关于"名誉"与"功业"所指仍然语焉不详，但由秋瑾所描绘的无论哪个层级的女性解放前景，都昭示出一个"美丽文明的世界"[1]，却已毫无疑问。

这种对于女性自由的热切呼唤，在第二期"唱歌"栏刊载的鉴湖女侠秋瑾所作《勉女权》歌中获得了集中呈现：

> 吾辈爱自由，勉励自由一杯酒。男女平权天赋就，岂甘居牛后？愿奋然自拔，一洗从前羞耻垢。若安[2]作同俦，恢复江山劳素手。
>
> 旧习最堪羞，女子竟同牛马偶。曙光新放文明候，独立占头筹。愿奴隶根除，智识学问历练就。责任上肩头，国民女杰期无负。[3]

全篇实际是以歌曲的形式，对前述二文核心观点所做的总结与提

1　秋瑾：《敬告姊妹们》，《中国女报》第1期。
2　"若安"为法国救国女杰圣女贞德（Jeanne d'Arc，1412—1431）的译名。
3　鉴湖女侠秋瑾：《勉女权》，《中国女报》第2期，1907年3月。

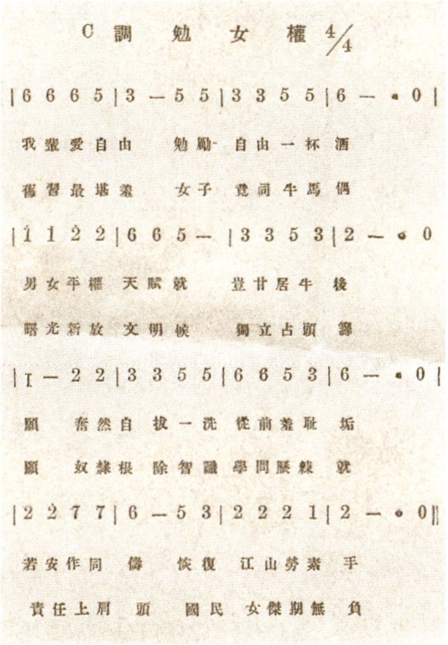

图1-9 《勉女权》

升。如《敬告姊妹们》的反问："难道我诸姊妹，真个安于牛马奴隶的生涯，不思自拔么？"[1]在此也得到了正面的肯定。最明显的是，"自由"与"奴隶"的赫然对立贯穿前后，根除奴性方能获得自由与独立，在歌词中已有了最精练的表述。引人注目的尤在意义的提升与发挥。《发刊辞》与《敬告姊妹们》文中并未出现的"女权"或"男女平权"词语不但进入标题，也成为整首歌词的焦点。"自由"的真义就是"女权"或曰"男女平权"的实现，而这种权力本应是与生俱来（"天赋就"）的，那么，女性的牛马、奴隶境遇即意味着应有权力的丧失，收复女权的正当性由此产生。

1　秋瑾:《敬告姊妹们》,《中国女报》第1期。

　　只是，这样的释读仅停留在对女性自身权益的关注，仍属前述低层次的要求。而秋瑾对女同胞原本还有更高的期待，所言"伟大的功业"，在《勉女权》中已被具体化为"恢复江山"。与之相关的"中国之黑暗"与"前途之危险"，自然亦指向国家的沦亡。女性因此不只是作为家庭中的母亲、妻子、女儿存在，同时也具有了国民的身份标识，而与国家发生关联。救国于是被秋瑾视为女子理应承担的责任，实践这一理想的女性，方能获得"国民女杰"的荣名。其间，"女权"和"国民女杰"的关系，固然可以从女性应拥有参政权一面设想，但责任与权利在现实中往往并不等同，以救国为己任的中国女杰，获得选举权与参政权的道路仍然漫长。而假如我们另辟蹊径，不拘于秋瑾的言说，而引进"黄公"的论述，"女权"在《中国女报》中的特殊意指即可获解，秋瑾提倡女权的深心亦可得到发覆。

　　据此，《中国女报》第一期"社说"栏刊载的"黄公"《大魂篇》便显得意义非凡。此文大张旗鼓地宣扬种族革命，诸如"中原铁血，大地腥膻，禹氏九州，已无复一寸干净土，为吾黄帝子孙立足地"这类其时反清志士常用的表达，在此文中也一泻无余。而"种族之思想"更被作者认定为区分人类与禽兽的界标，得到高度肯定。因此，"大好河山"被蹂躏，在黄文中首先指向满族对汉族的奴役。其次，窃取了汉族国家的满人，又任由异国侵占中国的领土，则为"神州陆沉"的第二义。所谓"甲国范围线，乙国势力圈；鲸吞者封豕长蛇，蚕食者朝削暮薙"[1]，便是此一情境的

---

[1]　黄公：《大魂篇》，《中国女报》第1期，1907年1月。

激愤写照。种族革命因此需要在民族与国家两个层面展开，反抗清廷统治与抵抗列强入侵于是联为一手。《勉女权》中尚嫌笼统的"恢复江山"，至此也有了明晰的答案。

而在这一以救亡图存为目标的民族国家论述框架中，"女权"也被委以重任。其说大而言之有谓：

> 国民者，国家之要素也。国魂者，国民之生源也。国丧其魂，则民气不生。民之不生，国将焉存？故今日志士，竞言招国魂，然曷一研究国魂之由来乎？以今日已死之民心，有可以拨死灰于复燃者，是曰国魂。有可以生国魂、为国魂之由来者，是曰大魂。大魂为何？厥惟女权！

"女权"被作者尊称为"大魂"，端在其能够诞育、铸造"国魂"，使得国民有生气，国家得复兴。而追溯女权之所以具此伟力，作者给出的回答其实不脱当时先进者已经阐发的精义："女界者，国民之先导也。国民资格之养成者，家庭教育之结果也。我中国之所以养成今日麻木不仁之民族者，实四千年来沉沉黑狱之女界之结果也。"[1]比较1903年林宗素之言："女子者，诞育国民之母。……故今亡国不必怨异种，而惟责我四万万黄帝之子孙；黄帝子孙不足恃，吾责夫不能诞育国民之女子。"[2]也就是说，由性别构造所带来的生育能力以及作为家庭教育最早的实施者，都使女性具备了

1　黄公：《大魂篇》，《中国女报》第1期。
2　林宗素：《叙》，金一：《女界钟》，林叙第1—2页，1903年。

养育国民身体与精神的母体本原的特质。汉族的疲弱与国家的沦亡既源于女界的沉沦黑狱，则汉族的崛起与国家的强盛，势必也要归本于女界。是即黄文道破的："欲收他日之良果，必种今日之好因。唤起国魂，请自女界始。"[1]

　　然而，负有"生国魂、为国魂"重大使命的女界，现实的情况远不能令人满意，其本身即为病体，需要全面医治。而"黄公"开出的药方，包括了德育、体育、智育三方面。德育以破除"三从四德，数千年来之古训"为急务，体育以戒除缠脚、"人人尽复其天足"为前提，智育以根除"女子无才便是德"为起点。凡此，"曰三从四德也，培养奴隶之教育也；曰缠足也，摧残奴隶之酷刑也；曰女子无才便是德也，防范奴隶之苛律也"，其要义均在以女子为奴隶。而要革除奴性，将女性从"四千年来沉沉黑狱"中解救出来，首先就要改变女性无权的处境。结论是：

　　　　故振兴女界，万绪千端，挈领提纲，自争女权始。

如能"争已失之女权于四千年"，即能"造已死之国魂于万万世"[2]。女权因而成为再造国魂的"大魂"。

　　而女权如何收复，在晚清也是检验女性意识是否完足的一方试金石。其时已有诸多热心"女界革命"的男子发表了各种论说，但女界先进者仍坚定地发出了维护女性自主权的声音。如林宗素

1　黄公:《大魂篇》,《中国女报》第1期。
2　黄公:《大魂篇》,《中国女报》第1期，第8—10页。

即不以金一《女界钟》"为我女子辩护""代谋兴复权利"为可凭恃，因为，"权也者乃夺得也，非让与也"。即使"彼辈男子慨然尽举畴昔所占据之权利，一一让与而还付之于我女人"，也不能"保护享受于永久"[1]。"黄公"正是延续了这一思路，力言："（女权）争之若何，亦自为之而已矣。幸福固非他人所能赐予者。"[2]并且，不仅于此，黄文对女性其实还另有崇高的期待。

在这一更高的层级上，"黄公"要求于晚清女性知识者的"名誉"与"功业"已远远超越家庭一隅，而立身于民族国家的高度。故谓，"贤内助之资格，于彼男子诚利矣，与吾女界何？与吾祖国何？"其所寄望于同胞姊妹的上乘境界，实为"宏其愿，达其识，肩任立功，以与天下男子争着鞭"。因此，女性的任务不只是夺回女权，而且，"还以助男子，共争主权于异族"，亦被规定为"我女子之天职"。《大魂篇》也在激昂的种族革命与女权革命合一的话语中结束：

> 尽我天职，以效祖国，凡我女子志愿所及，即我女子权力所及，当仁不让，夫何吝于先着鞭？噫嘻！兴矣。近以挽狂澜于既倒，远以造国魂于将来。伟哉女权！伟哉大魂！魂兮归来，吾将见之，吾愿买丝以绣之，酬金以铸之。[3]

而能够担负此重任的女性，自然是"国民女杰"；若兼顾从异族手

1　林宗素：《叙》，金一：《女界钟》，林叙第2—3页。

2　黄公：《大魂篇》，《中国女报》第1期。

3　同上。

中夺回土权的使命而言，其命名则以秋瑾在《精卫石》上的署名"汉侠女儿"最为贴切。

因应晚清女界的现实状况，《中国女报》将读者群区分为大众与精英两类，分别以秋瑾与"黄公"两种论述层次进行启蒙。从最低的启发女性挣脱奴隶地位，经由国民意识的加入，最终提升到赋予女子从清廷与列强手中拯救中国的至高责任，女子的性别身份也相应地从贤母良妻、国民女杰直指汉侠女儿。而无论隐显，作为全部论述的核心理念，实为"女权"。

2013年6月8日于京西圆明园花园

（初刊《北京大学学报》2014年第4期，为《晚清女报中的国族论述与
女性意识——1907年的多元呈现》第一节）

延展篇

秋瑾早年行迹考辨

——以《京报》相关史料为中心

稍微接触过秋瑾研究的人都知道，秋瑾早年生活史料欠缺，存在大片空白。即使有家人或熟识者的回忆，也多半彼此矛盾，或语焉不详，无法准确系年。这也是各种秋瑾年谱[1]于其1896年出嫁前记事简略且多有出入的原因。应该说，由于婚前的秋瑾并非独立生活，尽管更依赖母亲，但整个家庭的行止最终还是以祖父或父亲为轴心。尤其对秋家这样的官宦人家而言，随宦可谓秋瑾早年生活的常态。因此，厘清秋瑾祖父与父亲的宦游行踪，即可大致钩稽出秋瑾婚嫁前的生活轨迹。

关于秋瑾的祖父秋嘉禾（字露轩，1831—1894），我多年前写过一篇《晚清上海报刊中的秋瑾祖父遗闻》[2]。此文的缘起是编注

1　本文所参考者主要有：陈象恭《秋瑾年谱》，陈象恭编著《秋瑾年谱及传记资料》，北京：中华书局，1983年；郭长海、李亚彬《秋瑾事迹系年》，郭长海、李亚彬编著《秋瑾事迹研究》，长春：东北师范大学出版社，1987年；晨朵《秋瑾年表（细编）》，王去病、陈德和主编《秋瑾年表（细编）》，北京：华文出版社，1990年；郭长海、郭君兮《秋瑾年谱简编》，郭长海、郭君兮辑校《秋瑾诗文集》，杭州：浙江古籍出版社，2013年；郭延礼《秋瑾年谱简编》，郭延礼、郭蓁编《秋瑾集 徐自华集》，北京：中华书局，2015年。

2　夏晓虹：《晚清上海报刊中的秋瑾祖父遗闻》，《中华读书报》2002年7月17日。

《图像晚清:〈点石斋画报〉》(百花文艺出版社,2001年)时,发现
了一张题为《德政何在》的绘图,所述主角恰是秋嘉禾。根据配
图文字,可知该图系嘲讽时任厦门海防厅同知的秋氏,勒令地方
绅商悬挂灯笼,赠送牌匾,颂扬德政,故押尾章用了"欺世盗名"
以显其意。按照《点石斋画报》新闻多采自《申报》的惯例,我
在1890—1891年的《申报》上,确实查找到多条秋嘉禾在厦门时的
报道。不过,当年只能逐张翻阅报纸,工作量太大,检视范围因
而只限于画面所涉时段。现在有了检索便捷的数据库,资讯已是
唾手可得。需要说明的是,因《申报》在民办报刊中最早全文转
载具有邸报性质的《京报》,故本文所引《京报》,全部出自支持
全文检索的爱如生《申报》数据库。

一　关于秋瑾的出生地

就秋瑾生平考证而言,关注秋嘉禾,首先与秋瑾的出生地有
关。持"绍兴"说者虽亦有人,但各家年谱多半记述秋瑾生于福
建,这自然是因其幼弟秋宗章说过:"先大父宦闽久,先君随侍,
全眷侨寓,故伯姊实生于闽,时为光绪元年夏正十月十一日也。"[1]
而在同治十三年八月十三日(1874年9月23日)的《京报》上,确
实有一道《上谕》。这是一张以"俱照例发往。钦此"结尾的补缺
与分发名单,秋嘉禾正列名其中,身份是"捐纳分发福建试用同

1　秋宗章:《六六私乘》,周苇棠、秋仲英、陈德和辑:《秋瑾史料》第42页,长沙:
　　湖南人民出版社,1981年。

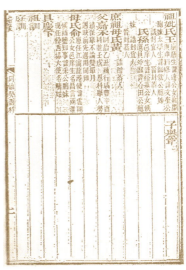

图2-1 《同治癸酉科浙江乡试同年
齿录》中秋寿南的家世资料（一）　　图2-2 《同治癸酉科浙江乡试同年
齿录》中秋寿南的家世资料（二）

知"[1]。从此前一年，秋瑾之父秋寿南在杭州中举后，于《同治癸酉
科浙江乡试同年齿录》中填报的家世资料可知，秋嘉禾当年虽已
有举人头衔（"同治乙丑［1865年］补行咸丰辛酉［1861年］科并
壬戌［1862年］恩科举人"）[2]，却尚未分派到省。故此次的分发福
建，实为其通过"捐纳"，在宦途上努力提速的结果。也就是说，
对于1865年已经中举的秋嘉禾而言，这次选派是其期盼已久的进
入仕途的机会。于情于理，他都会尽快到省。照此算来，秋嘉禾

---

1 《上谕》，《八月十三日〈京报〉全录》，《申报》1874年10月8日。

2 秋寿南：《秋寿南中举资料》（影印，1873年），王去病、陈德和主编：《秋瑾史集》
　第13页，北京：华文出版社，1989年。

赴闽时间应在1874年秋后。这也可为秋家人所持秋瑾1875年11月8日生于福建一说提供支撑。

不过，这样的常规动作，中间还是出现了波折。秋家后人秋仲英曾依据祖母、秋瑾长嫂秋誉章夫人张淳芝的叙述，有如下分说：“考查我高祖秋露轩的个人历史经历，他在光绪丙戌［引者按：应为同治甲戌］（公元1874年）因父亲砚云公（引者按：名家丞）去世丁忧，到1875年前后的一段时间里，他的家眷一直住在闽侯县，所以秋瑾出生在闽侯之说是完全可以采信的。”[1]尽管结论没变，秋瑾还是生在福建闽侯，却因多出丁忧一事，情况也可能生变。按照清制，丁忧期为27个月[2]，且官员一般均返乡守制。这也是秋嘉禾延迟考评的原因。目前在光绪二年十二月初十日（1877年1月23日）《京报》上，可以看到福州将军兼署闽浙总督文煜与福建巡抚丁日昌“为试用期满之同知、知县甄别留闽，照例补用”所上奏折，其中包含了秋嘉禾。所谓“期满”“定例”是“捐纳分发各官，俟到省试用一年后，方准题咨补缺”，说明秋嘉禾起码光绪元年十二月即1876年1月已在福建，或者说，他在这个时段才正式报到。因而，奏折中对其有“明白晓畅”的考语，秋嘉禾也才能照例“以同知留闽”[3]。据此，若秋嘉禾果然回绍兴丁忧，则秋瑾是否在福建出生又成为问题。

1　秋仲英：《关于秋瑾生年及其他》，秋经武编著：《精卫石之隙——秋氏亲人记秋瑾》第221页，呼和浩特：远方出版社，2003年。其中的错字已径改。

2　参见王志明《清代乡居进士与官府交往活动研究》第24页，上海：上海书店出版社，2018年。

3　文煜、丁日昌：《为试用期满之同知知县甄别留闽照例补用恭折仰祈圣鉴事》，《光绪二年十二月初十〈京报〉续录》，《申报》1877年2月27日。

这就要说到秋嘉禾的资历了。同治十二年（1873），秋寿南在乡试录中对此已有记载，除举人科名，秋嘉禾还拥有"劳绩保举，不论双单月，遇缺前先选用同知"[1]的资格。虽然现在还不清楚秋嘉禾是如何获得此项保举的，但秋仲英曾经肯定地说过："再考查我家历代的世系表，也有露公（即秋瑾的祖父秋嘉禾，字露轩。……）宦游闽中四十年，历任泉州、建阳等地十任知县官，时全眷寓闽，故瑾生于福建长于福建，生肖属亥的记载。"[2]而秋嘉禾去世于光绪十九年十二月（1894年1月），以此倒推，如将1876年1月定为初至福建，距离宦闽四十年实在相差太远。故此，秋氏极有可能早已在闽，只是其身份为"吏"而非"官"，或许就是在吃"绍兴师爷"这碗饭。既然长期在福建佐幕，全家移居闽地也很正常。他乡已成故乡，丁忧不回绍兴，留在福建家居亦未尝不可（参见下文秋寿南为秋嘉禾守制的考述）。如此说来，秋瑾的出生地仍以秋家人坚持的"福建"最为可信。

至于秋嘉禾在福建省内任职的迁调，此前学界知道的仅限于台湾鹿港厅同知、南平县知县、两任云霄厅同知，以及厦门海防厅同知[3]。而查阅《申报》，则可补上其办理厘捐的经历：1887年，秋氏任延平厘金局总办[4]，尚属地方税务官员；到1888年，已以知

1　秋寿南：《秋寿南中举资料》（影印，1873年），王去病、陈德和主编：《秋瑾史集》第13页。

2　秋仲英：《关于秋瑾生年及其他》，秋经武编著：《精卫石之隙——秋氏亲人记秋瑾》第220页。

3　参见杰雨《秋瑾先世考述》，王去病、朱馥生主编：《秋瑾评集》第278页，北京：中国妇女出版社，2000年。

4　见《械斗不休》，《申报》1887年12月1日。

府衔，被委派为福建税厘局提调[1]。应当正是由于这一任职留下的人脉，秋瑾的父亲秋寿南日后分发湖南，也多半在厘金系统效力，并因此定下了一桩令秋瑾日后痛恨不已的包办婚姻。

二　关于秋瑾赴台时间

秋瑾早年曾赴台湾，实与其父秋寿南（原名官谦，字研孙，号益山，又号星侯，1850—1901）的任职有关。由于各家对秋父的赴台履历说法不一，也直接影响到秋瑾台湾行的时间确定：郭长海推断为1888年末1889年初，晨朵置于1886年夏，郭延礼则暂系于1891年[2]。

关于秋瑾的旅台经历，其弟秋宗章曾有明确记述：

> 星侯公参福建戎幕，以劳绩保知县，筮仕台湾，嘱姨夫何菉安先生护眷赴台，道经上海，适海舶已先一日启碇，淹留逆旅者经月，始搭粮舶成行，海中风涛甚烈，屡濒于危，单太淑人惊恐万状，惟合掌吁天，虔求神佑，又以丝绦系吾兄及两姊，惧覆身散失。如是者数日，风静浪息，乃得安渡，共庆更生。台居未久，星侯公擢直隶州知州，签分湖南，携眷同行。[3]

1　见《杨制军保折稿》《闽省官报》，《申报》1888年12月3日、1888年12月14日。

2　郭长海、李亚彬：《秋瑾赴台时间考》，郭长海、李亚彬编著：《秋瑾事迹研究》第110—111页；晨朵：《秋瑾年表（细编）》，王去病、陈德和主编：《秋瑾年表（细编）》第31页；郭延礼：《秋瑾年谱简编》，郭延礼、郭蓁编：《秋瑾集 徐自华集》第226页。

3　秋宗章：《关于秋瑾与〈六月霜〉》，《人间世》第33期，1935年8月5日。

由此可知，秋瑾随母赴台，应在其父离台前不久。

　　而在考察秋寿南何时离台之前，不妨先了解其首次入台时间。与一般推测的1881年[1]以后不同，秋寿南其实更早已抵达台湾。在光绪二十年三月十八日（1894年4月23日）的《京报》上，湖南巡抚吴大澂在奏折中称，秋氏于"光绪二年投效福建台湾军营"[2]。也就是说，1876年，也即秋瑾出生的第二年，其父已赴台。这也为秋瑾生于福建提供了一条佐证，因其时台湾尚归福建管辖，未独立设省。

　　吴大澂的奏折本是为推荐秋寿南"补郴州直隶州知州缺"，无意间却代其留下了一份完整的履历。关于父亲的台湾职任，秋宗章日后记为："初，先君居福建提督孙军门幕，以劳绩保知县，分发台湾。"[3]虽然所谓"以劳绩保知县"乃是投效台湾军营后的立功受赏，此事在吴奏中也有述及——"因剿抚后山生番阿棉、纳（纳）社及加礼宛番、内〔巾〕老耶等社出力，案内保奏。光绪五年八月初一日奉旨：'着以知县分发省分，归试用班（前）先补用，免缴分发银两，仍令补缴三班银两。钦此。'"[4]——秋宗章在这里实有倒因为果之误；不过，秋寿南的投军实则仍是佐幕，并在福建陆路提督孙开华营中，确为事实。

　　秋寿南参与的剿抚台湾原住民诸役，在《清史稿·孙开华传》

1　晨朵：《秋瑾年表（细编）》，王去病、陈德和主编：《秋瑾年表（细编）》第30页。
2　吴大澂：《为直隶州知州要缺需员拣员请补以资治理恭折仰祈圣鉴事》，《光绪二十年三月十八日〈京报〉全录》，《申报》附张，1894年5月1日。
3　秋宗章：《六六私乘补遗》，周蒂棠、秋仲英、陈德和辑：《秋瑾史料》第75页。
4　吴大澂：《为直隶州知州要缺需员拣员请补以资治理恭折仰祈圣鉴事》，《光绪二十年三月十八日〈京报〉全录》。

中均有记载。镇压后山阿绵、纳纳社发生在光绪二年（1876），夷平加礼宛、巾老耶等社则在光绪四年（1878）。故秋寿南于战事结束后的光绪五年（1879）获得试用知县的奖赏。而孙氏正是在光绪二年"率师东渡，顿基隆，顾北路"[1]，开始了其长期驻守台湾的军事生涯。可见秋寿南作为幕僚，自始即追随左右。这才有了吴大澂奏折中开列的"十年，于基沪获胜案内奏保"[2]的续篇。光绪十年即1884年，当年八月抗击法军获胜的沪尾（今淡水）大捷，守将正是孙开华。其英勇接战的经过在《清史稿》中有生动叙述。得胜后论功行赏，幕主孙开华赐予世职，实授提督[3]；幕僚秋寿南也被保"请免补知县三班，以直隶州知州留闽，前先补用，并戴花翎"[4]。

接下来就可以转入秋瑾的赴台了。自光绪二年随军渡台，八年时间里，秋寿南先后参加了三次作战行动。并且，在此期间，孙开华也曾返回福建，如光绪五年的"内渡"与光绪九年的"回任"。只是，其每次在大陆停留都很短暂，五年"秋，复渡台"，九年"已，复出办台北防务"[5]，台湾仍是其大本营。可以想见，在这样频繁的战事与转移之中，跟随幕主的秋寿南很难把家人安顿

1　参见《孙开华传》，赵尔巽等：《清史稿》卷四百五十九，第42册第12703页，北京：中华书局，1977年。

2　吴大澂：《为直隶州知州要缺需员拣员请补以资治理恭折仰祈圣鉴事》，《光绪二十年三月十八日〈京报〉全录》。

3　参见《孙开华传》，赵尔巽等：《清史稿》卷四百五十九，第42册第12703页。

4　吴大澂：《为直隶州知州要缺需员拣员请补以资治理恭折仰祈圣鉴事》，《光绪二十年三月十八日〈京报〉全录》。

5　参见《孙开华传》，赵尔巽等：《清史稿》卷四百五十九，第42册第12703页。

在台湾。而唯一比较安定的时段是光绪十一年二月（1885年4月）中法停战，到光绪十一年八月十九日（1885年9月27日）福建巡抚刘铭传的奏保获御批[1]，单太夫人携子女往台自以此时最合适。何况，秋宗章讲述的"时台抚为合肥刘省三（铭传），拟檄委先君署台北某县"之事也应系于此时，因刘任福建巡抚（仍驻台）、转为台湾巡抚，分别始于光绪十年九月与次年九月。本来署理台北某县"事已内定"，秋寿南应会迎取家眷；只是后来"忽为某有力者捷足所得"[2]，才使得安家计划再生变故。当年既没有可供私人使用的现代通讯工具，辗转上路的单太夫人也无法及时听取丈夫的指令，因而使得这次艰难的台湾之行，最终仅成为短促的探亲。

应该是由于未得到实缺，更重要的是因为刘铭传与孙开华的奏保有了"依议。钦此"的批复，秋寿南已不必再为台地知县的职位挂怀，于是径直"离营，请咨赴部"[3]。而其离开台湾军营的时日，当距获闻保升直隶州知州的喜讯不久，即在光绪十一年（1885）秋冬之交。不过，进京引见本来就路途漫漫，长安又居大不易[4]，候选亦非短时可了，此行自不便携带妻儿。于是，团聚未久的一家人再度分离，其时年仅十一岁的秋瑾又跟随母亲，与父亲一同告别了台湾。

1　见吴大澂《为直隶州知州要缺需员拣补以资治理恭折仰祈圣鉴事》，《光绪二十年三月十八日〈京报〉全录》。

2　秋宗章：《六六私乘补遗》，周芾棠、秋仲英、陈德和辑：《秋瑾史料》第75页。

3　吴大澂：《为直隶州知州要缺需员拣补以资治理恭折仰祈圣鉴事》，《光绪二十年三月十八日〈京报〉全录》。

4　参见秋宗章《六六私乘补遗》，周芾棠、秋仲英、陈德和辑：《秋瑾史料》第74页。

二　关于秋瑾入湘之年

秋瑾入湘之年，自然也与父亲秋寿南的签分湖南密切相关。上文已澄清，秋瑾并非如其幼弟秋宗章所言，跟随父亲，直接从台湾转到湖南，而是在离台与赴湘之间有间隔。

仍然先看一下各家年谱对于秋瑾入湘的记述：郭长海认为在1889年末，秋父"由浙江赴湖南，全家随行"，后修正为1892年初，"秋父签发湖南，全家随侍入湘"[1]；晨朵则暂定为1893年春，"秋寿南携眷入湘"；郭延礼与晨朵同，只是确指为1893年冬，"瑾自台湾随父来湘"[2]。以上诸人在系年上虽有出入，却都遵从了秋宗章的说法，故秋瑾均与其父同行。陈象恭所编《秋瑾年谱》是个例外，秋父"从台湾调到湖南常德厘金局任总办"，与"秋瑾和她的哥哥秋誉章随母由浙江前往湖南"，被分置于1890年与1892年[3]。

要确定秋瑾何时到湖南，关键还在了解其父的行踪。清代官员补缺，照例由吏部每月组织候选人抽签一次以决定。然因人数众多而官缺有限，如无有力者保举或本人出资捐纳，等候的时间会很漫长。而秋寿南启程时已倍感窘迫，秋宗章谓其"资斧无出，请于先大父，得钱百千"。"先君忧形于色，单太淑人又无能为役，几效牛衣对泣"，因此也注定了其"以贫不能具厚赂"。幸好秋氏

1　郭长海、李亚彬：《秋瑾事迹系年》，郭长海、李亚彬编著：《秋瑾事迹研究》第8页；郭长海、郭君兮：《秋瑾年谱简编》，郭长海、郭君兮辑校：《秋瑾诗文集》第257页。

2　晨朵：《秋瑾年表（细编）》，王去病、陈德和主编：《秋瑾年表（细编）》第35页；郭延礼：《秋瑾年谱简编》，郭延礼、郭蓁编：《秋瑾集 徐自华集》第227页。

3　陈象恭：《秋瑾年谱》，陈象恭编著：《秋瑾年谱及传记资料》第7、8页。

有"前先补用"的资格与"戴花翎"的荣誉，无疑有助于缩短候
选期。最后的结果也差强人意，湖南"纵非善地，要以较胜于滇
黔等边省矣"[1]。按照前引吴大澂奏折中所述：

> 光绪十四年五月初五日，经吏部签掣湖南。初八日引
> 见，奉旨："着照例发往。钦此。"领照启程。[2]

可见，经过差不多两年半的等待，秋寿南终于在1888年6月14日尘
埃落定，签分湖南。6月17日面见光绪皇帝，随后到吏部领取凭
照，秋寿南便可打起行装，从京城出发南下了。

官员从吏部领照后，依据路途远近，会规定相应的到任日期，
不得逾限。因此，秋寿南不会在路上多有耽搁。那么，他是何时到
达湖南的呢？幸运的是，吴大澂的奏折中也保留了确切的日期，即
"是年八月十八日（引者按：即1888年9月23日）到省"[3]。这个日子
距离引见有三个月零十天，秋寿南如果要回家搬取家眷，时间上也
是来得及的。在这里，我还是宁可相信秋宗章的"携眷同行"说。
毕竟，单太夫人不大可能独自带领儿女登程，委托他人也肯定不如
全家一同前往一个陌生地彼此照应起来更方便。而且，秋宗章也说
过，其父"（光绪）十五年以后，由台湾到湖南"[4]，虽不准确，亦相
差无多，证明其说必有根据。总之，无论如何，秋瑾应于十四岁这

1　秋宗章：《六六私乘补遗》，周芾棠、秋仲英、陈德和辑：《秋瑾史料》第74—75页。

2　吴大澂：《为直隶州知州要缺需员拣补以资治理恭折仰祈圣鉴事》，《光绪二十
　　年三月十八日〈京报〉全录》。

3　同上。

4　秋宗章：《秋女侠史实考正》，王去病、陈德和主编：《秋瑾史集》第166页。

一年来到了湖南。据此，秋瑾与湖南关系之早且深，大大超出了学界过去的认知。这才可以理解，为何父辈为同僚、有通家之好的陶在东，印象中的秋瑾"虽浙籍，而随宦生长湖南，口音习惯，纯乎一湖南人也"[1]；留学后的秋瑾，也不但"每遇浙江同乡会开会，她必定参加"，而且"每遇湖南同乡会开会时，她必定参加"[2]。湖南在构成其生命底色中的重要性，显然并不弱于浙江。

　　既然已述及秋寿南的宦途经历，不妨再将其可以考见的后事一并钩稽。赴湘一年后，光绪十五年十月二十五日（1889年11月17日），《京报》载湖南巡抚《王文韶片》，报告秋寿南"于光绪十四年八月十八日到省，扣至光绪十五年八月十八日，一年期满"，"例应甄别"，得"稳练精详"考语，"堪留省照例补用"[3]。自此决定了秋寿南如无重大升迁，大抵会在湖南盘桓一生的官运。

　　按照秋宗章的概述，除"历管常德、湘潭、湘乡等厘局"外，其父曾"官湖南郴州直隶州知州，署桂阳州直隶州知州"[4]。这自然是秋寿南的最高官职。不过，细考起来，还有曲折。前引光绪二十年（1894）三月吴大澂奏折，开列秋寿南仕途履历，实际是为奏请光绪皇帝同意任命秋氏为郴州直隶州知州。文称：

1　陶在东：《苗山今昔谈·秋瑾遗闻》，《大风》第15期，1938年7月25日。秋宗章对此　　说不认可，称："先姊随宦湖南，已在及笄以后，并不是'自幼生长'。至于口音　　习惯，在我的记忆里，觉得始终还是保存着浙江人的本色。"（《秋女侠史实考正》，　　王去病、陈德和主编：《秋瑾史集》第166页）

2　王时泽：《回忆秋瑾》，中国人民政治协商会议湖南省委员会编印：《文史资料》第　　二辑第34页，1961年。

3　《王文韶片》，《光绪十五年十月二十五日〈京报〉全录》，《申报》附张，1889年11　　月26日。

4　秋宗章：《关于秋瑾与〈六月霜〉》，《人间世》第33期。

　　该员性情爽直，识练才优，洞悉民情，勤求治理。以之请补郴州直隶州知州缺，洵堪胜任，与例亦属相符。据藩、臬两司会详前来，相应奏恳天恩，俯念员缺紧要，准以该员秋寿南补授郴州直隶州知州，实于要缺有裨。如蒙俞允，该员系候补班前直隶知州，衔、缺相当，毋庸送部引见，亦毋庸列叙参罚。

此请亦得朱批："吏部议奏。钦此。"[1]似乎任命已然成立，但其实不然。秋寿南确可谓官运不济，台北某县知县的位置先被顶替，这次又遇到其父秋嘉禾于光绪十九年十二月十二日（1894年1月18日）去世[2]，恰在奏请公文旅行的过程中。作为人子的秋寿南尽管"返里奔丧"，"数月后，复至湘"[3]，却也只好在湖南家中守制。于是，光绪二十年七月初九日（1894年8月9日），《京报》又刊出吴大澂另一《为直隶州知州要缺需员拣员请补以资治理恭折仰祈圣鉴事》的奏折，内称："前以候补班前先补用直隶州知州秋寿南请补，尚未奉准部覆，该员于光绪二十年三月十二日丁忧，业经题报在案。"[4]可知，还在接获吏部批文之前，或者更准确地说，还在光绪

1　吴大澂：《为直隶州知州要缺需员拣员请补以资治理恭折仰祈圣鉴事》，《光绪二十年三月十八日〈京报〉全录》。

2　见孙元超《秋瑾年谱》，孙元超编：《辛亥革命四烈士年谱》第54页，北京：北京图书馆出版社，1981年。不过，此处是将秋嘉禾病逝系于1895年1月（农历甲午十二月十二日），并称"年月据秋高函述"。实则，秋嘉禾去世之年只能是光绪十九年（癸巳），故本文仅采纳秋高（为秋瑾长兄秋誉章之子）说之月日。

3　秋宗章：《六六私乘补遗》，周芾棠、秋仲英、陈德和辑：《秋瑾史料》第75页。

4　吴大澂：《为直隶州知州要缺需员拣员请补以资治理恭折仰祈圣鉴事》，《光绪二十年七月初九日〈京报〉全录》，《申报》附张，1894年8月18日。

皇帝三月十八日御批之前，秋寿南已申报奔丧守制，不但是未赴
郴州任，根本也是无法赴任了。

　　不过，秋寿南本人应确系干才，其拟被派往的"郴州直隶州
知州系冲繁难要缺"，此即遴选时一再提到的："今郴州直隶州知
州界连东粤，兼辖五县"，是为"冲"；"民俗刁悍"，是为"难"；
"政务殷繁"，是为"繁"。因此，"非精明干练、才识兼优之员不
足以资治理"[1]。并且，即使未能实授知州，仍然滞留在厘金局任上，
光绪二十五年（1899），秋寿南还是以"比较有闰旺销之年，多
销三千二百余引"的销盐成绩，由两江总督刘坤一奏准，获得了
"加知府衔"的奖励。其时，秋寿南正担任湖南督销局湘潭分销
委员[2]。

　　具有如此出色才能的秋寿南终究还是等来了第二次机会，即
为署理湖南桂阳州直隶州知州。关于此事，秋宗章的说法是："先
君服阕起复，复署桂阳州事。"[3]而其在职时间，据当时已娶入秋家
的秋瑾庶母孙氏回忆，为"头一年正月去（1900年2月），第二年
十月（1901年11月）死了"[4]。如此言确实，则是丁忧期满后又等待
了差不多三年，直到光绪二十六年正月，秋寿南才再度履新。但
此次大约并非实授，只是代理，故找不到官方记载，秋宗章也一

1　吴大澂：《为直隶州知州要缺需员拣员请补以资治理恭折仰祈圣鉴事》，《光绪二十
　　年三月十八日〈京报〉全录》《光绪二十年七月初九〈京报〉全录》。

2　《刘坤一片》，《光绪二十五年十一月二十二日〈京报〉全录》，《申报》附张，1900
　　年1月11日。

3　秋宗章：《六六私乘补遗》，周蒂棠、秋仲英、陈德和辑：《秋瑾史料》第75页。

4　绍兴妇联：《秋瑾庶母孙阿孙姑口述笔录》，王去病、陈德和主编：《秋瑾史集》第
　　183页。

直使用"署"而非"官"以记其事。并且,这一次的结局实为更大的不幸,次年十月十六日(1901年11月26日),秋寿南直接死在了桂阳州任上[1]。据秋仲英言,秋父乃是因任内"历经湖南哥老会起义攻城受惊"而病逝,时年只有五十二岁[2]。

2021年10月4日于京西圆明园花园

(初刊《东南学术》2022年第1期)

1　参见秋宗章《六六私乘》,周芾棠、秋仲英、陈德和辑:《秋瑾史料》第43页。

2　晨朵:《秋瑾年表(细编)》,王去病、陈德和主编:《秋瑾年表(细编)》第45页。

晚清人眼中的秋瑾之死

公元1907年7月15日（阴历六月六日），秋瑾于家乡浙江绍兴的轩亭口以谋反罪被杀害。消息传出，迅速扩散，在各界激起强烈反响。由秋瑾之死引发的巨大风潮，完好地映现出晚清的社会心态与文化氛围，因而格外引人注目。

一　舆论的抗争

晚清的舆论界，基本是民营报刊的天下。中央政府虽握有《京报》、《政治官报》（1907年11月5日创刊）以及各部所办之《商务官报》《学部官报》等，各地官方自1902年12月直隶总督袁世凯创办《北洋官报》以后，亦仿行其事，但官办报刊无论数量抑或影响，均无法与民办者相抗衡。以致1907年4月宪政编查馆大臣奕劻等奏请开办《政治官报》时，言其重要性，也必称说"私家报纸"，"往往摭拾无当，传闻失实，其或放言高论，荧惑是非"，故欲"正民心，自非办理官报不可"[1]。加之，民营报刊大多同时揭载

---

[1]《宪政编查馆大臣奕劻等奏办理政治官报酌拟章程折》，故宫博物院明清档案部编：《清末筹备立宪档案史料》下册第1060页，北京：中华书局，1979年。

"上谕""宫门抄"及重要奏折、法律条文、章程等，兼有官报之长，且信息量更大，言论更自由，自然更受个人订阅者的欢迎。在秋瑾被杀事件中，民报所扮演的角色，便出色地展示了其代表与左右舆论的现实功能。

秋瑾遇难后不久，一直关注徐锡麟刺杀安徽巡抚恩铭一案的各民间报纸，立即将重心移向秋案，连续不断的追踪报道，使秋瑾死事的每一细枝末节均毫无遗漏地公诸报端。各报虽有政治立场的区别，如上海《时报》的鼓吹立宪，《神州日报》的宣扬革命，不过，在同情秋瑾、指斥官方的舆论导向上，仍表现出相当大程度的一致性。综述民报在此中的作为，江苏教育总会所言最称切实：

> ……报馆为舆论之代表，其所纪载容或有一二传闻失实，然持之有故，言之成理。凡诸陈说，非为一人，为全体也；非为浙江，为天下也。[1]

而若于众报中取样例，《申报》自应居于首选。这不仅因为它是最具商业化特征而最少政治派别色彩的大报，而且，在晚清全国报刊中，1905年2月版面改革后的《申报》发行量高达万余份，在绅商界广有市场[2]，又自1906年1月美查股份有限公司董事会提出出售申

---

1 《江苏教育总会致浙省议长议绅谘议官学界诸君询问绍案公论书》，《申报》1907年8月5日。

2 见雷瑨《申报馆之过去状况》（抱一编：《最近之五十年》，上海：申报馆，1923年）；徐载平、徐瑞芳《清末四十年申报史料》（北京：新华出版社，1988年）亦称，至1907年，《申报》每日销量已增加到万余份（第73页）。时人姚鹏图《论白话小说》文尝云："上海各报林立，而《申报》为最先。自有《申报》（转下页注）

报馆动议，华人在报社的主导力量便明显上升。因而，即使从销量及反映国民言论着眼，《申报》亦颇具代表性。下文讨论秋瑾死事，于报界之偏重《申报》，另辅以他报消息、论说，原因在此。

《申报》对于秋瑾一案的报道，始终集中在居于重要版面的"专电"与"紧要新闻"两栏，又配合以"论说""文苑""要件""舆论"等栏目，总字数约计三万[1]。

绍兴党狱的首见《申报》，为秋瑾殉难后一日。7月16日的"专电"第一条消息，即由绍兴府太守贵福的查封徐锡麟家所开天生绸庄，而提及"拘拿徐创设之大通学堂学生，内有某生被兵役枪伤"。18日的"紧要新闻"中《查封徐锡麟家产学堂之骚扰》一条，则第一次通报了秋瑾被害的有关情况：

> 绍兴明道女学堂教习秋瑾女士曾至日本游学，程度颇高。近被人指为徐锡麟党羽，遂被拿获，立予斩决。闻者莫不懔懔。

此后半月，几乎逐日均有关于秋瑾事件的续报。言其被捕，指为栽赃陷害："（押解途中）行至某处，某兵将手烟［枪］二枝掷于道

（接上页注）以来，市肆之佣伙，多于执业之暇，手执一纸读之。……是以《申报》之腐败，虽亦见讥于士林，而各埠商家，既震于老大报馆之声名，又中于一成不易之锢习，阅之者尚多，销路至今未减。"（《广益丛报》第65号，1905年3月）更早限于杭州一地的调查也表明，除本地出版的《杭州白话报》占有优势，销数达七八百份外，便属《申报》发行最多，约有五百几十张，对象以"官场、商家为多"（《杭城报纸销数表》，《浙江潮》第3期，1903年4月）。

1　字数的统计据《清末四十年申报史料》第191页。

旁，遂指为由女子［士］裤中落下。"述其遇害，深表同情："女士身穿白色汗衫，外穿元色生纱衫裤，脚穿皮鞋，钉有铁镣，两手反缚。由山阴县署至轩亭口，一路有兵防护。临刑时女士不发一语。"[1]并详细、及时地披露秋瑾被杀幕后的种种传闻：杭州新军第一标标统李益智因前次来绍未蒙学界欢迎而挟私报复；绍兴乡绅胡某、袁某因与徐锡麟常相联络，恐被株连而抢先诬告秋瑾；浙江巡抚张曾敭之幕僚某姓因平日笼络学界，闻张大愤恨于徐锡麟刺杀恩铭，谓"学生无不可杀"，惧失张欢，而力主严办；绍兴知府贵福审案时，被其早先认作义女的秋瑾咬定"义父乃是我同党"，怕于己不利，故赶赴省城张曾敭处危言耸听，终获就地正法手令[2]。

《申报》迭次报道的语调，也越来越强化了与官府对立的倾向。其间译自英文《字林西报》的一则通讯，显然给予报馆同人以极大启发。18日的消息述及秋瑾被处死，不过使用了"懔懔"二字表达叙述者的心情；次日的简单记写秋瑾"被拘拿，业已就地正法"[3]，态度更为客观。而19日当天刊出的《西报论徐锡麟被刑之酷》的"紧要新闻"，引某英人致《字林西报》一书，将徐被惨杀放在"中国政府正在商议立宪"的背景中讨论，代表"文明国中人"指责清廷：

1　7月22日《新军骚扰学堂之罪状》；7月20日《皖抚恩新帅被刺十志·株连秋瑾女士确耗》。

2　分见7月22日《新军骚扰学堂之罪状》、7月28日《秋瑾女士冤杀之历史》、7月23日《秋瑾冤杀之原因》、8月5日《越郡罗织党案余闻》。

3　7月19日《皖抚恩新帅被刺九志·又附绍兴访函》。

> 彼官吏既杀徐，而又取其心以祭死者，果已野蛮矣；竟
> 又株连其亲族朋友，此等手段，徒使吾外人增轻视华政府之
> 心耳。

已有明确暗杀行为的徐锡麟，西方尚且为其被刑处置之野蛮鸣不
平；未曾举事的秋瑾竟遭仓促杀害，自然更易引起同情。此后，
《申报》对官府的抨击力度便转而加强。20日的有关报道标题已
使用"株连"一词，21日的新闻稿则进而出现了"此次惨被株连，
无不同声叹息云"[1]的行文，后更以"奇祸""冤狱""冤杀"等字眼
指称秋瑾死事，大张旗鼓地为其鸣冤叫屈，并使这一抗争活动自
始便具有要求法治的内涵。

为此，《申报》通过对秋瑾生前行事的叙述及刊载其作品，使
不了解秋氏生平的读者，迅速获得其人乃爱国女杰的印象。7月22
日的"论说"一栏，便公然以秋瑾的演说《敬告姊妹行》"代论"。
篇首编者按介绍秋瑾，也极称其"痛心国难，每于新报新书中，
见外侮浸迫则横涕不可仰，大有'四十万人齐解甲，并无一个是
男儿'之感"；"又擅口才，每登演坛，雄辩恣肆，往往倾动众耳，
击掌声如百面春雷"。次日，续刊秋瑾穿和服持刀小照，上题"女
界流血者秋瑾"，并发表《秋瑾女士遗诗六首》，包括《感愤》、
《日人石井君索和即用原韵》、《感时》二首、《黄海舟中感怀》二
首，均为其赴日留学后吐露慷慨悲壮的爱国情怀之作。如此忧心
国事的女志士却因徐案牵连被难，舆论的引导者及读者大众，自

1　7月21日《皖抚恩新帅被刺十一志》。

然要严厉追究地方大员的杀戮罪行。

在《申报》，这一切做得极为策略。尽管从清政府的角度看，及时缉捕首领、扑灭起义的浙抚绍守实为有功之臣；且张曾敭事后呈报的处理浙省党案经过的奏折，也获得了"着照所请"的朱批[1]，表明了最高统治者的认可。然而，《申报》主持人却置此于不顾，只将攻击的矛头始终限于浙江一省的官员，有时还故意制造出中央与地方的对立，以中央压地方，使自己处于有利的地位。实际上，这也是当时大多数民营报刊共同的做法，为避免官方寻找借口封闭报馆而先行设防[2]；并进而发动有力的进攻，在强调"今夫法也者，立国唯一之元素也"[3]的前提下，以维护法律尊严为宗旨，使围绕秋瑾死难的讨论超出了个案的局限，获致普遍的意义。

被利用的中央旨意，近则有7月27日以"内廷消息"为来源发布的《两宫办理徐党之意见》："除著名死党严惩不计外，凡所胁从，断不可妄事株连，致乱人心。"后二句发表时特意加上着重点，表明用心所在，纸背的意思已关合秋瑾一案，只因办报人与读报者心中，都毫无疑问地将秋瑾置于受株连之列。此说既经"饬电知各省督抚，一体知照"[4]，浙抚绍守的处决秋瑾便是与朝意相背。更多的援引出自《上谕》，留东全浙学生7月18日致浙抚

1　《光绪三十三年八月十七日浙江巡抚张曾敭奏折》（军机处折包档），上有同日朱批，
　　见中国史学会主编《辛亥革命》（三）第214页，上海：上海人民出版社，1957年。

2　当时对报界执行的是巡警部光绪三十二年（1906）订立的《报章应守规则》，最重
　　要的禁令是："不得诋毁宫廷""不得妄议朝政""不得妨害治安""不得败坏风俗"
　　（戈公振《中国报学史》"关于报纸之法律"一节载录，北京：生活·读书·新知三
　　联书店，1955年）。

3　胡马：《浙抚安民告示驳议》，《时报》1907年7月27日。

4　7月27日《徐锡麟革命之余波·两宫办理徐党之意见》。

电即声称："皖案逮捕株连显背去年谕旨，祸及学界，尤恐酿成巨变。"[1]所据正是1905年4月光绪皇帝批复伍廷芳、沈家本奏请的谕旨，"嗣后凡死罪至斩决而止，凌迟及枭首、戮尸三项，著即永远删除"，以及"缘坐各条，除知情者仍治罪外，余著悉予宽免"[2]。在晚清法治尚不健全的时代，《上谕》即为法律。因此，8月10日，代表《申报》同人意见的"论说"栏刊出的《论法部严禁各省州县滥用非刑事》，也充分利用这些名目大做文章：

> 以近事言之，刑律既已减轻矣，枭首、凌迟、戮尸等律，皆已删除矣，何以皖省之变起，而徐锡麟有剖心之事？何以徐锡麟之案发，而绍兴大通学堂之秋瑾女士，有不得口供而冤杀之事？徐之罪，诚当死，而剖其心得不谓之滥刑乎？秋瑾女士，既指为〈非〉徐之同党，何以不明暴其罪于天下，而贸贸然杀之，得不谓之滥刑乎？……黑暗如是，而犹日减轻刑律，而犹日严禁州县官滥用非刑，吾恐此后州县官，且有以不滥刑而获咎者矣。

所谓"据理力争"，此为最典型的一例。删除旧律中的重法酷刑既已作为国家法律颁布，舆论界便可恰当征引，以此指责地方官吏的杀害秋瑾为横行不法。

对浙省官员处理秋瑾一案的抨击，首先是建立在秋为新学界中人而非革命党的身份论定上。叙述秋瑾生平时，《申报》编者特

---

1 《秋瑾冤杀之余波·留东全浙学生致浙抚电》，《申报》1907年7月31日。

2 朱寿朋编：《光绪朝东华录》第五册第5328页，北京：中华书局，1958年。

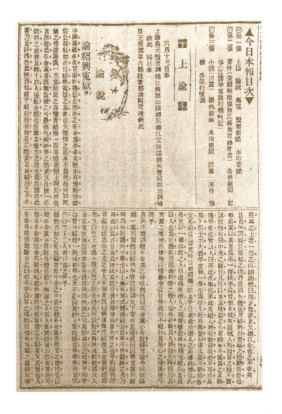

图2-3　1907年7月23日《申报》发表的《论绍兴冤狱》

意提到其"汲汲焉提倡女学，以图女子之独立"，以为"女士之
所谓革命者，如是而已"，"今乃以种族革命见杀，论者所以冤之
也"[1]。7月23日的"论说"于是径以《论绍兴冤狱》命题，开篇即倡
言："中国党祸多矣，官场拘捕似是而非之革命党亦多矣。然未有
惨酷悖谬，假公报私，如近日绍兴冤狱之甚者也。"论者认为，指

---

[1]　7月22日《秋瑾之演说》。

控秋瑾为"革命党"毫无凭据，不过为一杀人借口：

> 杀革命党者，升官之捷径也。以杀革命党为言，则任杀百
> 数十无辜之人，而人莫敢讼冤，以讼冤者亦可指为革命党也。

当时各报虽已登载浙江巡抚张曾敭之安民告示、奏军机处电、批同仁学堂监督之禀词，绍兴知府贵福晓谕士民之告示，提出金华府武义县起事失败的光复军被捕者之供认、绍郡绅士的密禀，以及自大通学堂搜出之枪枝、秋瑾之革命文字与审讯时之供认不讳为证据，却并未起到消弭异说、统一言论的作用。相反，如《神州日报》《时报》等均抓住文告中矛盾之处不放，逐条批驳，针锋相对，振振有词。以为若指大通学堂为起义总机关，则当首先严究批准办学、莅临开校典礼之地方官罪责，然后才可论及教员与学生；而其所谓"安民"，"是犹强盗之入人室，亦既席卷财物，戕伤事主；及其去也，乃温颜而喻之曰：吾之此来，凡以保尔生命财产之故，不必惊皇，自生扰乱也。其孰信之！"[1]言辞之大胆激烈，今日读之，亦令人讶异。

　　面对来自官方的消息，《申报》所采取的抗争方式与上述各报如出一辙。《论绍兴冤狱》既辩白发现枪支不足以为罪证，因"通例中学堂以上应有军式体操"，"岂身为标统、为郡守，并此学堂向章而不之省乎"；又揭示秋瑾勾连竺绍康、王金发之言不能自圆

1　如《神州日报》之《论浙抚电奏之荒谬》（7月31日—8月2日）、《时报》之《浙抚安民告示驳议》等，即采逐段批驳方式；引语见胡马《浙抚电奏驳议》与《浙抚安民告示驳议》，《时报》1907年8月1日、7月27日。

其说，以"竺、王既在逃矣，何以知其与秋瑾纠结谋反"，更进而怀疑竺、王二人亦为虚构。缕析条辟这一最富辩驳效力的手段，也同样出现在《申报》中。8月1日发表的《驳浙吏对于秋瑾之批谕》的社论，即痛斥张氏之批词与贵福之告示，节节质疑：谓"秋竞〔瑾〕之通匪，并无武匪口供之实证；且武匪欲图谋不轨，而乃结连一学堂之弱女子，既非情理所当有"；谓"军火果然搜出与否，固不得而知；即有之矣，私藏与为他人预藏亦不得而知"；谓"既为体育会，必有枪械为之演习；以体育演习之枪械，而即据以叛逆之实证，然则今日之开体育会，及在武备学堂者危矣"；谓"秋竞〔瑾〕即使为匪，万无装有子弹之手枪常怀在身边之理，讵知人之来捕而故怀之以实他人证据耶"。文词间充满了对官府深刻的不信任。即使退而言之，承认文告中所说"是实非虚"，仍坚持秋瑾既"绝无口供，安知非奸徒所预藏，怨仇所谋害，员弁所买功"，而不予认可。在作者看来，其为捏造倾陷绝无可疑：

> 古有"莫须有"三字以兴大狱，而今竟以"秋雨秋风愁煞人"七字以为罪案者，是则何人不在当死之例矣！

如此义正词严的愤激文字，自然会在读者心中引起共鸣。

而其时民间的舆论倾向，正与报刊同调。即使是范文澜当年在家乡绍兴所接触的"守旧派不同情革命的"人，"他们也不同情清政府的凶暴行为"而"纷纷议论"，认为："秋瑾没有口供，按律例不应该杀没有口供的人；轩亭口是杀强盗的地方，秋瑾不是强盗，不应该到那里去杀；妇女只有剐刑和绞刑，秋瑾不应该用斩刑。"[1]值得注意的是，这里的许多议论都是以法律、成规来裁准，秋案之被普遍认作冤狱而不可动摇，根本原因在此。

因前述官方文电只是一面之词，而办案中出自秋瑾、能够证明其为革命党的有关字据，又迟至一个月后方始公布，也不能不启人疑窦。在各报一片指斥官府杀无凭据的清议声中，初时持严办态度的张曾敭竟也心生畏忌。先是贵福欲求自解，7月28日电禀张氏："前呈悖逆字据，系拿获秋瑾时当场搜出，报章有意反对，乞宪鉴。"张次日复电，则要求提供更详细的情节："所称当场搜出，系在身边搜出？抑在堂内？字据三纸内，何者是亲笔？欲查实以息邪说，非有疑也。又报纸中载，该匪当堂书'秋雨秋风愁煞人'七字，有无其事？有即送核。"贵福立即一一禀明[2]。张曾敭专究证据，问得仔细，皆因舆论对其违法断案追逼得紧，且有些细节，亦先由报纸获闻，可见报刊的消息灵通、无孔不入，使官方一手遮天的办案方式不再可能。而张、贵往复电文中清楚流露出的对报章报道、议论的在意与畏惧，最好不过地表明了舆论的监督作用在晚清已开始发挥效力。

慑于舆论的压力，坚称"拿办秋瑾，供证确实，毫无疑义"的浙江官府，因顾虑"谣言不一，各报馆据以登载，致起浮议"，也不得不急忙将"搜获证据，刊刻传单，明白宣布"[3]。但尽管如此，

1　范文澜：《女革命家秋瑾》，《中国妇女》1956年第8期。

2　引自秋宗章《大通学堂党案》，《越风》第10期，1936年3月。

3　《绍兴府督同山会两县会禀各宪文》（为会营拿获大通学堂附设体育会程毅等供词开折拟议请示遵办事），《女报》第1卷第5号《越恨》增刊，1909年9月；录自周芾棠等辑《秋瑾史料》第205页，长沙：湖南人民出版社，1981年。

仍无法消除先入为主的冤狱成见。因而，8月13日，秋瑾的供词在《申报》披载时，报社中人便当即以"编者按"的形式痛加驳斥：

> 秋瑾之杀无供词，越人莫不知；有之则惟"寄父是我同党"，及"秋雨秋风愁煞人"之句耳。而今忽有供词，其可疑者一。秋瑾之言语文辞，见诸报章者不一而足，其文词何等雄厉，其言语何等痛快！而今读其供词，言语支离，情节乖异，大与昔异，其可疑者二。然死者已死，无人质证，一任官吏之矫揉造作而已，一任官吏之煅练〔炼〕周纳而已。然而自有公论。[1]

迨到四日后，《绍兴府贵寿鋆宣布秋瑾罪案》刊出，秋瑾撰写的革命诗文、军队编制历历在目，其为革命党的身份已确凿无疑，"固不敢谓杀革命党之非也"[2]的《申报》同人也并不会因此而缄口不言，兵来将挡，水来土掩，其质难官方的立场仍然不变。8月25日借"舆论"栏公布的《敬告为秋女士呼冤者》[3]，虽未改变冤杀的结论，而论证的角度已做了调整。作者在承认秋瑾的革命党资历之后，照样理直气壮地为其进行合法的辩护：

> 夫女士之主张革命，固不能为女士讳，而亦不必为

1　8月13日《绍狱供词汇录》。
2　7月23日《论绍兴冤狱》（陈）。
3　8月25日《申报》刊出时未具名，录入《女报》第1卷第5号增刊《越恨》（1909年9月）时，署名"新"。

（女）士讳也。……女士果起革命军矣，固不能如文明国处以
国事犯相当之罪，势必难逃一死。若革命未见实行，罪名未
凶［见］宣布，而遽以"秋风秋雨"七字定谳，则是官吏蔑
视法律，鱼肉我同胞也。故今日之争，不必问秋女士之革命，
真与不真；但当问官吏之杀我同胞，当与不当。女士当杀，
杀之宜矣；乃杀之而于法律未当，是不啻杀我无罪之同胞矣。

当此预备立宪正在进行时期，依照现行法律办案应是最基本的要求。
文章作者因此大声疾呼，希望有言责、通法律者，与绅商学界共同
"开会研究，积资举员调查，务期水落石出，昭示天下"，以为唯其
如此，方对得起秋瑾女士，亦所以"尽我立宪国民应尽之义务"。

　　正是因为晚清以报刊为主要发表渠道的舆论界，始终坚持以
法律为武器，据法力争——尽管同时批评现行法的不完善与亟待
改进——才可以不为官方刊行的《浙江办理女匪秋瑾全案》与
《影印秋瑾各种亲笔字据》所摇撼而受挫，在超出"是否为革命
党"的更高层面上讨论秋瑾的被杀，使其与官府抗争的姿态一以
贯之，从而维护了舆论的独立性与在国民心目中的权威性。而晚
清时期之为"众声喧哗"的时代，于此亦得一证明。

二　大吏的被逐

　　晚清时期，统治者已不能漠视舆论的力量。民间声音的存在，
使官府在行动时因受到牵制，而不得不有所忌惮。张曾敭、贵福的公
布口供、刷印传单、影写秋瑾的革命文字，未尝不是对其仓促办案、

大受报刊攻击的极力弥补；二人的仕宦前程亦因此而断送，则更可见出代表民意的舆论对现实政治的积极参与及实际作为。其中，尤以实行民意的群体不分省域的联合行动最有效力，也最具近代色彩。

民间结社的大批涌现与勇于任事，使得这类团体俨然成为晚清社会结构中重要的支配力量。戊戌变法前，康有为、梁启超们反复开导、论说的"合群"之义，"群故通，通故智，智故强"[1]，到了二十世纪初年，已是群相信奉的常识。并且，"合群"不只是民间社团成立的动因，也为消泯省界的隔膜、产生民族国家共同体意识奠定了基础。在秋案讨论中极其活跃的江苏教育总会，便早有此自觉。其所采取的致函浙江省学务公所等学界同人的方式，便有联络民意机关及绅学界共同负责的用心[2]；公开信中也明确宣告：

> ……苏之与浙，击柝相闻，固非春秋时吴与越之比。省界之说，乃行政人之区域，非国民之区域。

因而，过问秋瑾死事，要求调查报告，正是其作为社会群体"应担之责任"[3]。其间，"国民"一语的使用，显然系以国家为根基，意在肯定凡在此共同体生活的人，都不应该强调地区的特殊性，而

1　梁启超：《论学校十三：学会》（变法通议三之十三），《时务报》第10册，1896年11月；另参见梁氏《说群自序》《说群一：群理一》，《知新报》第18册，1897年5月。
2　《学部奏陈各省学务官制折》（1906）规定，"学务公所设长一人，议绅四人"，议长"须择端正绅士通学务者"（舒新城编：《中国近代教育史资料》上册第284—285页，北京：人民教育出版社，1961年）。
3　《江苏教育总会致浙省议长议绅谘议官学界诸君询问绍案公论书》，《申报》1907年8月5日。

自外于国民全体。一方之事，便是全国之事。以为事不关己，袖手旁观，即丧失了作为国民的资格。

与之同声相应的一位江苏人，在《敬告为秋女士呼冤者》一文中也大力提倡："若我同胞士绅，今日对于浙省，论地势虽有省界之分，论人民则全国皆为一体，同舟救溺，义不容辞。"其声讨浙江大吏"媚上取荣""不遵法律"杀害秋瑾的罪行时，便能独具只眼，从全国一体的角度，揭示此案争论的实质：

> 夫同胞所谓"幸福"者何？不过欲国家明定法律，上下共守，俾我同胞能有自保其身家性命财产之权耳。东越之狱，是官吏夺我同胞身家性命财产之权矣，于此而不争，是天下无当争之事矣。且今日之争，非仅仅为秋女士一人也，为我同胞士民之前途计也；抑非为我同胞士民之前途计也，实不啻为我一人身家性命财产计。……故今日之事，非浙绅一部分之事也，凡我国民，与有责焉。

此种国民意识的觉醒与自觉的担当精神，虽源自其乡前辈顾炎武"保天下者，匹夫之贱，与有责焉耳矣"（《日知录》卷十三《正始》）的名论，却已注入现代国家观念。随后发生的苏省拒张运动，因而恰如水到渠成，不过是具备此种觉悟的江苏士绅付诸实践的一次成功的力量显示。

在民间一片斥骂声中，直接办理秋瑾一案、为清廷立下大功的浙抚绍守，在其署理当地则因威信扫地，不能再安于位。民国后，为张曾敫作墓志铭的陈宝琛尽管有意回护，含糊其词，谓其

图2-4　张曾敭像

将秋瑾"檄捕鞫实置诸法"后，"而当事中人言，调公江苏，旋复移山西。公乃连疏乞退，三上始得请"[1]，但其间实有一场大风潮在。

　　考索当年的案卷，可以发现张曾敭在处决秋瑾时原堪称"勇毅"，态度强硬。7月14日（阴历六月五日）贵福电请"将秋瑾先行正法"，张立刻覆电，同意"秋瑾即行正法"。次日又亲笔写信给贵福，催问"秋瑾已否遵办"，指令严厉镇压："此事入手，必须从严，始能解散，若意存消弭，酿祸必大。"对贵福的担心与恐惧也大加斥责："派去兵队，系为拿匪之用，岂为府县看家，种种畏葸，办理乖方，……若再因循误事，非我所能宽贷也。"16日贵福

1　陈宝琛：《皇清诰授荣禄大夫建威将军山西巡抚兼提督张公墓志铭》，卞孝萱、唐文权编：《辛亥人物碑传集》第668页，北京：团结出版社，1991年。

的回电中，因称"惶悚感激"，并表白："卑鋆籍长白，必不为彼党所容，非有见好求庇意。"[1]强调自己正是种族革命的对象，不会通融办理，以解张氏之疑。而张曾敭对此案的后果，其实远不及贵福看得清楚。起初以为不过杀一乱党而已，论功只会得赏，却未曾料到招来的竟是民间抗议的风暴。甚至吴芝瑛以真名实姓发表的《祭秋女士瑾文》[2]，也公开对张氏进行辛辣的嘲骂：

> 反常移性者欲也，触情纵欲者禽兽也。以浙帅之贤，岂嗜欲之流、禽兽之类与？

张曾敭爆发的勇气，一旦遇到如此猛烈的攻击，也立即消失，转为惶恐，而别求退路。

正当民报民刊同仇敌忾声讨浙省地方大员最激烈的时分，张曾敭称病乞退的消息也开始流传，各报均明确将其与舆论的压力联系起来。7月27日，《申报》已抢先报道：

> 浙江巡抚张曾敭因此次查抄绍郡各学堂暨严惩秋瑾女士，颇遭物议，渐自引咎，故于日前托病奏请乞假二十天。所有公务，悉委藩、学、臬、运四司分办，员绅往谒，概不接见。并闻张抚假满后，尚拟续请展假。如绍事竟干查办，则即须乞恩开缺。[3]

1　引自秋宗章《大通学堂党案》，《越风》第9期，1936年3月。

2　《申报》1907年8月11日。

3　7月27日《徐锡麟革命之余波・浙抚冤杀秋瑾后之近状》。

消息的准确度相当高，有日后的事实可证。8月2日，张氏上奏折请病假一月[1]。8月6日《申报》"专电"稿又进一步透露出清廷内部对张如何处理的依违不决：

> 浙抚张曾敭因秋瑾事不利众口，奏请开缺养病。某军机恐张新党气焰，拟驳。而醇邸谓现当预备立宪时代，应准开缺，以息浮言。是以未定。

驳、准双方显然均以要求追究法律责任的民间呼声为潜在的对话者，张氏本人的宦途已无足轻重。在此背景下，16日《申报》刊载的《浙抚张中丞更动消息》，所述应是朝议折中的结果：

> 浙江巡抚张中丞办理徐案，逮捕株连，遇事操切，大受内外时论所攻击。中丞颇不自安，曾具折乞退。现闻政府亦有将张更调之意，以谢舆论云。

9月5日，报纸的传闻即得到证实，当日《上谕》有"张曾敭著调补江苏巡抚，迅速赴任"[2]的命令。谕旨发布，以为找到避风港的张氏，又意外地遇到了强烈的抵制，一如丧家之犬，进退失据。

张曾敭调任苏抚的消息6日正式见报，早已义愤填膺的江苏士绅立即做出集体反应。两日后的《申报》便刊出了《江苏绅士致

1　据《申报》9月10日《张中丞未能即赴江苏新任》："浙抚张筱帅于上月二十四日，因病具折，奏请赏假一个月。"

2　《上谕》，《申报》1907年9月6日。

都察院电》，电文明确表示了拒绝张到任的民意。虽说是"朝廷因地择人，臣民何敢妄议"，然而偏要一议，正见出国民义务所在，对地方执政者应有评议、选择的权利。拒斥最有力的理由，即是其人在浙江任内已为民愤集注：

> 惟张曾敭近因绍兴党狱，纵兵枪毙无辜学生，又派员搜查学堂，更肆骚扰。苏浙接壤，舆论已哗。……张曾敭遽即来苏，人情汹惧。为此迫切沥陈，伏乞据情代奏。

报纸刊载时未列出发电人姓名，但据出版于1909年的《越恨》披露："苏人电奏预名者三十余人，而领衔者为常熟曾君孟朴。"[1]曾君即为小说《孽海花》的作者曾朴，其时正在上海办小说林社及《小说林》杂志，此前已参加江苏教育总会与张謇发起的预备立宪公会（下文简称"两会"），为"两会"的积极分子[2]。其子虚白三十年代追述其事有云：张曾敭因杀害秋瑾，株连多人，激起"浙省民众大哗，积极进行驱张运动"，政府只得将其调任江苏。"时先生和上海一班同志以为浙省之所拒，宁可以苏省为藏垢纳污的所在，也就联名电请清廷，收回成命。"[3]其实，秋案发生后，攻

1　转引自魏绍昌《秋瑾的艺术形象永垂不朽——从传奇、文明戏到话剧和电影》，［日本］《清末小說研究》第6号，1982年12月。

2　参见《江苏教育会会员题名一览表》及《预备立宪公会会员题名表》，分见时萌《徐念慈年谱》（时萌：《中国近代文学论稿》第255页，上海：上海古籍出版社，1986年）及《辛亥革命浙江史料选辑》（浙江省辛亥革命史研究会、浙江省图书馆编，杭州：浙江人民出版社，1981年）第219页。

3　虚白：《曾孟朴先生年谱》，《宇宙风》第3期，1935年11月。

图2-5　曾朴1909年留影

张最猛烈的便是隶属江苏省的上海一地。因而，调张于苏，实为
一招错棋。列名"两会"的曾朴作为拒张电奏的发起人，也令人
不能忽视其背景，即江苏教育总会与预备立宪公会在上海民间社
会的巨大号召力。

　　电文公布，风潮发动。苏省民意所向，令决策者与当事人深
感不安，因而无法立即执行《上谕》，使张曾敭"迅速赴任"。9
月10日，《申报》已传出张之"来苏迟早，又须视江苏绅学界之有
无动静，始定行止"的小道消息；17日的新闻中，则更言之凿凿
地引张曾敭致江苏巡抚陈夔龙的电文大意，谓"本拟俟一月假满，
即赴苏任；惟近日病益增剧，假满之后尚须续请，请公奏派护

理"。官场上的托词惯例,一看便知,张氏始终得的是"政治病";即使身体确实欠佳,也该是由于舆论的声讨,郁闷所致。电函中流露出的退意,于是被正确地理解为"苏人议论咸以公电都察院拒阻之力",而关于张曾敭"或即设法改调他省"[1]的揣测,不久也得到证实。10月5日,又有新的《上谕》颁布:"张曾敭著调补山西巡抚。"[2]尚未履任的张氏,匆匆由江苏改派山西,表明宣布预备立宪的清廷,已不得不对民意表示相当的尊重,做出让步,苏省绅学界颇具声势的拒张运动终于完满地落下帷幕。

而当运动初起时,从曾朴个人的安全考虑,出名电请确要冒生命危险。曾虚白便提到,"风潮逐渐扩大,清廷为之侧目,曾密电捕先生等三人,先生屹然不为动"[3]。而当时人分析此事,言之亲切,也对曾氏的大勇极表钦敬:

> 领衔电奏,幸而获济,倡言者与噤若寒蝉者所得正同,无私利焉;若其不济,则大足以获罪于朝廷,其次亦足构怨于张抚,其危甚矣。而批鳞犯难,竟有其人,毅哉曾君也![4]

曾朴的壮举及拒张的获胜,为他带来了普遍的赞誉,在随后进行的江苏教育总会选举中亦有反映。10月27日的年会,曾朴以27票当

1　9月10日《张中丞未能即赴江苏新任》及9月17日《张中丞续请病假纪闻》。

2　《上谕》,《申报》1907年10月6日。

3　虚白:《曾孟朴先生年谱》,《宇宙风》第3期。

4　转引自魏绍昌《秋瑾的艺术形象永垂不朽》,[日本]《清末小说研究》第6号。

选为干事员，票数远在同时当选的徐念慈等人之上[1]。

还应该补叙的是，张曾敭虽一时获调山西，仍然不久于任，转年1月24日，即以病免职。至于直接审案、执行死刑的贵福，下场也不比张氏好。办案当时，贵福已忧虑重重，7月16日致张曾敭电中便禀称："卑府老母受惊，致病垂危，还念大局，悲愤填胸。"[2] 而其调迁他处，所遇也适步张氏之后尘。秋瑾幼弟宗章尝有记述："是年（引者按：1907年）十月初四日，贵福卸事，调补宁国府，为皖人所拒，不获履新。"并且，"卒清之世，蹭蹬终身"；"入民国后，易姓名为赵景琪"[3]，而不敢以真名行世。被公论钉在耻辱柱上的张、贵，已是终生难获解脱。回首当日，三十年后秋宗章总结这段历史的话，今天仍不妨引用为此段作结：

> ……张曾敭者，南皮张之洞（时官大学士）之族人，贵福又为膻胡之族类，奥援既厚，驱逐慕难，乃以文字之鞭挞，口舌之声讨，竟产生不可思议之效力，虏廷卒亦不得不酌予量移，以慰民望。此诚胜清一代，破天荒之创举。而民权之膨胀，亦有以肇其端矣。[4]

1　《江苏教育总会第二日开会纪事》，《申报》1907年10月28日；又，《江苏教育总会章程题名表》，见时萌《徐念慈年谱》（时萌：《中国近代文学论稿》第259页），其中记徐念慈得14票，黄炎培得19票。

2　引自秋宗章《大通学堂党案》，《越风》第9期。

3　分见秋宗章《大通学堂党案》，《越风》第9期；《六六私乘》，初刊《东南日报》副刊《吴越春秋》第32—75期，1934年，引自周苕棠等辑《秋瑾史料》第54页。

4　秋宗章：《大通学堂党案》，《越风》第9期。又据陈宝琛为张曾敭所作墓志铭，张之洞乃其族祖。

民间势力的迅速增长与联合行动，正是民权赖以发生、存在、壮大的条件。秋案善后中接连出现的成功拒斥难以对付的刽子手事件，其解读的关键意义在此。

三　良心的拷问

图2-6　李钟岳遗像

在秋案风波中，山阴县令李钟岳的自杀作为另一种象征，同样引人注目。晚清官场已非如康乾盛世时之具有威信，西方的侵入与新学的发生内外交攻，使其每有所决策，往往意见歧出，分离以至分立的趋势日益强烈与表面化。在对待处理绍兴党狱、斩杀秋瑾的态度上，从地方到中央的争议不断，即是鲜明的一例。最后议决张曾敭奏请的保举秋瑾案内有功人员一折时，"仅仅准保千总两名而已"[1]的结果，便表明了朝中弥合的费心与不以为然的一派占了上风。

而作为具体的执行者，李钟岳从接手审理秋瑾案之日起，更是自始至终承受着巨大的心理压力，表现了一位良心未泯的官

1　《政府不以绍狱保案为然》，《申报》1907年10月8日。

员身在官场的无奈与可悲。8月19日的《申报》正是以"越郡官场良心之裁判"为题，通报了李氏的离任：

> 越郡自于月前酿成大通学校风潮后，始因山阴县李大令钟岳，不肯附和周纳秋瑾之狱，由府详请撤任。

明白说出李钟岳撤职的原因，是对秋案的处理持反对意见。此后各种有关李氏消极办案的表现与曲意维护的苦心说法频传。如谓李虽"曾刑讯"，而"知女士冤，力谏无效，不忍与闻，托病请假"，不参与最后的行刑[1]；称其"前因奉文查抄大通学校，与贵太守意见不合，既而斩决秋女士，竭力阻拒，几至冲突，当自告病辞职"；又传说其被撤任"临行时，将大堂所陈天平架等劈毁，并有'若借此想见好上台，便是禽兽'等语"[2]。最极端的一说，则为事发前的通风报信与有意放行：李得人传书，知贵福进见张曾敭事，遂"促秋速离，秋闻讯，正料理间而兵勇蜂涌至矣。初，李犹密谕差役：捕男释女，讵此时秋已易男装，遂捕去"[3]。记述中的互相矛盾，正可见出其间不乏演绎与渲染。甚至被害人秋瑾的家属，亦对李钟岳大有好感。秋宗章在《六六私乘》中，即称道"李令贤明"，被贵福委派查抄其家时，"每至一室，督同搜检，翻

1　佛奴等：《秋女士被害始末》，原刊1907年12月《神州女报》1号；录自郭延礼编《秋瑾研究资料》第75页。其说闻自初六日清晨前往山阴县署探观之沈君，与一般关于李钟岳参与执刑的记载不同。

2　《浙江绍兴府查抄徐锡麟家属株连学界捕戮党人始末记》，《女报》第1卷第5号《越恨》增刊，1909年9月；录自《辛亥革命浙江史料选辑》第466、463页。

3　赵而昌：《记鉴湖女侠秋瑾》，《风雨谈》第9期，1944年2月。

箱倒箧之际，仍守秩序，故无丝毫损失"，并"屡以温语慰藉"其家人；加之，先时秋瑾系山阴狱，李氏"不能刑迫"，因被贵福恨作"沽恩市义"[1]，积下仇隙。李钟岳的同情秋瑾，应无疑问，而传说中李氏形象的日趋完美，则全然是其最终选择了自杀这一悲壮的方式所造成。

关于李钟岳自杀的原因，当时报章所载也有出入。或言其"自思既负贵福，又负秋瑾，一时愧悔交并，遂自缢死"；或传其"终日书空咄咄，慨叹不已；兹闻已被前抚张筱帅列入弹章，即将揭晓，益形愤郁"，因投环身亡[2]；或闻其"搜得贵福平时赠秋氏之楹帖及书扇，呈还贵福以灭迹，意欲献媚上官；不料贵福疑其揭己之隐，将播恶于众也，适撄其怒，遂藉端撤省，不久自缢死"[3]。而在各种流言中，大抵均明确写出了李氏反对杀害秋瑾的态度。即使将李钟岳的死因归于马屁拍到马蹄上的吴芝瑛，其《答某女士书》[4]中记绍兴来人"传述当时确情"，于李氏行刑时同情秋瑾的态度也言之凿凿：

> （秋瑾）及见县官，诘以："余犯何罪至此，欲一见贵福，死无憾。"县官曰："吾极知汝冤，苦无回天力，奈何？且事已至此，见贵福胡为者？"乃与县官约三事：一请作书别亲

1　秋宗章：《六六私乘》，周芾棠等辑：《秋瑾史料》第59页。
2　佛奴等：《秋女士被害始末》，录自郭延礼编《秋瑾研究资料》第75页；《浙江绍兴府查抄徐锡麟家属株连学界捕戮党人始末记》，《辛亥革命浙江史料选辑》第466页。
3　吴芝瑛：《答某女士书》，《时报》1908年2月8日。
4　《时报》1908年2月7—8日。

友；一临刑不能脱衣带；一不得枭首示众。县官许以后二
事，秋氏谢之。……遂赴义。县官监斩毕，在肩舆中痛哭以
归，路人为之泣下。贵福以此衔之。

因而无论如何，激于对秋案处理的抱憾，总还是李钟岳致死最重
大的理由。1907年10月31日《时报》的杭州专电，正是如此报道：
"前任绍兴府山阴县知县李钟岳因杀秋瑾一案，大愤自缢而死。"
多数人视李氏的自杀为自赎行动，原本事出有因。勇于殉身者，
总能获得社会的谅解与赞许，何况与那些心狠手辣的残杀者相比，
李钟岳之死所包孕的道义内涵自然更加可贵。《时报》编辑陈景韩
的评论可以代表其时人心：

　　呜呼！李之所以死者，为其始欲救人之死也。欲救人之
死而不得，而卒至于自死，李固贤于今之一般专愿人死者
万万也。[1]

因此，关于李钟岳自尽一事，传奇成分的添附衍生也有其合理性。
　　在各种有关李钟岳自杀的叙述中，其子江秋之说虽仍是一面
之词，且不能完全排除填充与想象，却毕竟出自最接近者，有相
当的事实根据。尤其是对于研究李氏自殉的心理，其说提供了最
完整、准确的证言，耐人寻味。
　　据李江秋追述，李钟岳的不肯用刑，被贵福疑作"左袒党人，

1　冷：《李钟岳之自缢》，《时报》1907年11月1日。

有意开脱"，于是急忙电奏请杀秋瑾，并要李氏执行。借刀于李，也是贵福的一点私心，因其"雅不欲冒杀士之名"，故假手李氏，"以济其恶"。李与之相争，贵色变曰："此系抚宪之命，孰敢不遵。今日之事，杀，在君；宥，亦在君。请好自为之，毋令后世诮君为德不卒也。"尽管撤任之后，李钟岳尝语人，"越中自明季以还，宿儒大师，先后讲学，隐托经义故训，藉严华夷之辨，光复之谊，涵濡于后学者至深，革命说兴，其迎而与合者，大抵皆优秀分子，纵罹法网，犹将宥之十世"；而在当日，他却终究没有违令纵放的胆量，对贵福之言，只能"闻语大惭"，"怏怏而出"。回署后，李手持贵福交与处决的密札，徘徊半夜，"计无所出"，因为其焦思苦虑的所谓"两全之策"原不存在。宥既不能，只有遵令。李氏于临刑前对秋瑾声泪俱下的一番表白未必不可能："事已至此，余位卑言轻，愧无力成全，然死汝非我意，幸亮之也。"此语对于死者不见得会有何安慰，对于言者，使被刑人明其心迹，的确极为重要。

尽管十二万分的不情愿，秋瑾到底是由李钟岳送上了断头台。在秋瑾被杀的那一刻，李氏的命运也已经决定。不难想象，怀着沉重的愧恨，眼见同情秋瑾、痛骂凶手、拒斥张曾敭的风潮日起，李钟岳所受良心的谴责也与日俱增。李江秋谓其终日唯诵"我虽不杀伯仁，伯仁由我而死"；无人在旁时，即对秋瑾遗墨"秋雨秋风愁煞人"七字"注视默诵，每致涕下，如是者日三五次以至七八次，视同常课"。所云颇有形容过甚之嫌，但李氏因秋瑾遇难而受内心折磨则完全可信。其言"人虽谅我，其如良心责备何"，正见此意。面对数不尽的灵魂拷问之日与永难弥补的遗恨，寻求解脱的唯一出路只有自杀。经过两次的自尽未遂。"死志已决"的李钟岳终于在秋瑾殉难后三个月的10月29日，于其寓舍自缢身亡，卒年五十三岁[1]。李氏总算以生命的代价，洗清了蒙受的羞耻。

1912年7月19日（阴历六月六日），民国建立后秋瑾的第一个祭日来临，在西湖秋祠举行的纪念活动中，《新浙江潮》主笔王卓夫发表演说，盛赞"李公为专制时代良吏"，特提议以其"附祀秋祠以光泉下"，得到秋社同人的一致认可，而获实行[2]。李钟岳得以和秋瑾一同享受春秋祭奠，实为其平生最大荣耀，也是对其自杀行为的最高表彰。

而李氏与贵福的冲突而无结果，遵命而致自责，又从绍兴一隅，反映了晚清官场普遍存在的离心倾向。他所采取的自裁方式虽颇为传统，揭示的问题却很有近代意味。

四 安葬的义举

秋瑾遇难后，家人得其事先安排，疏散乡村，闻凶信后，更遁迹深山，恐遭株连。因而，秋家无人收尸，遗骨由同善局草草成殓，藁葬府山之麓。迨两月后，风声渐缓，瑾兄誉章始秘密雇人，移榇于严家潭丙舍暂厝[3]。烈士成仁，竟久久不得入土为安，不

1　均据秋宗章《六月六日与李钟岳》，《国闻周报》第14卷第22期，1937年6月。所述内容系由李江秋提供，李时任山东《民国日报》社长。

2　《秋女士成仁纪念·西子湖滨之血泪》，《民立报》1912年7月22日。

3　见秋宗章《六六私乘补遗》，初刊1935年《东南日报》副刊《吴越春秋》第348—370期；录自周苔棠等辑《秋瑾史料》第85页。

仅令秋誉章深切自责"聂政乃有姐，秋瑾独无兄"[1]，而且使烈士生前友好焦虑牵挂，痛心不已。

当时的情形，舆论界虽奋起抗争，张曾敭亦因被攻回避，但秋瑾作为革命党处死的罪案并未平反，其为清朝罪犯的身份一无改变。安葬乃大礼，非躬亲其事不可，同文字呼吁的纸上作业不同；又非有特别的关系，不会出面主持。身在血缘之亲的家人，停棺尚不敢书写真名[2]，更何谈公开为其下葬？"缘坐"之法的修改，本不能阻止地方上的任意迫害。秋氏亲属避难时的"入山惟恐不深，入林惟恐不密"，"精神肉体，两受痛苦，为毕生所永不能忘"[3]，实非杯弓蛇影，自惊自扰。比照王金发逃后的情景，其妾沈氏"被官中捕去，歌哭不常"，亦"下狱至十月之久"，其妻徐氏"因途中惊皇辛苦，遂患病"，其母寄食人家，"后寻得一庵，佣于比丘，执洒扫之役"[4]，则秋家处境之艰难可想而知。所谓"彼时之秋氏，已同罪隶，不齿于齐民之列"，"戚族亲友，固已视同蛇蝎，避之若浼"[5]，正是过来人的寒心话。能够不避嫌疑，代其家属行葬礼，本身便带有蔑视官府判决的对抗性质，需要极大勇气。吴芝瑛于秋墓被毁后，致信两江总督端方，引严复语，姑称秋瑾为"有罪者"，并承认"因葬秋一事，自取罪戾"[6]，说明吴很清楚

1　秋誉章：《长歌》，《秋菜子遗诗（三首）》，《绍兴师专学报》1983年第1期。

2　见秋宗章《六六私乘补遗》，周芾棠等辑：《秋瑾史料》第93页。

3　秋宗章：《六六私乘》，周芾棠等辑：《秋瑾史料》第58页。

4　谢震：《王季高君行述》，1916年8月印本；录自《辛亥革命浙江史料选辑》第469—470页。

5　秋宗章：《六六私乘补遗》，周芾棠等辑：《秋瑾史料》第93、92页。

6　《吴女士上端制军书》，《大公报》1908年11月27日。

营葬的后果。而其仍无所畏惧，实践当年同秋瑾结拜时"贵贱不渝，始终如一"的"同心之言"[1]，与徐自华一起挺身担当，仗义葬秋，证明其人确与取号"鉴湖女侠"的秋瑾同调，也有侠义之风。

晚清国难当头，易生慷慨悲壮之情，因而侠风激扬，为一时代的特征。杰出之士，无论男女，均倾慕英雄行为，向往留名青史，于是舍生取义，惊世骇俗，无不可为。有秋瑾的毅然赴死，便有同志与知交的肝胆相照。发起安葬，固为勇者；即使反对抔土以封，也自有一番激昂的道理，如光复会同志俞炜所言：

> 吾辈初志，马革裹尸，已为万幸。今先烈得此，乃求之而不易得者也。满虏未灭，何煦煦为？[2]

革命同志的未举葬事，此为一解。而社会普遍的心理，仍是封墓立碑，方成敬礼。何况秋瑾生前，原与徐自华有"埋骨西泠"之约[3]，实现烈士遗愿，也成为后死者义不容辞的责任。

秋瑾就义后不足四月，葬礼之事即开始发动。11月10日，徐自华写信给吴芝瑛，约其联名登报，发起开会，以葬秋瑾。吴当即于三日后复信，表示亦有葬秋之意，唯不赞成开会登报，以为于事无益。同月22日，《时报》便刊出吴芝瑛将力疾首途亲赴山阴的消息。徐见报，恐吴立即成行，不及面议，故急忙于27日自浙江

1　秋瑾：《兰谱》，录自王士伦《秋瑾出生年代》，《历史研究》1979年第12期。

2　叶颂清：《读陈去病鉴湖女侠秋瑾传书后》，王灿芝编：《秋瑾女侠遗集》，叶文第3页，上海：中华书局，1934年。

3　徐自华：《返钏记》，《江苏革命博物馆月刊》第1卷第5期，1929年12月。

石门语溪家中赶至上海。不料两日后，因得报小女患白喉症病危，未及与吴会面，即匆匆返回。其妹徐小淑代为登门拜会，面告吴芝瑛一切情形。吴随后连去二函，并要小淑传话，由二人分任购地与营葬事。而徐因爱女病亡，极度伤心，未能即赴西湖觅地[1]。吴芝瑛却在此时得到了大悲庵主慧珠的慕名投书。

慧珠的身世说来极富传奇色彩，吴芝瑛为其赋诗曰："闻说能文仍好武，剧怜家世本梁州。"[2]匹马梁州，本是古代文人戍边卫国、建功立业的一种人生理想表述。慧珠自报家门，恰自称："衲本贯凉州，世家武艺。"凉州人而以武艺传家，其生有侠义心肠，正不难想象。其父干的是保镖这一行，"颇有声于江湖，所历大河两岸，迁徙无常"。慧珠本人亦尝随父"入燕、赵间，（走马卖解）"，行艺江湖。偏又被王侯看中，强挟以归。所遇虽老，然"雅见怜爱，复令改习文史"，故"中年始识之无"。庚子变乱，王受惊历难，"客死草地"，慧珠亦"无家可归，薙发缁衣，皈依三宝"。遁入空门后，又远赴杭州天竺寺进香，"顺游西泠"，爱其地"山水幽绝"，遂"买庵于兹"，闭关诵经，"不复知人间世矣"。虽人归世外，终是侠情不断。作书当年的秋天，有"道友自山阴来，一夕闲话，述女子秋瑾狱，而言之不详，因向城中遍购各报，乃恍然于此案之颠末"。好奇心一起，慧珠于是格外关切其后的种种进展。知道吴芝瑛"义重情高，大声呼吁，将以平反其冤，为

1　见徐寄尘《上吴芝瑛女士书》，《时报》1908年1月15日。

2　吴芝瑛：《与南湖同访慧珠道人不遇四首》其一，吴芝瑛辑：《剪淞留影集》第5页，上海：《小万柳堂丛刊》本，1918年。

我女子吐气"，便激赞为"我佛慈悲，侠士肝胆，惟夫人兼而有之"，对其极表钦佩。又听说吴氏"将渡钱塘"，为秋瑾"移葬湖上"，因激起侠义情结，发生参与意识。慧珠主动去函的用意，即专在向吴芝瑛提议奉献葬地：

> 敝庵虽僻，尚近官道，春秋佳日，游人多过之者。旁有余地三亩，足营兆域。夫人倘有意乎，衲愿赠之秋氏，且愿终吾之身，躬奉祭扫。

如此无分僧俗，争先恐后，共襄义举，正可见侠风普及，深入人心。而慕义向道、人人勇为的表现中，也不能排除传名后世的正当心愿。慧珠信中特意提及的"即希速复一语，登入《时报》论前"[1]，要求以报刊发表而不是私下传递的方式示知结果，自非将来书之意一并公布，世人不能明白，而其侠名亦可借此传扬。

慧珠书信作于12月11日，当天吴芝瑛即致函徐自华，告知墓地已得，在大悲庵旁，并云拟自营生圹于其中，旁葬秋瑾[2]。而其既因病体缠绵，且怀孕有日，不克履山阴，所吟"天地苍茫百感身，为君收骨泪沾巾；秋风秋雨山阴道，太息难为后死人"[3]，倒成为徐自华的写照。只是徐上路时，已届深冬，12月29日渡钱塘江，正

---

1 《大悲庵女尼慧珠致吴芝英书》，《时报》1908年2月6日。括号内文字系据《慧珠道人来札》（《剪淞留影集》第6页）补录。

2 见徐寄尘《上吴芝瑛女士书》，《时报》1908年1月15日。

3 吴芝瑛：《哀山阴》（芝瑛将赴山阴，为秋女士瑾营葬事，爰赋《哀山阴》二绝句，乞为登入贵报，以示海内）其二，《时报》1907年11月28日。

遇漫天风雪，悲壮之情油然而生。有诗纪其事：

者番病阻渡江迟，欲访遗骸冷不辞。
肯为女殇灰此志，既言公益敢言私?

哭女伤心泪未干，首途急急觅君棺。
一腔热血依然在，纵冒风霜不怕寒。

四合彤云起暮愁，满江风雪一孤舟。
可堪今日山阴道，访戴无人为葬秋。[1]

一种道义在肩、责无旁贷的精神感人至深。多年以后，当时仅十二岁的秋宗章仍历历在目地记得徐自华来越中的情景，"一主一婢，间关西度，勾留三日，一轲〔舸〕赴杭"[2]。

　　徐自华此行专为与秋瑾家人及绍兴同人商议迁柩安葬事，故回书报吴芝瑛，同人决议，反对合葬。因"秋女士在日，独立性质，不肯附丽于人；此其一生最末之结果，若竟附葬，不独有违其生平之志，吾辈同人，亦有憾焉"[3]。而吴之提议，一如其当初以为不必开会登报，均是有阅历人的经验谈，意在谨慎周全，以期

1　徐自华：《十一月二十七日为璿卿葬事风雪渡江感而有作》（四章）其一至其三，徐
　　自华著、郭延礼编：《徐自华诗文集》第122页，北京：中华书局，1990年。阴历
　　二十七日为公历31日，此处据徐氏《上吴芝瑛女士书》。
2　秋宗章：《记徐寄尘女士》，《近代史资料》1983年第2期。
3　徐寄尘：《上吴芝瑛女士书》，《时报》1908年1月15日。

事成。信中所言，不过一种策略，"盖防官场干涉，为指鹿谓马之计，非真自营生圹也"。其1908年1月10日致徐自华函中，除辨明心迹外，亦忧虑"墓成而柩不能速来，或生阻力耳"，问徐"能密运不使官场知之否"；并认为葬事举行时，当暂不公布，"一二月后再为树碑"，碑文及墓联虽已写就，也俟"既葬后再付刻"。凡此，均所以为"事前防泄漏也"。而对徐自华有意将三日前来函发表，自亦不以为然[1]。在营葬的过程中，吴芝瑛始终防"贻人口实"，并非胆怯，而是唯恐"使秋氏魂魄转为不安"[2]。日后官府的干涉，证明吴氏诚非过虑。

绍兴归来，徐自华即与秋誉章径至杭州为秋墓相地，"在西湖中心点"购土一方。其函告吴芝瑛时，形容其地居"苏小墓左近，与郑节妇墓相连"，"美人、节妇、侠女，三坟鼎足，真令千古西湖生色"[3]。秋誉章也有《卜葬》诗六章，以秋墓居苏小小、郑贞娘、武松、林逋、冯小青、岳飞等名人遗迹间而颇感欣慰[4]。其后参与祭吊的陈去病（佩忍）说选址好处，则既不似秋兄的芜杂，也不比徐自华的狭隘，显然境界更高。其眼中但见："左孤山之梅鹤兮，右于、岳之高坟；亦英英其鼎峙兮，何苏小之足云？"[5]林逋的德操高洁与岳飞、于谦的精忠报国，才得以比方秋瑾的人格。而不论

---

1 褚谨翔：《关于秋瑾墓葬的一封信——清代女书法家吴芝瑛的手迹》，《书法》1979年第6期。徐自华（寄尘）《上吴芝瑛女士书》末云，要将此信"登报布告"，该函也确曾刊于1908年1月15日《时报》上。

2 《又复徐寄尘女士书》，《申报》1908年10月15日。

3 徐寄尘：《上吴芝瑛女士书》。

4 《秋莱子遗诗（三首）》，《绍兴师专学报》1983年第1期。

5 巢南：《轩亭吊秋文》，《天义》第13、14卷合刊，1907年12月。

有何种好处，吴芝瑛对此地点确表示满意。徐自华在决定之前，也曾踏寻吴所荐地，可惜"访遍西湖，不独无大悲庵，且不知有慧珠此［比］丘耳"[1]。这倒并非托词，吴本人日后与其夫廉泉同访慧珠时，所遇正与徐同："芒鞋踏遍孤山路，满眼梅花不见人。"不由慨叹："钟声隐约斜阳外，知在西泠第几桥？"[2]慧珠竟如神龙见首不见尾，令吴芝瑛空怀思慕之情。

一切准备就绪，秋誉章亦将灵柩护送至杭，秋瑾的安葬活动正式开始。吴芝瑛因病体未愈，不能出席，墓前碑石"呜乎山阴女子秋瑾之墓"（此乃初刻墓碑，不久改题"呜乎鉴湖女侠秋瑾之墓"），亦为其亲笔书写。1月25日下葬。2月20日，徐自华在《时报》刊登《会祭鉴湖公函致学界同人》。25日，数百人齐集杭州凤林寺，为秋瑾举行追悼会，由秋誉章演说其妹一生事迹，并集体谒墓致祭[3]。徐自华因参加者众，甚感安慰，自觉总算不负死者："白马素车群从盛，知君含笑在重泉。"[4]会葬时在场的陈去病又提出成立秋社，以争取更多人加入，使纪念活动长久进行下去。此议得与会者同意，公推徐自华为社长，决定每年阴历六月六日为秋瑾成仁纪念日。追悼会不只表达了出席者对秋瑾的同情，更因充满悲愤而情绪激烈。当杭州驻防旗人贵林（翰香）即席发表"我

1　徐寄尘：《上吴芝瑛女士书》，《时报》1908年1月5日。

2　吴芝瑛：《与南湖同访慧珠道人不遇四首》其三、其二，吴芝瑛辑：《剪淞留影集》第5页。

3　参见《祭葬秋瑾女士详纪》、侯保三（名鸿鉴）《题秋瑾墓四首》后之"编者按"，《申报》1908年2月29日、12月22日；《杭州通信》，《时报》1908年3月2日。参加追悼会的人数，各报所记不一，少者为二百余人，多者为五百余人。

4　徐自华：《戊申正月二十四日葬璿卿于西泠，视窆既讫，感而有作，次巢南子原韵》其四，徐自华著、郭延礼编：《徐自华诗文集》第123页。

图2-7　1908年2月25日会祭秋瑾后于墓前合影

大清待汉人不薄"、秋瑾的反清革命"未免非是"的论调时，陈
去病立刻予以回击，徐自华之妹小淑也举"扬州十日，嘉定三屠"
痛加反驳[1]。这类辩论的出现，使追悼会同时具有了发扬秋瑾革命精
神的意义。

　　如此大规模的在省城风景秀丽的西湖边，公开为一被官府定
为"女匪"而处决的革命党人举行祭奠，会场中且表现出明显的
反满倾向，其性质为一场挑战官府的示威活动不言自明。甚至秋
墓的巍然存在也成为一种抗议的象征，具有实在的号召力，令统
治者深感不安。一位谒墓者的诗作，正是从此角度表彰吴芝瑛与
徐自华的义举：

1　陈去病：《徐自华传》，《南社》第9集，1914年5月；徐双韵（小淑）：《记秋瑾》，中
　　国人民政治协商会议全国委员会文史资料研究委员会编：《辛亥革命回忆录》第四
　　集第220页，北京：中华书局，1963年。

十字碑题桐城笔，三弓建筑石门谋。

敢为寄语贵贤守，也到西湖一奠不？[1]

惧怕以致仇恨秋墓的自然不只是贵福。当年10月，发生清廷
御史常徽奏请平秋墓、严惩营葬发起人吴芝瑛与徐自华事件，并
获"廷寄浙抚，查照办理"的朝旨，实属代表官方的集体性反应。
常徽奏折指称二人"在杭将女匪秋瑾之墓改葬，规制崇隆，几与
岳武穆之墓相埒，致浙人有岳王坟、秋女坟之称"，毁之乃所以
"遏乱萌而维风化"[2]，问题的要害所在，已一目了然。

此次秋墓虽不幸于12月11日被平毁，棺柩由秋兄誉章迁运回
绍兴，而吴、徐二女士的高风义行却已彰彰在人心目。不独秋瑾
家人感激不尽，称道"谁说急难惟兄弟"，"海国咸钦古侠肠"[3]，而
且，吴芝瑛于葬秋后十七年去世之际，各方挽联中"侠骨义肠"
的赞语仍屡见不鲜[4]，徐自华也因此"义声播荡"。徐当"刊章名
捕"时，"优游海上，夷然弗以介意"[5]，固然显得大义凛然；吴之不
顾咯血病剧，毅然搬出德国医院，遄归家中，只为"不愿更居洋
场医院间，若托异族保护然，以为不知者诟议也"[6]，也非大勇者不
为。其传电发函与两江总督端方，声言"因葬秋获谴，心本无他，

1　侯保三：《题秋瑾墓四首》其二，《申报》1908年12月22日。

2　《常徽奏请平墓之谬妄》，《申报》1908年10月17日。

3　毁墓时间见《申报》1908年12月16日《御史奏平秋墓之结果》；诗出秋誉章《无
　　题》，为得知吴芝瑛将赴山阴为秋瑾安葬而作，《秋菜子遗诗（三首）》。

4　见惠毓明编《吴芝瑛传》（无锡：双飞阁版，1936年）中所录挽联。

5　余一：《语溪徐夫人五秩寿言》，《南社》第22集，1923年12月。

6　严复：《廉夫人吴芝瑛传》，《大公报》1908年12月1日。

图2-8　1908年3月吴芝瑛在秋瑾墓前凭吊

死亦何憾"，慨称"彭越头下，尚有哭人；李固尸身，犹闻收葬"，因而无论是否其所作所为，均"愿一身当之"，只求"勿再牵涉学界一人"，并"勿将秋氏遗骸暴露于野"[1]，则又表现出吴芝瑛的全始全终，侠烈重情。有朋如此，夫复何求？

五　告密的报应

秋瑾被杀，直接的凶手固是浙抚绍守，然而道路传言，促成此难发生的告密者亦有不可推卸的责任。于是，追查帮凶，既是报刊关注的热点，也是革命党复仇的必要步骤。

还在秋瑾遇难一周后，关于出首人的消息已纷纷传扬。《申报》7月23日便据杭州来函，报道了出卖秋瑾的是现任绍郡中学监

1　《吴女士上江督电》，《申报》1908年10月17日；《吴女士上端制军书》，《大公报》1908年11月27日。

督的袁某，力劝张曾敭"从严惩办"的是在其幕中的宁人某姓，二人均出于恐被牵连的自私目的而犯此大恶[1]。7月28日根据绍兴友人来信所写的新闻稿《秋瑾女士冤杀之历史》，又在告密者的姓氏中增加了胡某，且叙述更详：

> 此次秋瑾女士之被害，实由于胡、袁二人之诬指，并由徐□□之暗唆。此三人均与徐锡麟联络，平日时通信息。迨闻皖省之变，恐被株连，即串通设计，由胡、袁二人，至贵知府处，谎说秋瑾女士系徐锡麟党羽，蓄意排满，力请严办。

在排列次序上，胡已先于袁，形同首恶。此二人之名今日也不难指认，即曾任长兴县教谕的胡道南与时为绍兴府中学堂监督的袁翼。而所谓"宁人某姓"，则所说不一，后来多半落实为秋瑾的同乡汤寿潜与章介眉。

谓袁翼、胡道南出卖秋瑾，当时报刊几乎是众口一词。消息的来源为绍兴幕府中人，佛奴所记《秋女士被害始末》即说明，其指认"女士之被害，系袁胡诸狗彘告密之所致"，便是转托绍兴"某刑名之弟调查"[2]的结果。革命党更将告密与政治派别的纷争联系起来，《天义》编者把蒋智由牵扯入内，正见此意：

> 袁翼者，与锡龄［麟］同为某暗杀团党员。及蒋观云创

1　《秋瑾冤杀之原因》，《申报》1907年7月23日。

2　佛奴等：《秋女士被害始末》，录自郭延礼编《秋瑾研究资料》第76页。

图2-9　《总董遭戕》(《图画日报》1910年9月25日第397号)

政闻社，鼓吹立宪邪说，又引翼为己党。观云素与瑾相识，瑾固多大言，尝语人曰："蒋观云者，吾司为东京革命机关。"蒋恐祸及己，恨瑾次骨，故与袁翼通谋，促之使告密。及东京绍兴人开同乡会，观云犹语人曰："为保卫地方上治安计，不得不杀瑾。"其设心之毒如此。[1]

1　《绍兴某君来函论秋瑾事》之"记者识"，《天义》第6卷，1907年9月。

此说指蒋智由为主谋，大有栽赃的嫌疑，仅以蒋所撰《绍兴案》[1]对政府的激烈抨击可知，因而当时便没有被认真对待。

胡道南的情形有所不同，其半官半绅的身份很容易成为众矢之的。按照清廷1906年制订的学政改革规定，各厅、州、县劝学所须设县视学兼充学务总董一人，"选本籍绅衿年三十以外，品行端方，曾经出洋游历，或曾习师范者，由提学使札派充任"，胡当年便正充当山阴劝学所总董这一角色[2]。秋瑾之案既由大通学堂发难，张曾敭得贵福禀报后，于7月12日（阴历六月初三）复函中，指示贵福"一切仍与胡绅道南熟商妥办"，原很自然。据秋宗章查看绍府旧档，信中此句已删去，并揣测原因，"殆虑其贾怨，预为之地也"。而贵福14日致浙抚电，则已肯定地将胡列为参与人：

> 前据胡绅道南面称："大通体育会女教员革命党秋瑾，及吕凤樵、竺绍康等，谋于六月初十边起事，竺号酌仙，本嵊县平阳党首领，党羽万余人，近已往嵊，纠约来郡，请预防"等语。[3]

胡为告密者由此获得确认。至于胡道南为何出卖秋瑾，说法也很

1　刊《政论》第1号，1907年10月。

2　《学部奏陈各省学务官制折》，舒新城编：《中国近代教育史资料》上册第286页，北京：人民教育出版社，1961年；胡道南任山阴劝学所总董（所长）事，见蔡元培《亡友胡钟生传》（《蔡元培全集》第二卷第327页，北京：中华书局，1984年）及姚莨庭、陈于德《秋瑾烈士事片断》（《辛亥革命绍兴史料》第41页，绍兴市政协文史资料组，1981年），唯蔡文未署"山阴"。

3　秋宗章：《大通学堂党案》，《越风》第8—9期，1936年2—3月。

一致，即个人私怨。章太炎于秋瑾被杀后一月，作《秋女士遗诗序》[1]，已直言："瑾素自豪，语言无简择。尝称其乡人某为已死士，闻者衔之次骨。"此说在留日学界很流行，与秋瑾同时加入革命团体横滨三合会、情同姐弟的王时泽，即详述其事为：

> 绍兴府学总办胡道南在日本留学时，因谈革命和男女平权问题，与烈士（引者按：指秋瑾）意见不合，烈士曾斥为死人。胡怀恨在心，然烈士不之觉，且以胡为留学生，故不甚防之。[2]

即使不指明何人密告，谓秋瑾之死乃因"锋棱未敛"、结怨者"挟私陷害"[3]，也是其友朋间最常见的说法。

　　不过，胡道南在当年原有另一面的表现，亦尝见诸报刊。《申报》1907年8月2日《补录越郡绅学界上绍兴府公禀》，为请求保释在押的徐锡麟之父，具名者中便既有袁翼，也有胡道南。秋宗章作《大通学堂党案》，记述其时官方本欲大肆追捕革命党，被通缉的绍人有徐振汉（徐锡麟妻）、许仲青、曹醴泉、陈威、范肇基（爱农）等多人，一班绍兴绅士仗义执言，联名迭次上书，以"文字株累，士气沮丧"为由，逐一为其人开脱，请求贵福"据情转

1　《天义》第5卷，1907年8月。

2　王时泽文初名《秋女烈士瑾传》，刊《秋女烈士遗稿》，长沙：秋女烈士追悼会筹备处印行，1912年；1958年修改后，改题《秋女烈士瑾略传》，收入《湖南历史资料》1980年第一辑，长沙：湖南人民出版社，1980年。此处引据《略传》。

3　参见徐自华《鉴湖女侠秋君墓表》（《申报》1908年12月19日）、吴芝瑛《秋女士传》（《时报》1907年7月21日）等。

禀摘释,一面札县销案",而领衔者正是胡道南[1]。有此德行,胡为
告密人说法便受到怀疑。就中,为胡道南辩解最力的是革命元老
蔡元培。蔡与胡共事多年,认为其道德高尚,"责己也严以周,而
责人则宽以约",蔡肯定胡绝非卖人者。论其与秋瑾的关系,则
"瑾初回绍兴,君于中学堂外课,以《读秋女士诗书后》命题,有
欲以是陷君者,君不之惧",可见胡对秋瑾的敬重,并未夹有前
嫌。胡与蔡及徐锡麟均为故交,二人之"昌言革命",胡乃是司空
见惯,"亦不以为忤"[2]。种种情形,均表明胡道南实无告发秋瑾的动
机。因蔡元培德高望重的身份,信其说者不乏其人。连瑾弟秋宗
章在《大通学堂党案》行文中,也前后矛盾,既指为"劣绅胡道
南等,与秋瑾有隙,密函告变",又称"此事主动,实别有人在。
道南代人受过,致仗 [伏] 厥辜"。至于牵引在内的原因,蔡元
培的《亡友胡钟生传》言其"豪饮,善谑,对于倜傥之士,亦未
尝非之",已透露一二消息;秋宗章所记"其人嗜饮,当具函告密
时,正醉欲眠,不假思索,贸然钤印名章于牍尾"[3],当是绍兴本地
流行的一种传闻。

　　与胡道南相比,汤寿潜当时名气更著。商办浙江全省铁路有
限公司总理与预备立宪公会副会长二职,已足够证明其地位的重
要。汤与立宪派的密切关系,在革命人士指认其助纣为虐时,也
发生了相当作用。《天义》编者即痛骂:

1　秋宗章:《大通学堂党案》,《越风》第10期,1936年3月。
2　蔡元培:《亡友胡钟生传》,《蔡元培全集》第二卷第326—327页。
3　秋宗章:《大通学堂党案》,《越风》第8期,1936年2月;蔡元培《亡友胡钟生传》,
　　《蔡元培全集》第二卷第326页。

图2-10　汤寿潜照

　　汤寿潜者，外记伪道德之名，隐为谋利之计，为浙省之
大贼。此次绍兴之狱，系因寿潜运动浙抚绍守。浙抚绍守信
其言，故成此狱。近寿潜致书东京某同乡，盛夸绍守办事之
善。阅者皆为目裂。[1]

汤在秋案中有脱不了的干系，此说流传甚广，诸如陈去病的《鉴
湖女侠秋瑾传》、陶成章的《浙案纪略·秋瑾传》均写及此。吴
芝瑛得自越中来人的转述细节更为生动，其记贵福深夜禀报后：
"中丞大惊，绕屋走，手足无措。姑以电话问□（引者按：应
为'浙'）路总理某公：'秋瑾为何如人？'某公答以'秋瑾为革命

1　《绍兴某君来函论秋瑾事》之"记者识"，《天义》第6卷。

党'。遂与贵福定议杀之。"[1]若与周建人日后得自陈叔通先生的说
法相印证——张曾敫问汤时，"汤其实并不知道秋瑾搞革命的事，
只认为秋瑾经常穿了日本学生装骑了马在街上跑，太随便，不
正派，因此说了一句'这个女人死有余辜'"[2]。——此事可大体清
楚。假如不是在特定的、有陷阱的语境下，说某人为革命党，在
晚清也算不得大事，构不成告密；甚至一些人发表激烈言辞，还
是为了博得哗众取宠的效果。汤寿潜讨厌秋瑾的做派，差不多可
以肯定；而一句表示憎恶的话会使得秋瑾送命，他倒也未必想到。
因而有人认为，说汤参与害秋，"是事出有因，查无实据"[3]，并不
可信。

　　不过，决心为秋瑾复仇的革命党人，已将胡道南与汤寿潜作
为帮凶，势在必除。何况，这是一个暗杀成风、大显威力的年代，
采用暴力对付仇敌实属平常。即如徐锡麟刺杀恩铭成功后，清廷
大为惊恐，已是草木皆兵。7月12日，距徐行刺不过六天，即有
"嗣后各衙门引见人员，暂归内阁验放"的"谕旨"[4]传出。但仍有
人为表示忠心，替两宫担心，奏请光绪皇帝与西太后慎防召见官
员，所虑正在徐案发生，"伏思朝廷日见多数官员，其中恐有匪类
匿迹"。奏上，朝中的反应是"甚为嘉纳，因之内廷官员出入，近

1　吴芝瑛：《答某女士书》，《时报》1908年2月8日。其中"秋瑾为革命党"六字原均
　　以"□"代之，据汪国垣《小奢摩馆脞录·秋瑾》（《小说海》第1卷第4号，1915
　　年4月）补。
2　周建人：《回忆鲁迅片断》，《北京师范大学学报》1979年第3期。《京师严查革命
　　党》，《申报》1907年8月11日。
3　陶沛霖回忆、周芾棠整理：《秋瑾烈士》，周芾棠等辑：《秋瑾史料》第152页。
4　《上谕》，《申报》1907年7月13日。

日十分戒严"[1]。不仅最高统治者惶惶不安，"革命党人潜入京城，图刺某某大员"的消息也时有流布，负责治安的民政部只好"严谕各区厅实力清查户口并车站、会馆、客栈等处，凡有洋装薙发僧道客商并形迹可疑之人，一律严密查探，免遭安省覆辙"[2]。而江苏因与事发之地安徽、浙江接壤，官员更如惊弓之鸟。报载：

> 苏省某大吏自道员徐锡麟刺毙皖抚后，恐慌殊甚。近日接见僚属，防闲周密，非有紧要公事，概不接见。如必须面禀者，亦不得近身接洽。出见时必以多数之戈什哈及护勇人等，各持手枪，四面围绕，并先期传谕各员，一切公牍，不得如从前之置于靴统内。如接见时有以手探靴者，则护者不问情由，即当开枪。是以僚属之诣辕求见者，咸预相儆戒云。[3]

暗杀的威慑力一至于此，确也是因革命党中颇多舍生忘死之人，前仆后继，义无反顾。因而，谋刺的传闻并非谣言，而实有组织安排在其后。

秋瑾遇难后，汤寿潜一度成为行刺目标。秋瑾的学生尹锐志即尝谈及，光复会本"拟杀汤"。而虽有争议但终于放过的缘故，便是"因其素尚公正，克勤耐劳，为社会服务颇有足取"，"故此

1　《杨学士又请慎防召见官员》，《申报》1907年7月30日。

2　《京师严查革命党》，《申报》1907年8月11日。

3　《苏省大吏接见僚属之慎密》，《申报》1907年8月6日。

次复仇不及于汤"[1]。证以秋案曝光,汤虽在可疑之列,9月22日浙江教育总会开成立大会时,其仍以最多票数当选正会长,只因本人力辞,才未就任[2],汤寿潜的声望之高由此可知。暗杀汤寿潜,无益于争取民心,只会带来普遍的反感,革命党的放弃此计划,本为明智之举。

胡道南便没有这般幸运。光复会的领袖蔡元培其时正在海外,无人为胡辩白;且公文私议,均以其为首告者,罪莫大焉。当年虽未动手,而不屈不挠的革命党人始终在寻找合适的机会。1910年8月15日,秋瑾被害三年后,胡道南在绍兴清查公产事务所遇刺,经过情形正如蔡元培《亡友胡钟生传》所述:

> 是日黎明,有二人为佣仆状,趋事务所,谓门者曰:"胡先生家昨被盗,特来报,愿见胡先生。"门者入,一人尾之。是时,君未起,闻门者言,急披衣出。尾者忽出手枪,击君,未中,君却走,尾者追之,复发两弹,皆中。众闻警毕集,则击者已遗两履而逸矣。君创甚,逾四时而卒。

胡道南系为秋案而死,本人亦很明了;其子问行刺者,胡也以"下流学界"答之。蔡元培尽管为死者抱不平,认为如张曾敭、贵福等罪魁祸首,"曾莫敢动其毫发","即告密之证据较为确实者,

1   尹锐志:《锐志回忆录》,初刊1948年3月29日《公平报》;录自《辛亥革命浙江史料选辑》第487页。
2   《浙江教育总会成立》《浙江教育总会第二次开会情形》,《申报》1907年9月26、27日。

亦皆未尝为复仇者之鹄的"，胡不过"稍稍涉嫌疑"，而竟"以
身殉之"，但也只能空致悲愤，无补于事。杀胡道南者，据秋宗
章《大通学堂党案》言，为嵊县人史进德与裘美根。有一种说法，
胡死后，"号为秋君复仇者，慑于同志之责备"，而不敢再贸然行
事[1]，则胡道南本不该死。

然而，胡道南的死并非毫无意义。就个体的消亡来说，这或
许是一场不该发生的误会；但如置于以暗杀为有效的暴力手段的
时代背景中，胡之死正有助于酿造革命的氛围。在服从革命需要
的铁律下，死者无论为罪大恶极死有余辜，抑或为善良无过含冤
蒙耻，其间的区别均不在考虑范围内。而由革命的残酷性所造成
的悲剧，也是如许多的文人浪漫革命者最终抽身止步的原因。

六　文学的聚焦

秋瑾以组织起义的革命党被害，在海外的同志固然可以直言
不讳地承认"瑾之志固在革命"，"遂集同志于浙江，欲举大事"；
但国内的亲朋好友，即使明知其心，仍"曲护之"，"语多讳忌"，
称其革命乃家庭革命而非种族革命，为其大声鸣冤，斥官吏以
"莫须有"定罪，则是因"处清廷积威之下"[2]，不得不采取的斗争策
略。不过，秋瑾作为女性而就义这一性别因素，在使其死事迅速

1　蔡元培：《亡友胡钟生传》，《蔡元培全集》第二卷第326—327页；秋宗章：《大通学
　　堂党案》，《越风》第8期。
2　悲生（王时泽）：《秋瑾传》，《天义》第5卷，1907年8月；叶颂清：《读陈去病鉴湖
　　女侠秋瑾传书后》，王灿芝编：《秋瑾女侠遗集》，叶文第4页。

漫衍、掀起轩然大波的过程中，无疑起了关键作用。

关于处死秋瑾的方式，在当地已是议论纷纷。按照绍兴人的说法：

> 清朝的时候，绍兴刑场有两个地方。杀头——斩刑，是在轩亭口，那个府横街与大街相接的"丁"字路口，有一块方方的石头高起，叫做"行刑石"，是杀江洋大盗的地方。斩刑就是跪在这石头上执行的。绞刑，是在水澄巷小教场执行的。从前妇女判死刑，最重是绞刑，杀头是没有的。

而秋瑾竟然被斩首，在绍兴本地自然会引起极大的震动。此后，绍兴城里流传过一首民谣《十不防》，其中"四不防，秋瑾杀头也不防"[1]，所说正是秋瑾之死的异乎寻常。这样一种血腥的杀害女性的方式，也在更大范围内激起了公愤。为之申辩者，便往往强调其"弱女子"身份。如《申报》驳斥张曾敭对绍兴同仁学堂监督禀词的批文，即一口咬定："秋瑾一弱女子，万无通同竺绍康、王金发纠党谋毙之理。"《时报》对秋瑾"通匪"的官方指控也大加嘲讽："仅一弱女子，藏一手枪，遂足扰一郡之治安，岂真如吾国社会所崇拜之九天玄女、骊山老母，有撒豆成兵之神术也耶？"[2]在这些辩护中，都利用了人们同情弱者的普遍心理，把秋瑾描述为被官府任意摧残杀害而无丝毫反抗能力的悲惨女性。尽管

1　王鹤照口述、周芾棠整理：《"秋小姐"》，周芾棠等辑：《秋瑾史料》第149—150页。

2　通：《驳浙吏对于秋瑾之批论》，《申报》1907年8月1日；胡马：《浙抚安民告示驳议》，《时报》1907年7月27日。

图2-11　秋瑾女侠遗容及就义图

这不完全是事实真相，但对造成抗议统治者的巨大声浪反而大有助益。

　　敏感而富有同情心与正义感的文人因而被激动起来，何况，在秋瑾的故事中，原本包含了足以发挥文学想象的情节。正如时任《时报》编辑的小说家包天笑所言：

　　　　嗟夫！大地黑潮，剧无政府；小家碧玉，也作牺牲。此

> 非小说家故为是妆点也。试观彼警察、侦探之严密甲于大地
> 者，时见弹雨硝烟，卷红雪而飞也。[1]

从中不难看出论者的关注点。女性、鲜血，都是刺激文人创作的
要素，不是小说的史实中，已天然具备"传奇"的基因。无怪乎
秋瑾去世后，中国已有的文学体裁，几乎都出现了取材于秋瑾的
作品。诗文一类在文人中运用最多又最传统的形式不必说，其数
量也无法统计；单是戏曲、小说，发表之作便相当可观。据陈象
恭编著的《秋瑾年谱及传记资料》列举，晚清谱写秋瑾事迹的戏
曲作品便有古越嬴宗季女的《六月霜传奇》，萧山湘灵子（韩茂
棠）的《轩亭冤传奇》，长州灵鹟（吴梅）的《轩亭秋杂剧》，啸
庐的《轩亭血传奇》（有"小万柳堂"即吴芝瑛的评点），悲秋散
人（洪楝园）的《秋海棠杂剧》；关涉秋瑾的剧本有伤时子的《苍
鹰击传奇》；甚至秋瑾生前死后的一些重大事件，也有专门的剧
作加以反映，如无伤的《猿狐计》写袁翼与胡道南告密事，龙禅
居士（庞树柏）的《碧血碑杂剧》述吴芝瑛营葬事，且绝大多数
作品均产生于秋瑾遇害的同年。小说创作短篇则有无生（王钟麒）
的《轩亭复活记》、哀民的《轩亭恨》，长篇有静观子的《六月
霜》[2]。另外，蒋景缄所撰《侠女魂杂剧》，有一出专写秋瑾；悲秋
所作短剧《谁之罪戏曲》，叙秋瑾死后在天界做了蓉城仙子，审判

---

1 笑：《时评》，《时报》1907年7月17日。
2 见陈象恭编著《秋瑾年谱及传记资料》第93—101页。其中"萧山湘灵子"本名韩
  茂棠，系据左鹏军《近代传奇杂剧作家作品考辨五题》（《文学遗产》2001年第1
  期）的考证。

班昭[1]，也与秋瑾有关。至于《六月霜传奇》开幕的第一支曲子，所唱"饱刀铤，红雨热，断美人头"[2]，正点出了女子流血对作者选择此一题材的吸引力。而以作意好奇来表述"秋瑾文学"创作的盛极一时，并不是存心贬低这些作者仗义执言的意义，有常徽对秋瑾故事"颠倒是非、编成戏本，堂皇演唱，实属目无法纪，败坏人心，殊堪痛恨"[3]的诋语在，其功已不可没；而如此强调刺激的作用，只是为了更准确地说明此一现象形成的实在原因。

从上述作品的题目不难看出，秋瑾于旧历六月被杀，很容易使人联想到因冤屈而死、六月飞霜的窦娥，这与其时称秋案为"冤狱"的社会舆论正相一致。但如此比附，也更突出了"弱女子"的形象，一如窦娥的虽则性情刚烈，终于被巨大的专制机器碾碎，只成为悲剧人物。秋瑾的主动选择牺牲、渴望做女子而"死于谋光复者"的表率[4]，这其间所蕴含的壮烈，便都无以体现。即如冠之以"神州第一女杰"的《轩亭冤传奇》，第七出《喋血》写秋瑾被捕、审讯与斩首，从就擒一刻起，剧本中为扮演秋瑾的旦角便不断安排"一路哭介""伏地泣介""哭介""披发挥泪上""大惊介""哭介""伏地泣介""刽子手拖旦行介"的动作，并一再让其诉说："哎呀！你你你这糊涂东西，竟把侬认作

1　《侠女魂杂剧》刊《扬子江小说报》（1909年），见阿英编《晚清戏曲小说目》，上海：上海文艺联合出版社，1954年；悲秋：《谁之罪戏曲》刊《江西》第2、3号合刊，1908年12月。

2　嬴宗季女：《六月霜传奇》"前提"，上海：改良小说社，1907年；录自阿英编《晚清文学丛钞（传奇杂剧卷）》上册第150页，北京：中华书局，1962年。

3　《常徽奏请平墓之谬妄》，《申报》1908年10月17日。

4　悲生《秋瑾传》中引录。

革命党了，兀的不痛煞人也！""糊涂糊涂，你这个糊涂狗官，竟
把我认作革命党了！苍天呀！苍天呀！我秋瑾今日死得好不瞑目
也！""苦呀！""苦呀！你这糊涂狗官，听信挟嫌诬告，竟把侬认
作革命党么？你是个满人，难道怕侬革你的命不成？"因而，最后
作者虽使秋瑾唱了一曲【临江仙】："神州一女豪，拼头颅报答同
胞。喜今朝玉碎香销，魂游天国路迢迢，此去何须悲悼。"[1]毕竟已
无法振起前文，改变与《窦娥冤》相近的凄惨氛围。

　　不过，应该肯定的是，所有题写秋瑾的作品，都尽力刻画了其
为爱国女杰的情思，也不无慷慨激昂的豪气。只从湘灵子置于《轩
亭冤传奇》卷首的《叙事》中，自称其曲本为"合古今未有之壮
剧、怪剧、悲剧、惨剧，迭演于舞台，以激励我二百兆柔弱女同
胞"，便可知戏中除了悲，亦有壮。剧中设计秋瑾最崇拜的外国女
杰罗兰夫人，以其"含冤不白，卒至断头台上断送四十一年壮快义
烈之生涯"关照秋瑾的生平，《叙事》起首也模仿梁启超《罗兰夫
人传》中的名句，"罗兰夫人何人也？彼生于自由，死于自由。罗
兰夫人何人也？自由由彼而生，彼由自由而死"，而赞叹："秋瑾何
为而生哉？彼生于自由也。秋瑾何为而死哉？彼死于自由也。自由
为彼而生，彼为自由而死。秋瑾乎、秋瑾乎，中国规复女权第一女
豪杰！"以争取妇女解放概说秋瑾，自然是过于浅狭。蠡城剑侠在
剧末所撰《书后》，表彰湘灵子传写秋瑾事迹的用心，便更得体：

　　　　秋瑾奚为而传哉？秋瑾为爱国之女豪，不可不传也。秋

1　剧作于1907年10月，初刊1908年《国魂丛编》；录自阿英编《晚清文学丛钞（传奇
杂剧卷）》上册第135—137页。

> 瑾为独立之女豪，不可不传也。秋瑾为划除奴性之女豪，不
> 可不传也。秋瑾为主张平权之女豪，不可不传也。

由爱国起始，依次道来，方合乎秋瑾的真性情。文章最后的铺排
也值得注意："于是乎秋瑾传，于是乎秋瑾竟传，即传秋瑾之湘灵
子亦传。"[1]不能说湘灵子设心如此，却也未尝不可视之为"秋瑾文
学"繁盛的其中一项缘由。

　而无论是谱曲本还是撰诗文，所有的作者均无一例外地凸显
了秋瑾作为女子的特殊性。由此，诸多"第一人"的称许便获得
确定：

> 古今党祸，未有殃及女郎者；有之自秋瑾始。

> 女士为祖国女界革命军中开幕之第一人物，从容就义，
> 无稍顾忌。

> 吾国以弱女子之死，而震动一世者，惟君一人而已。[2]

更有甚者，一位诗人作哭秋瑾诗七绝六首，竟两次带出"第一"

1　阿英编：《晚清文学丛钞（传奇杂剧卷）》上册第108—109、111、143—144页；中
　　国之新民（梁启超）：《（近世第一女杰）罗兰夫人传》，《新民丛报》第17号，1902
　　年10月。
2　桂阳居士：《吊秋瑾女士》（并序）、南徐遁园：《挽秋女士七律二首》（并序），毕志
　　杜编：《徐锡麟》第214、226页，上海：新小说社，1907年；佩韦：《吊秋璿卿女士
　　文》，《时报》1907年8月17日。

字样:"千古伤心第一事,裙钗授首断头台。""相看谁是闺中杰,革命家庭第一人。"[1]而归根结底,"女郎也上断头台"[2]才真正使得群情激愤。尽管出于谴责统治者杀人罪行的需要,文学家们有意无意地过分渲染了悲剧的情调,而秋瑾的毅然就死,留给知情者更多的还是敬佩。秋瑾就义时在场的绍兴警察局巡官何寿萱,于行刑后对人言,"成仁取义,慷慨捐躯,须眉犹难言之,今乃见于巾帼,殊令人惊叹"[3],则其真正长存天地间的,正是此舍生取义的英风豪气。

秋瑾渴望如男子中之唐才常、沈荩、史坚如、吴樾诸人,为"光复之事"而死,一洗"女子则无闻"的"女界之羞"[4],她也以自己的血,完成了平素心愿,赢得了后人的敬仰。在这个意义上,秋瑾可以说是死得其所。

1996年5月29日于京西蔚秀园

(初刊《学人》第十辑,江苏文艺出版社,1996年9月)

1　李铎:《哭秋女士》其一、其二,《时报》1907年8月19日。
2　楚北一鹤:《吊秋女士》其二,毕志杜编:《徐锡麟》第223页。
3　引自秋宗章《大通学堂党案》,《越风》第9期,1936年3月。
4　悲生《秋瑾传》中引录。

秋瑾与贵林

　　贵林与秋瑾并不相识，而其为世人知晓，却多半与秋瑾有关，且完全是负面形象。事出于1908年2月25日在杭州凤林寺祭奠秋瑾之时。其中两位与会者日后发表回忆文章，对此情节有所记述。

　　最先出现的是陈去病（佩忍）之文。1914年5月刊行的《南社》第9集，收入了陈氏所撰《徐自华传》，内云：

> 　　当戊申（引者按：即1908年）春初，秋坟既建，徐君即大开追悼会于凤林寺中，士女骈集。有虏人贵林者，杭州驻防兵之桀黠也，善骋口辩，为杭虏所倚任。及是来会，登坛陈说，谓明亡于闯，非亡于清；清为复仇而有天下，乃得之闯，非得之明也。今瑾革命，未免非是。闻者大愤，属去病痛斥之，贵林因怏怏去。然自是衔恨秋社之心日以切矣。毁墓之举，虽出常徽，然主其谋者，实贵林、贵福也。

不过，御史常徽奏请平墓，秋坟终于1908年12月被毁，目前所见到的当时记载，尚未有直接涉及贵林者。另一则文字见诸秋瑾女弟子徐蕴华笔下，其1959年7月撰《记秋瑾》一文。关于此事经过，徐与陈去病所言略有差异：

> 一九〇八年农历年初葬秋以后，家姊（引者按：指徐自
> 华）邀集同志陈去病、褚辅成、姚勇忱、杨侠卿等数十人，
> 在西湖凤林寺秘密追悼，我也到会协助。追悼以后，密议组
> 织秋社，并推家姊为社长（吴芝瑛女士病居上海，未参加秋
> 社组织），决定每年农历六月初六为秋瑾成仁纪念日。正在
> 追悼时，杭州驻防旗人贵翰香闻讯参加，发表谬论说："我
> 大清待汉人不薄。"我当场以"扬州十日，嘉定三屠"驳之
> （这与常徵参奏牵连及我，不无关系）。[1]

其中指追悼会与议组秋社为秘密活动，当属徐氏晚年记忆失误，
实则当日报章对此集会多有报道。尽管所记参加人数说法不一，
少至二百，多达两千[2]，但其为事前刊发过广告[3]、"士女骈集"的公
开盛会，本毋庸置疑，甚至秋社成员名单亦全部登诸报端[4]。而当
场驳斥贵林者，陈、徐二人均当仁不让，亦可两存。最重要的是，
二文记贵林为清政府辩护，以为秋瑾革命不具有正当性，虽事隔
多年，仍口径一致。

1　徐双韵：《记秋瑾》，中国人民政治协商会议全国委员会文史资料研究委员会编：
　　《辛亥革命回忆录》第四集第220页，北京：中华书局，1963年。
2　《神州女报》第3号（1908年2月）上《女界同人会葬秋女士记略》一文称，追悼大
　　会"到会者二千余人"（见郭长海、秋经武主编《秋瑾研究资料·文献集》上册第
　　239页，银川：宁夏人民出版社，2007年）。
3　见徐寄尘《会祭鉴湖公函致学界同人》，《时报》1908年2月20日。
4　见《祭葬秋瑾女士详纪》，《申报》1908年2月29日。

　　二人与贵林的一段辩论，因事涉政治敏感话题，当时的报章未见记录，也在情理中。不过，《神州日报》的下述文字，仍隐约透露出会场上的言论歧出。在徐自华报告安葬秋瑾经过及秋兄誉章叙述其妹个人史之后，为来宾演说：

> 　　有某某二君，一言今日之会，实可悲戚；一言今日之会，实可欢贺。次由陈佩忍、姚勇忱两君，相继说明，谓"今日会议的界限，并不与种族、政治等事相关"。[1]

陈、姚的说明显然是针对"某某二君"中的一位而言。只是对于贵林的发难，报道出来的反应不及辛亥革命后的忆述那般激烈。

　　现在需要考知的是，贵林在公祭秋瑾的演说中究竟讲了哪些话。而由此带出的问题则是，他为何来到追悼会现场。如此，亦有必要对贵林其人稍作介绍。

　　贵林为满族杭州驻防正白旗人，姓毕噜氏，字翰香，号中权[2]。除参与秋瑾祭悼事外，其最为人所知的身份，一是杭州驻防营协领，一为杭州惠兴女学校总办。关于后者，笔者专有《晚清女学中的满汉矛盾——惠兴自杀事件解读》[3]一文，详考贵林在满族妇女惠兴1905年12月服毒自尽后，如何勉力维持其创办的女学堂；而

1　《公祭秋女士大会述闻》，《神州日报》1908年2月29日。

2　参见宋恕《援溺说赠毕噜翰香》《中权居士协和讲堂〈演说初录〉叙》，胡珠生编：《宋恕集》上册第193、363页，北京：中华书局，1993年。

3　初刊香港《二十一世纪》2000年12月号，编入笔者《晚清女性与近代中国》（北京大学出版社，2004年）时有增补。

前者则在辛亥革命爆发、浙江举义之际，终为其招来杀身之祸[1]。倘若依据陈去病之言，"浙江光复，大率皆秋案之人，而贵林亦卒伏法，谁谓是非有不能明白耶"[2]，则贵林的被处决，还是与其在秋瑾墓前的表现脱不了干系。

令人意外的是，这个最终被革命党枪毙的清朝军官，却与晚清许多维新人士交好。如宋恕即尝征引"杭防中人至有目君为清朝孔子者"[3]的传言，以赞誉其人。甚至革命元老蔡元培先生1902年1月1日与黄世振行结婚礼，座上宾也赫然有此君在。当蔡氏"请以演说易闹房"后，诸友"各以意演说"，率先发言者正是贵翰香[4]。而贵林之"善演说"早已闻名杭城，且本人也算得是满族中的维新派，"究我国之病而渐知折服西人"[5]。其热心接办惠兴女校，即为一例。

以一名自命新人物的清朝驻防营中的现役军官，前来参加杭州各界追悼秋瑾的聚会，而秋氏在时人眼中，并未有如今日一般的"革命英烈"光环，不过赞之为女界先觉、爱国女杰[6]，如果说贵林是有意抱着敌意而来，无论如何于理不通。何况，徐自华在《会祭鉴湖公函致学界同人》中已明言："凡我男女同胞，如痛鉴湖之冤者，届期务请降临。"则与祭本身，起码说明贵林对秋瑾之死

1　参见沈钧儒《辛亥革命杂忆》，中国人民政治协商会议全国委员会文史资料研究委员会编：《辛亥革命回忆录》第一集第140—141页，北京：中华书局，1961年。
2　陈去病：《徐自华传》，《南社》第9集，1914年5月。
3　宋恕：《中权居士协和讲堂〈演说初录〉叙》，胡珠生编：《宋恕集》上册第364页。
4　蔡元培：《日记》（光绪二十七年十一月二十二日），中国蔡元培研究会编：《蔡元培全集》第15卷第371页，杭州：浙江教育出版社，1998年。
5　宋恕：《中权居士协和讲堂〈演说初录〉叙》《援溺说赠毕噜翰香》，胡珠生编：《宋恕集》上册364、193页。
6　参见笔者《秋瑾之死与晚清的"秋瑾文学"》，《山西大学学报》2004年第2期。

抱有基本的同情。

　　但这毕竟只是笔者依照情理的推测，不好作为讲究"拿证据来"的学术研究的定论。幸好在贵林主编的《惠兴女学报》第一期上，尚保存有《志会祭秋瑾女士事》，其中也节录了贵林在秋瑾追悼会上的演说，对其态度言之甚详。

　　因载有该文的《惠兴女学报》难得一见，特先将通讯文字抄录如下：

　　　　上海吴芝瑛女士、石门徐寄尘女士同任发起，为秋瑾葬
　　于西湖一事，于二月二十日在凤林寺开会。到会者约二百
　　人。由徐女士报告，"秋瑾女士死后，棺骸暴露，幸有吴女
　　士创议商办，为其营葬。鄙人思秋女士提倡女学，为女界
　　大¹（？）同胞谋自立，竟被冤杀。鄙人与吴女士商约葬事，
　　往返杭、绍五次。现虽勉强入土，而鄙人欲谋永久祭扫之
　　办法，只缘财力薄弱，尚要求诸先生公议长久之策，并代
　　吴女士报告因有病不能与会"云。次由秋女士之兄徐绩君
　　述女士自幼至死之历史，略言"女士遇人不淑，立志游学。
　　其独立性质非常人可及"云。是日演说者六人，中权与焉，
　　节录于后。继议墓工、扫墓各费。于是会员及来宾各输捐
　　款，当时计书捐洋三百六十余元。散会后，同至墓前行礼，
　　并摄一影而散。²

1　"大"当为衍字。
2　《志会祭秋瑾女士事》，《惠兴女学报》第1期，1908年6月13日。

图2-12　《惠兴女学报》第二期封面

此段叙述与1908年2月29日《神州日报》刊载的《公祭秋女士大会述闻》大抵相同，而更简略。唯时间写错，当为笔误，公祭之日乃是光绪三十四年正月二十四日，即西历的2月25日；另多出"中权与焉"二句，可知其文实出自贵林之手。就报道各情看，贵林应该始终参与其事，并无中途退场"快快去"一节。另据《申报》通讯，徐自华报告葬秋原委后，"次由贵翰香、杨侠卿、陈佩忍诸君演说"[1]，可知此次来宾发言，贵林又是一马当先。

　　而演说开篇，贵林即表明了其来参加公祭大会，本是专门为了发起安葬秋瑾义举的吴芝瑛，所谓"兄弟今日专诚来谒吴女士，乃吴女士因病未莅会，兄弟为之怅然"。其拜谒的念头则出于对吴行事的敬佩：

1　《祭葬秋瑾女士详纪》，《申报》1908年2月29日。

> 兄弟阅《白话报》，知吴芝瑛女士为秋女士筑坟事，又知吴女士为文孝女表扬事。秋女士为实行家族革命者，故离家求学；文孝女亦为实行家族革命者，故守贞不嫁。然此二女士志虽同，而行则大异。设秋女士与文孝女同处，几何而不冰炭也！今得吴女士之大力，两为表扬之，以是而知吴女士持大同主义者。[1]

所说"白话报"，应是指《杭州白话报》。吴芝瑛在与徐自华往复商量营葬秋瑾的同时，也在筹划为西湖边守墓五年的孝女赵麟募捐事。所撰《为文孝女募化启》，亦与贵林之追记会祭秋瑾文一道，刊于同一期《惠兴女学报》上[2]。而赵麟之父文秀，曾任乍浦左司协领，与贵林同为驻防旗人。故而贵林之表彰吴芝瑛为"大同主义者"，也与其赞扬"愤某女校宣布不收旗女"而毅然办学的惠兴"愿大量宏，见识远到"一样，只因惠兴在遗嘱中特意强调"本校必须兼收汉女"[3]——凡此，均表明了贵林本人消弭满汉矛盾的愿望。

持此理想，贵林也以"无满汉之见"论徐锡麟：

> 秋女士因徐锡麟之案牵累被杀。兄弟与徐某前曾为友，且曾与之深谈，并无宗旨离奇之处。且世廉访善在江臬任病

1 《节录中权氏演说》，《惠兴女学报》第1期，1908年6月13日。
2 吴芝瑛：《为文孝女募化启》，《时报》1908年2月19日；《惠兴女学报》第1期转载时题为《吴芝瑛女士为文孝女募捐启》。
3 《〈惠兴女学报〉发刊辞》，《惠兴女学报》第1期，1908年6月13日。

故时，徐送奠仪三百金，亦可证明徐某无满汉之见。何以
徐某之口供有曰，"恩抚待我甚好，我所以必刺之者，因其
为满人也"；又伪示首一条曰，"凡兵至之地，遇满人者斩
之"？兄弟于此二事，断定为他人所伪造。

其说很有些质疑官方文告、为徐辩解的意味，出自满族军官之口，
尤其需要勇气。

不过，虽然努力为徐锡麟辩冤，贵林对秋瑾的看法却不佳：
"若秋女士，兄弟虽未与之接谈，然今日闻诸君之演说及兄弟平日
之调查，知秋女士志大行粗，语言不谨，文字蛊祸，而'家族革
命'之说实有以尸之。"公正地说，贵林的这一印象并非独见，据
云，汤寿潜即"认为秋瑾经常穿了日本学生装骑了马在街上跑，
太随便"[1]，章太炎也批评秋瑾"素自豪，语言无简择"，"卒以漏言
自陨"[2]。至于称秋瑾因提倡"家庭革命"而被杀，也是其时舆论抨
击、谓为冤狱的公论。只是在追祭亡人的场合讲这样的话，贵林
之触犯众怒已可想而知。

更进一步，贵林更公开表示秋瑾实为政治犯：

兄弟姑不论其是否冤诬，然可断定其为国事公罪之案。

从案件的性质来考量，我们应该承认，贵林的说法确有道理。问

1　周建人：《回忆鲁迅片断》，《北京师范大学学报》1979年第3期。
2　太炎：《秋女士遗诗序》，《天义》第5卷，1907年8月。

题在于，"国事公罪之案"是否必得死罪？从贵林的演说看，他没有正面回答这个问题，而是提出了另一条思路。他以被时人称颂为日本"明治维新功臣"的西乡隆盛为例来说"国事公罪"，颇耐人寻味：

> 故兄弟有一言正告于诸公之前：诸君讲新学，必知日本西乡隆盛之历史。西乡氏组织宪政党，因目的不能达，竟致起兵谋叛。当时虽被罪诛，而不久即赦其罪，且旌其行。盖日本之宪政党以天皇为神圣不可犯，立论宗旨以改良政治、实行立宪为目的，故不论某党之进用，而其忠于天皇、保全治安则同也。

贵林当然明白，西乡与秋瑾并非一事，虽然二人的"谋叛"在他看来都是事实俱在；但一"以天皇为神圣不可犯"，一以推翻清政权为职志，谋反的目标绝然不同。是在"谋叛"之中，贵林又分出等次。

因此，接下来话锋一转，贵林又回到中国现实，以日本宪政党为榜样，批评"我国戊戌变法，即谣传有谋围慈宫之举，嗣后报界、留学界以及谈士言论，累有斥指朝廷，牵及种族"。贵林认为，这反映出"我国人有私利党、扰乱党，无义侠党、宪政党，所以人心疑忌，救死不暇"。话题又牵涉到他所关注的满汉矛盾，"私利党、扰乱党"云云，在他眼中，正是制造、加剧民族矛盾以及抨击现政权的人，故有"凡东西各国种种有效力之学说，一至我国，皆无益而有害"之叹。

　　而贵林并出的救国方略，也正显示出其为满族改良派的政治立场：

　　　　兄弟请诸公联合团体，速速组织宪政党，尊今上如明治天皇，为神圣不可侵犯。抱定尊君爱国主义，庶几乎人心一定，万事可为。

前文既已将宪政党的宗旨归结为两条，即在承认"天皇为神圣不可犯"之外，也强调其"以改良政治、实行立宪为目的"，则贵林"速速组织宪政党"的要求，也证实了其对正在国内展开的立宪运动的赞同。而他与浙江著名的立宪派领袖汤寿潜、陈黻宸等人的友谊，未始与此无干。

　　贵林之看好宪政，大之是为强国，小之亦以为有益于如秋瑾一类国事犯的处置：

　　　　一旦立宪诏下，凡因国事公罪之犯，有不即日救〔赦〕免并旌表其行者乎！

显然，贵林亦了解在实行立宪制度的西方国家，政治犯与刑事犯是有区别的。而视秋瑾与西乡隆盛一样，为应该获得"赦免并旌表其行者"，则秋瑾并不该杀的一层意思仍然婉转而清晰地表达出来了。

　　至于陈去病与徐蕴华记述的贵林言论，虽不见于这份节录的演说稿，但相信也是其基于消除满汉矛盾总体构想、自以为坚实的一个理据。不过，抢先发言的贵林尽管胸怀大志，所选择的场合却不对；或许这正是贵林的性格使然，有意当面向革命党剖白其主张。而言说的结果，以贵林本人作为谦辞的结束语"兄弟愚拙之见，不知诸君子以为然否"分解之："诸君子"既不会首肯其见解，贵林之晓谕众人"尊君爱国"亦诚为"愚拙"。

　　不必说，贵林是站在满人的立场上表达他对秋瑾革命的看法，其持反对态度因此可称为意料中事。而这里想分辨的是，其间不只有"革命"与"反（对）革命"之争，也有"立宪"与"革命"之争；更细致区分，则贵林代表的实为满族内部期望自新的立宪派的政治理念。这部分人的努力与声音，在迅速到来的革命风暴中被无情地席卷而去，可严肃的历史研究者不应该追随时事变化，漠视其存在，对其活动与心事一笔抹杀。这也是本文写作想要表达的一点意思。

2007年7月11日于京西圆明园花园

（初刊《读书》2007年第9期）

秋瑾诗词集初期流传经过考述

　　作为为革命流血的女界第一人，秋瑾遗作在其身后也得到了迅速流传。尽管学界已确认1907年于日本东京印行的《秋瑾诗词》最早行世，但诸如其所用底本的来源，此本与1910年的《秋女士遗稿》、1912年的《秋女烈士遗稿》的关系，各本的编者与秋瑾的交往等，还有不少关目细节有待考索。

一　何震与《秋瑾诗词》

　　最先出现的《秋瑾诗词》通称"芷馥本"，1960年中华书局上海编辑所出版的《秋瑾集》开始使用此说法，并介绍："（行世秋集）最早的是王芷馥编的《秋瑾诗词》，刊于一九〇七年，计收诗八十七题、词三十八阕。"[1]因此，长期以来，此集的编者一直被认作是王芷馥。关于王氏其人，秋瑾研究专家郭长海曾略道及，称其为"湖北汉阳人，留学日本（预备入校），日本法政大学学生何

---

1 中华书局上海编辑所编：《秋瑾集》，《编例》第1页，上海：中华书局，1960年。

宗瀚夫人"[1]。实则，王芷馥并未参与编辑《秋瑾诗词》，该书《后序》作者何震已清楚说明，此编乃"由吾友王芷馥女士助资排比"[2]。以此因缘，版权页"刊行者"一栏署了王芷馥之名[3]。

　　既然王芷馥的作用只是出资，依据常情，主持其事的何震便应当被视为编者。这也是1980年代以后，越来越多的秋瑾研究专著与资料集所持的看法[4]。而何震收集并编印《秋瑾诗词》一说的形成，亦与其在《后序》中的表述有关："秋瑾罹祸之岁，七月初旬，得其诗词若干首，各为一卷。"[5]其时，何震正担任在东京出刊的无政府主义杂志《天义》的编辑兼印刷者，所以，《秋瑾诗词》与《天义》相同，也由地址为"东京市神田区中猿乐町四番地"的秀光社印刷，只不过在"印刷者"处，这里出现的是秀光社主人"藤泽外吉"的名字。

　　应该说，《天义》对秋瑾被杀相当关注，自1907年8月10日发行的第五卷起，连续刊发过悲生（即王时泽）的《秋瑾传》、章太炎的《秋女士遗诗序》、苏曼殊的《秋瑾遗诗序》、《绍兴某君来函论秋瑾事》、何震的《〈秋瑾诗词〉后序》与陈去病的《轩亭吊秋文》，直到1908年1月15日出版的第十五卷上，仍载有志达的《秋

1　郭长海、李亚彬编著：《秋瑾事迹研究》第313页，长春：东北师范大学出版社，1987年。

2　震撰：《〈秋瑾诗词〉后序》，《天义》第7卷，1907年9月15日。

3　本文关于《秋瑾诗词》的版本情况，参考了吴泰昌《最早的秋瑾诗词集》（《新民晚报》2011年7月22日）一文。

4　如郭长海与李亚彬的《秋瑾事迹研究》认为，《秋瑾诗词》"由何震收集"（第312页）；陈象恭的《秋瑾年谱及传记资料》（北京：中华书局，1983年）亦称"何震搜集出版"（第74页）。

5　震撰：《〈秋瑾诗词〉后序》，《天义》第7卷。

瑾死后之冤》。

　　身处日本，享受着"痛骂官场，最得意"[1]的自由，《天义》及其作者对秋瑾的行事与死后引发的社会风潮，自会有更直率的表达。《秋瑾传》通篇都在表彰秋瑾的革命热忱，而其"革命"之义，绝非国内舆论界有意指称的"男女革命"或"家庭革命"，而是实实在在的"种族革命"。如叙述秋瑾革命思想的缘起为：

　　　　瑾见中国自甲午以来，日以不振；庚子拳匪之难，几召瓜分之祸。而祸实兆于异族之孱庸。且以炎黄之子孙，而二百余年伏处异族专制政体之下，俯首帖耳，无敢出气，亦我四万万汉族男女同胞之羞。遂骎骎乎有为女界胜、广之志，因自号曰鉴湖女侠云。

不仅揭出秋瑾意欲成为女界之陈胜、吴广，以推翻清廷统治为职志，并且，对其在日本参加革命组织、"谋刺诸满臣不遂"以及"集同志于浙江，欲举大事"[2]诸情节，均直言不讳。而《秋瑾死后之冤》一文甚至专门批驳国内舆论界的称秋瑾之死为"冤狱"，认为："夫一般之舆论，既以瑾非革命党人，则瑾之革命事迹，恐由今而后，将湮没不传，此则秋瑾之奇冤也。"极而言之，更声称："故以非革命诬瑾，乃瑾之大冤；且非惟诬瑾已也，并欲使数千百人以瑾之受诛为冤狱，不后〔复〕由愤激而思革命。瑾如有知，必当为厉鬼，以攫此辈矣。"这固然是对秋瑾"求仁得仁"，"复因

1　学生某：《东京新感情》，《新小说》第1号，1902年11月。
2　悲生：《秋瑾传》，《天义》第5卷，1907年8月10日。

图2-13　1908年何震、刘师培（前排左一、左二）与友人合影

一人之死，以激发数千百人之革命"的"志之所存"[1]的准确解读，只是，如此严厉的指责，对于国内那些冒险犯难抗议官府的仗义执言者实在不够公平。

　　不只是发表文章，1907年，何震还在东京为秋瑾以及徐锡麟、陈伯平、马宗汉举办过追悼会。《天义》有题为《徐陈马三列〔烈〕士及秋女士追悼会记》的报道，简述了开会经过：

　　　　本报编辑人何女士震，于西历九月七日，开徐锡麟、徐〔陈〕伯平、马宗汉三列〔烈〕士及秋瑾女士追悼会于神田锦辉馆，会者千余人，遂于午前九时开会。先由何女士报告开会；次由章君炳麟报告徐、陈、马、秋之历史；次由刘君

1　志达：《秋瑾死后之冤》，《天义》第15卷，1908年1月15日。

光汉演说暗杀之效果，相继演说者，络绎不绝；次由张君继读祭文（祭文系章君太炎所作，见《民报》中）；次行三鞠躬礼。至午后三时散会。[1]

其中提到的章太炎《祭徐锡麟陈伯平马宗汉秋瑾文》，见同年10月25日出刊的《民报》第十七号。尽管何震本人的开幕词未有记载，但整个会议乃是以鼓吹暗杀为基调，应无疑问。刘师培的演说题旨显豁，不必多说。章太炎所撰祭文，开篇即从古代刺客专诸、聂政说到三十多年前发生的张文祥刺杀两江总督马新贻案，意在赞颂徐锡麟等人"风行霆举，铅丸部发"[2]，为汉族复仇，成功击毙安徽巡抚、满人恩铭。而在此篇以及《秋女士遗诗序》中，太炎先生也一律以春秋时期的女剑客越女比拟秋瑾。由此推测，此时"于一切学术，均甚怀疑，惟迷信无政府主义"的何震，既已在一周前举行的"社会主义讲习会"第一次大会上倡言——"盖今日欲行无政府革命，必以暗杀为首务也"[3]，主持追悼会时，自应持同一论调。这也是龚宝铨日后追述，"何震开会追吊，且声言将为复仇"[4]的由来。

何震的无政府革命思想，在为《秋瑾诗词》撰写的《后序》中也适时发露。该篇论述的主题是："人治者，摧折天才之具也。"所谓"人治"，正与"无政府"相对，从《天义》"颠覆一切现近

1　公权：《徐陈马三列［烈］士及秋女士追悼会记》，《天义》第7卷，1907年9月15日。
2　太炎：《祭徐锡麟陈伯平马宗汉秋瑾文》，《民报》第17号，1907年10月25日。
3　公权：《社会主义讲习会第一次开会记事》，《天义》第6卷，1907年9月1日。开会日期为1907年8月31日。
4　龚宝铨：《〈秋女士遗稿〉跋》，《秋女士遗稿》第57页，东京印本，1910年。

之人治"的英文表述，可知其意指政治制度（political system），但其实尚可放大到所有人为的规范和制度。以此，何震论说秋瑾诗词也别具只眼：

> 秋瑾者，女子之富于天才者也。反古易常，不为纲维所域；又执持光复之谊，谙悉清廷政教之非。……虽言行不自检，然尚气节，重然诺，大昌侠烈之风，均与古代妇学异轨。今读其诗词，多慷慨之音，凡叹［欢］愉忧愤之情，身世家国之感，一寄之吟咏，思有所寄，援笔直抒，而生平志节，又隐约于意言之表，殆古之所谓性灵之诗欤？

结论即是，"瑾之克舒其才，瑾之不囿于人治也"。更进一步，"倘人治既废，则女子之具天才者，不为人治所束，势必益臻于灵智，其心知之瀹，必非今日所能跻"[1]，也很顺理成章。女性的"性灵之诗"与"颠覆人治"之间，由此建立了必然联系。实际上，在当年的何震那里，所有的论述都以无政府为终点。不仅女性的才能只有在实现无政府主义后，才能够得到充分释放；而且，秋瑾明明从事的是民族革命，何震照样可以从中引发出无政府革命必要性的论断。

　　而何震《后序》中批评秋瑾"言行不自检"，在当时也非一家之见。《秋瑾传》末尾既言："特瑾疾恶过甚，面诘人非，或不免来人之诋訾耳。呜乎！此固瑾之所以为瑾欤？"[2]其时与刘师培、何

1　震撰：《〈秋瑾诗词〉后序》，《天义》第7卷；何殷震等：《简章》，《天义》第11、12卷合册，卷首，1907年11月30日。
2　悲生：《秋瑾传》，《天义》第5卷，1907年8月10日。

震关系密切的章太炎也持论相同。只是，区别于王时泽仍然使用了赞赏的口气，章氏则不免更多批评。并且，在短短两百多字的《秋女士遗诗序》中，竟反复三致意：或叹惋"瑾卒以漏言自陨，悲夫"，或称说"余闻古之善剑术者，内实精神，外示安仪，则喋喋腾口者寡"，"惜乎瑾之不志此也"；进而更将此言落实到具体的人事："瑾素自豪，语言无简择，尝称其乡人某为已死士，闻者衔之次骨。"[1]此"乡人某"经王时泽指认，即为后来被当作秋瑾案的告密者而遭暗杀的胡道南，"绍兴府学总办胡道南在日本留学时，因谈革命和男女平权问题，与烈士（引者按：指秋瑾）意见不合，烈士曾斥为死人。胡怀恨在心"[2]，云云。如此，秋瑾的被杀也与其口无遮拦、锋芒逼人的性格有关了。

《秋瑾诗词》另一篇序文出自苏曼殊之手，开篇即不离佛弟子身份："死即是生，生即是死。"但此言并非泛泛而论，乃是照应"亡国多才，自古已然"的古今通例。全篇主体部分为引录《国民日日报汇编》第四集曾经刊载的明季女子绝命诗八首，以赞许"秋瑾以女子身，能为四生请命"，"视死如归"[3]。其时何震正随苏氏学画，故以"弟子"自称。而"乞太炎先生及吾师曼殊为序"[4]，此举也有助于确定何震作为编者的资格。

至于何震与秋瑾是否相识，目前虽没有见到明确的记载，但答

1　太炎：《秋女士遗诗序》，《天义》第5卷，1907年8月10日。

2　王时泽：《秋女烈士瑾略传》，《湖南历史资料》1980年第一辑第222页，长沙：湖南人民出版社，1980年9月。

3　苏子榖：《秋瑾遗诗序》，《天义》第5卷。所录《贞女绝命诗》，载《国民日日报汇编》第四集"掌故类"第37页，上海：东大陆图书译印局，1904年。

4　震撰：《〈秋瑾诗词〉后序》，《天义》第7卷。

案应该偏向于肯定。王时泽曾追忆："我和刘光汉认识，也是秋瑾介绍的。"虽然下文所述刘师培"当时在东京由其妻何殷震出面，创办《天义报》，并著有《攘书》，鼓吹革命"[1]，容易使人误会秋瑾的引介发生在留日时期。实则，1907年2月，刘、何夫妇到达日本后，6月方创刊《天义报》，而秋瑾先已于1905年底归国。但刘、秋的行踪此前仍有可能交集。如1905年3月，《警钟日报》被封禁后，刘师培遭通缉，避居敖嘉熊家，并协助处理温台处会馆事宜；秋瑾恰于此期间回国，经陶成章介绍，结识温台处会馆执事吕熊祥等人[2]。不过，有一点也可以认定，即何震与秋瑾并无深交。

此外，关于《秋瑾诗词》一书，按照藏有此册的吴泰昌记述："本书平装，共五十页，分'秋女士遗诗'和'秋女士词'两部分，共收烈士诗词一二五题。所收诗词均无写作年月日。"出版时间为1907年9月6日[3]，恰在追悼会前一日，想必曾于会场散发。整个编印过程，何震称"阅二旬而成"[4]，实则费时一月余。与章、苏二序同期，1907年8月10日的《天义》第5卷也刊出了《秋女士诗词出板豫告》："秋女士瑾因革命而死，为薄海内外所共知。今得其遗诗及词各一卷，王女士芷馥等集资付印，并由章太炎先生作序，不日出版。凡定本报全年者，均附送一册。"这说明该书大抵为赠送

1　王时泽：《回忆秋瑾》，中国人民政治协商会议湖南省委员会编印：《文史资料》第二辑第36页，1961年。何震在《天义报》提倡"实行男女绝对之平等"，故主张父母姓并重，而署名何殷震。

2　参见万仕国《何震年表》第3页，江苏省仪征市人大常委会办公室印，2010年；郭延礼《秋瑾年谱简编》，郭延礼编：《秋瑾研究资料》第32页，济南：山东教育出版社，1987年。

3　吴泰昌：《最早的秋瑾诗词集》，《新民晚报》2011年7月22日。

4　震撰：《〈秋瑾诗词〉后序》，《天义》第7卷。

图2-14　《秋瑾诗词》（苏曼殊赠刘季平本）

而非售卖，应该也是其存世甚少的原因。

　　不妨一提的是，西泠印社2012年秋季拍卖会古籍善本专场上出现过一册《秋瑾诗词》，上有"曼殊道友自江户寄赠/戊申二月"两行题记，并钤有一"刘"字圆形印章，显然为1908年苏曼殊从东京寄送刘三（季平）之物。刘三也曾为《天义》捐款[1]，而且，两年后成为其夫人的陆恢权（名守民），正是该刊的五位发起人之一。此书起拍价1000—3000元，最终成交价为10350元，足见珍贵。

1　见1907年10月30日《天义》第8—10卷合册卷末，捐金为十元。

二　陶成章、龚宝铨与《秋女士遗稿》

第二本秋瑾诗词集乃是龚宝铨所编《秋女士遗稿》，学界称为"龚本"。因版权页未提供详细的出版信息，只得依据龚氏跋文题署的写作时间推测。所谓"共和二千七百五十一年，岁在上章阉茂，窒病之月，乙巳朔"，实为庚戌年三月初一日；换算成西历，即1910年4月10日。故知该书应在此后不久出版。

《秋女士遗稿》全书结构如下：封面书名由"太炎署"，无目录；正文先排《秋瑾本传》（录《浙案纪略·列传三》），共8页；接下来第9—41页为"秋女士遗诗"，第43—56页为"秋女士遗词"；龚宝铨所作《跋》见第57—58页。比较特别的是，封三的版权页全用英文：

THE POSTHUMOUS POETICAL WORKS

OF

CHIU-JIN

A Chinese woman revolutionist, who attempted to overthrow the Manchu dynasty, was arrested and beheaded at Zau-shin 13th July, 1907 Chr. era at the age of 31.

Edited and noted by KUN-PAU-CHEN

with a biography by TAU-CHEN-CHAN

MCMX

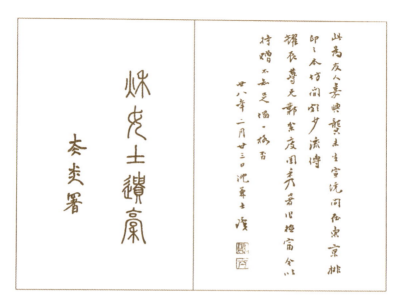

图2-15 《秋女士遗稿》封面与沈兼士题记

除上面三行为书名《秋女士遗稿》（秋瑾诗歌遗著）的英译外，接下来的一段文字是对秋瑾的介绍：一位中国女革命者，因为试图推翻清王朝，于西历1907年7月13日在绍兴被捕并遭砍头[1]，时年三十一岁。以下则说明：编辑与注释者龚宝铨，并有陶成章所作传记。至于"MCMX"则是罗马数字的纪年，表示该书出版的时间——1910年。而无论是龚跋所用的共和纪年、岁星纪年，还是英文版权页标记的罗马数字纪年，都是为了排斥当时最通行的年号纪年。这意味着拒绝承认清政权，由此昭示出编者鲜明的反清革命立场。

　　以结交先后论，秋瑾与陶成章（字焕卿）相识在前，二人为

1　这里对秋瑾被杀日期的记述有误，被捕是7月13日，遇难则是7月15日。

绍兴同乡。据陶氏自述："（秋）瑾既与陈静斋有戚谊，故到东京后，即与其子（引者按：指陈威、陈毅）相识。""甲辰（引者按：1904年）冬，成章以事东渡。成章与陈氏子为同学，瑾因之以识成章。"并且，当1905年春，秋瑾回乡之际，要求陶成章介绍革命同志与机关，陶虽"以其为女子不便，然亦难竟拒之"，遂作书两封，"一函致上海'光复会'会长蔡元培，一函致绍兴徐锡麟"。秋瑾因此得见蔡与徐，并由徐锡麟介绍加入光复会[1]，而与国内的革命组织接上头。绍兴大通学堂亦为陶成章协助徐锡麟创办，日后秋瑾在浙江筹划起义，不但以该学堂为据点，且参与其事的会党领袖也多经陶成章先期联络[2]，从而奠定了革命的基础。

　　以此同志兼同乡的关系，陶成章对秋瑾的遇难自然格外关切。《天义报》第6卷所刊《绍兴某君来函论秋瑾事》，便很可能出自陶手。文中述："甲辰春，（秋）瑾与夫失和。同乡陈静斋（现为正金银行总办）、陶杏南（现任东三省道员）为之解，瑾不从，遂将所有之衣饰，托杏南之妾（名荻意）变卖，以作川资。"此节所述，与《浙案纪略·秋瑾传》相同。并且，该文分辩所谓"秋瑾供词"中大通学堂会计赵卓（宏甫、洪富）与秋瑾在日本相遇为子虚乌有："查赵弘甫系处州缙云县生员，因家计困难，由陶焕卿介绍至

1　陶成章：《秋瑾传》，陶成章著、魏兰补注：《浙案纪略》中卷第17页，1916年。

2　参见《浙案纪略》上卷"大通学堂之成立"（第25页）。又，樊光《辛亥革命光复会领袖陶成章传》述及，陶成章"在浙联络会党潜力巨子，如嘉兴敖孟姜，绍兴竺绍康、王金发，兰溪蒋禄山，金华张恭，永康吕载之，台州王文庆，云和魏兰、张伟文，丽水阙玉祺，缙云周华昌、吕东升等皆其显著者"（汤志钧编：《陶成章集》第440页，北京：中华书局，1986年）。其中如敖嘉熊（孟姜）、吕熊祥（东升），在陶成章所写《浙案纪略·秋瑾传》中，均明言系由陶向秋引见。

绍兴，为人通学堂司计。时陶焕卿亦在该校作教员，知赵甚悉。赵生平未至上海，安有至日本之事？又安有在日本与徐锡麟、秋瑾相会之事？"[1]在此，陶成章即为作者"绍兴某君"已是呼之欲出；否则，作者为何偏引陶充证人？

而《浙案纪略》正是陶成章以"案中人"身份，对其亲历之历史事件所做及时而翔实的记录。先是陶成章1908年11月前后到达缅甸，在仰光的革命派报纸《光华日报》上连载该著。1910年夏，陶在东京，又对原稿进行了分卷与增补，准备付印；"嗣因诸同事以本案牵涉未来事迹过多，恐致机密漏泄，于吾党进取前途甚有妨碍"，故只印行了包括《秋瑾传》在内的中卷"列传"部分[2]。即便如此，为防止危害国内革命同志，"凡关系诸人，为清吏所不知或知而不甚注意者，又或本人已著名、清吏已注意而尚留寓内地者，本书中均仅录其姓，而名用□空之以为隐晦，余则录其真姓名也"[3]。这条当年的著述原则，在《秋女士遗稿》所录《秋瑾传》中正有体现。如光复会会长蔡元培的名字全为空格，魏兰、敖嘉熊、吕熊祥等人的名字也只有姓，名则空缺。此文刊出时间稍早于《浙案纪略》卷中的印行，就版本而言也颇有价值。

并且，陶传与此前已发表的各种秋瑾生平记述不同，如吴芝瑛的《秋女士传》《纪秋女士遗事》与徐自华的《秋女士历史》

---

1 《绍兴某君来函论秋瑾事》，《天义》第6卷，1907年9月1日。不过，文中辩"秋瑾口供"中秋与徐锡麟在日本相识事，称："是徐锡麟初次至东京，瑾尚未至；再次至东京，瑾适反国，安有与徐锡麟会于东京之事乎？"所述与《浙案纪略·秋瑾传》有出入。

2 陶成章：《〈浙案纪略〉原序》，陶成章著、魏兰补注：《浙案纪略》，陶序第1页。

3 魏兰：《〈浙案纪略〉序》，陶成章著、魏兰补注：《浙案纪略》，序第1—2页。

《鉴湖女侠秋君墓表》[1]，均在作为爱国志士与女学先进的秋瑾形象塑造上用力，而不及其革命图谋；王时泽的《秋瑾传》虽明示秋瑾的反清心志，却又因文成于秋瑾遇难后不久，担心牵连其他同志，并对秋瑾返国后的行止未必全然知悉，故于其革命行事亦多有隐瞒或含糊其辞。而陶成章既为浙江起义最重要的原初发动者[2]，同参与起事诸人又联系频密，尽管当时人在日本，仍深度介入其中。因此，陶传不仅将笔墨集中于秋瑾的革命业绩，落实了英文说明中"女革命者"的定位，对秋瑾组织起义的诸般细节，也有详细到日、时的陈述。末后赞曰："秋瑾席诸党人已成之业，发挥其手腕，改弦而更张之，未及三月而难作，竟以身殉。记曰：'谋人之邦国，败则死之。'秋瑾有焉。"[3]明显透出革命领路人的口气。

　　只是，论陶成章与秋瑾的交往，学界中不乏知情者。而《秋女士遗稿》编者龚宝铨（字未生）与秋瑾的关联，即使在郭长海包含34则的《秋瑾交游考》[4]中，亦不见论及。这其中的原因，实在龚氏为《秋女士遗稿》所撰跋文不易见到。而龚宝铨之得识秋瑾，又经由陶成章，故理应先述陶、龚之交谊。

　　据魏兰《陶焕卿先生行述》，二人的遇合颇富戏剧性：

<hr/>

1　吴芝瑛《秋女士传》刊1907年7月21日《时报》、《纪秋女士遗事》刊同年7月24日《新闻报》，徐自华《秋女士历史》刊1907年11月《小说林》第6期、《鉴湖女侠秋君墓表》刊1908年12月19日《申报》。

2　陶成章于《浙案纪略》自陈："酿成皖浙案之原动力者，其人有三：曰敖嘉熊，曰魏兰，曰陶成章。三人中，则又以成章为转运之机枢。"（陶成章著、魏兰补注：《浙案纪略》上卷第17页）

3　陶成章：《秋瑾传》，陶成章著、魏兰补注：《浙案纪略》中卷第22页。

4　参见郭长海、李亚彬编著《秋瑾事迹研究》。

图2-16　1905年陶成章、龚宝铨与陈魏（自左至右）合影

　　其时（引者按：指1903年春）在日诸志士，组织义勇队，推汤尔和、纽[钮]铁生为代表，谒袁世凯，欲以拒俄为名，假其兵力，图谋革命。事不成。疑先生从中破坏，命龚宝铨（原名国元，字薇生）与先生同居，侦察先生之所为。及闻先生议论，始知先生之苦衷，于是陶龚称为莫逆。[1]

并且，这种友谊贯诸一生。用陶成章族叔陶冶公的说法："在焕卿

1　魏兰：《陶焕卿先生行述》，浙江省辛亥革命史研究会、浙江省图书馆编：《辛亥革命浙江史料选辑》第339页，杭州：浙江人民出版社，1981年。

一生交友中，能爱焕卿、知焕卿者，唯未生一人而已。陶、龚之交，比管、鲍无愧色。"[1] 以此，陶成章参与的革命活动，也往往得龚宝铨襄助，如创立光复会、创办大通学堂、联络会党等[2]。小之如《秋女士遗稿》舍弃其他传记，只录入陶成章所作《秋瑾传》，除跋文中所述理由，"补列陶子所撰女士本传一篇于卷首，将以使世人一知女士之本色云尔"[3]，亦未尝不缘于二人之交厚。

而龚宝铨记秋瑾留学东京之经历，则可见出二人往来情节：

> 女士于甲辰之岁，自北京东走日本留学。昱［翌］年乙巳春，以筹学费归绍兴，道经沪渎，持会稽陶子函来爱国女学校，铨始识之。逮六月间，女士将复渡日本，过沪，寓吴芝瑛女士家匝月，因得常相过从，称知己焉。是岁冬，铨以学陆军事，重游江户。时学界反抗日本文部省取缔中国留学生规则，猛起风潮，唱全体归国议，女士实尸之。逮事稍平，学生多反前议，女士卒践言归国。

当秋瑾离日时，陶成章与龚宝铨曾来送行[4]。而龚跋记秋瑾1905年春

1　陶冶公：《龚未生〈自叙革命历史〉书后》，中国人民政治协商会议浙江省委员会文史资料研究委员会编：《浙江辛亥革命回忆录》第102页，杭州：浙江人民出版社，1981年。

2　参见龚宝铨《龚味荪自叙革命历史》（《浙江辛亥革命回忆录》）、陶冶公《龚未生〈自叙革命历史〉书后》、陶成章《浙案纪略》等。后文述龚宝铨行迹均据此，不再详注。

3　龚宝铨：《跋》，龚宝铨编：《秋女士遗稿》第58页。

4　同上，第57页。

持陶成章介绍信来爱国女学校，即为陶氏《秋瑾传》所述，秋携陶函"谒（蔡）元培于爱国女学校"[1]一事。蔡元培时任该女校校长。

虽然自1905年底，秋瑾因抗议日本文部省发布的《关于清国人入学之公私立学校规程》（简称《取缔规则》）而归国，龚宝铨先是留居日本，次年夏，又与陶成章至芜湖中学堂任教，1907年春再赴东京，与秋瑾踪迹相左，不过，二人的联系并未中断。如1906年，在爪哇任教的陈华回国，秋瑾因龚宝铨介绍，与之相识。"华劝瑾赴爪哇，兴女学，瑾许之"，并告知陶与龚，二人"力止之勿行"，秋瑾才放弃未去[2]。

以"知己"的身份重刊秋瑾遗作，龚宝铨跋文中最关键的内容，实为清楚交代了初版《秋瑾诗词》的文稿来源：

> 当归时（引者按：指1905年底秋瑾归国），铨与陶子送之行，索留著述以作纪念，女士即以亲笔写定诗词稿一卷见遗。丁未夏，女士变闻，铨等方悼伤间，会何震开会追吊，且声言将为复仇。铨等信为实，遽以稿授之。何震转授王芷馥女士篝资付印，己为作序以纪其事，题其名曰《秋瑾诗词》。[3]

据此，何震《后序》中含混提及的"得其诗词若干首"，正是从陶成章与龚宝铨处得到，或者确切地说，是由二人主动提供。更值

1　陶成章：《秋瑾传》，《浙案纪略》中卷第17页。

2　同上，第18页。

3　龚宝铨：《跋》，龚宝铨编：《秋女士遗稿》第57页。

得注意的是，此稿乃是秋瑾手定的诗词稿，各篇的排列次序亦出自秋本人之意。确定这一点，对秋瑾研究来说至为重要。

接下来自然会思考的问题是，这部秋瑾诗词手稿的下落。而从龚跋中，我们得到的是不幸的消息："陶子宗叔父持成君任校雠，持成君不察，校竟，遽将原稿弃之。"[1] 这位"持成君"，应是陶成章的族叔陶冶公，其时正在东京，应章太炎之邀，为《民报》做发行工作[2]。若果然如此，确是极大损失。

由此也关联到《秋女士遗稿》的版本依据。这在龚宝铨关于刊印经过的说明中约略涉及：

> 书（引者按：指《秋瑾诗词》）成，不数月而尽。迄今且三年，索阅者不绝。夫女士以一女子而演此钜剧，古来仅见。其遗迹手泽，岂可任其湮没勿传？铨既忝在故人，保存之责，岂容傍卸？爰请女士故人、湖南悲生君将《秋瑾诗词》校勘一过，更附益各杂志日报所载者于次，重付梓人。[3]

可知，重刊虽由龚氏主持，具体的校勘工作则委托王时泽负责；并且，王氏即以据秋瑾亲笔写定的手稿排印之《秋瑾诗词》为底本，而补入报刊所载、原稿未录之诗词。故此本间有校记，凡分两类：一类注明"旧作"情况，一类列出"《小说林》作"之差

1　龚宝铨：《跋》，龚宝铨编：《秋女士遗稿》第57页。
2　参见洪忠良《陶冶公，一位可敬的辛亥老人》，中国国民党革命委员会浙江省委员会编印：《浙江民革前辈录》第158页，2010年。
3　龚宝铨：《跋》，龚宝铨编：《秋女士遗稿》第57—58页。

异。所谓"旧作"，即指《秋瑾诗词》印本；而1907年8月在上海
出版的《小说林》第5期，曾集中刊发过一组《秋女士瑾遗稿》。
至于王时泽校订时依何本为准，龚宝铨显然并不清楚。龚本仍沿
袭了芷馥本的编辑体例，凡分两部分，"秋女士遗诗"109题，"秋
女士遗词"39题（含《勉女权》歌词一篇），较前增加诗作22题。

关于书名改易为《秋女士遗稿》，龚宝铨以"示不失记念原
意也"解释，尚可凸显编印意图。而与《秋瑾诗词》相较，最大
的改动还是删去原书三序。对于章太炎和苏曼殊两篇序言的处理，
龚氏谓其"皆未能详写女士生平事迹，故并删之"，确言之成理。
并且，龚又请章题写书名，可视为一种弥补。何况，龚本人恰于
此年成为太炎先生的女婿，对其自有足够尊重。想来删序一事，
章氏并不介怀。但舍弃章、苏二序并非重点，龚宝铨的主要目的
实在摒除何震所作《后序》，连同更易书名一道，都是为了切割何
震与秋瑾诗词集的关系。个中原因乃是，"何震既为败类之魁，其
所作序，理应摘弃"[1]。而此言的由来，在《浙案纪略》中有载述。

据陶成章挚友魏兰称，1910年夏，陶在东京编定《浙案纪略》
时，曾"补述刘光汉内叛诸事"[2]。是即该书上卷第四章《破坏纪事》
中之《刘光汉之内叛》所述：

> 光汉平日欲运动成章，使为己用，以高其名。成章鄙其
> 行为，不之礼，光汉恨之。会其妻何震及汪公权日夜怂恿光
> 汉入官场，光汉外恨党人，内惧艳妻，渐动其心。适又以事

1　龚宝铨：《跋》，龚宝铨编：《秋女士遗稿》第58页。
2　魏兰：《〈浙案纪略〉序》，陶成章著、魏兰补注：《浙案纪略》，序第2页。

与章炳麟有冲突，不胜，名誉大损。光汉乃归上海，始真为侦探矣。清帝、后死，光汉意成章归国，日与两江标督中军官米占元往各船坞查成章行踪，久之不得，无以复端方之命，而以张恭报告于端方，张恭遂被拿问。王金发怒，挟枪见光汉，将杀之。光汉惧，许以必为保全张恭，恭因得不死，光汉由是亦不敢再至上海。[1]

刘师培沦为内奸是否出于何震的怂恿，尚可讨论。不过，此说流行一时，且刘之叛变革命亦为事实，身为刘妻的何震自然难保清白，故必须从革命者秋瑾的遗集中将其清除出去。这也符合革命的逻辑。

三　王时泽与《秋女烈士遗稿》

《秋女烈士遗稿》为民国年间印行的第一本秋瑾集。与前两种刊于东京的洋装本不同，该编乃采用线装。封面自上至下题写书名，下端自左至右横写"追悼会纪念品"。全书由三部分构成：卷首《秋女烈士瑾传》页码单标，为两页，署"民国元年/王时泽谨志于长沙秋女烈士祠"；次录"秋女士遗诗"，计18页；继为"秋女士遗词"，至第25页。版权信息在第26页，分记"发行所：秋女烈士追悼会筹备处""校对者：袁樾栋"与"附印处：南阳街振华器机［机器］印刷局"三项。此本因此被称为"长沙本"。

1　陶成章著、魏兰补注:《浙案纪略》上卷第57页。

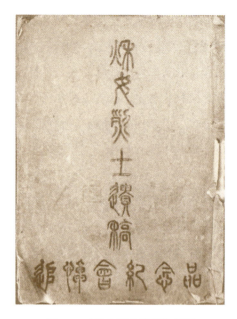

图2-17 《秋女烈士遗稿》封面

　　查报刊记载可知，1912年7月19日（阴历六月六日），按旧历计数，为秋瑾就义五周年纪念日。此前，浙江与湖南两省已开始为秋瑾灵榇安葬何方发生激烈争执，背后则隐含着对民国革命史政治资本的争夺[1]。在此背景下，民国肇建后，首次在长沙举行的秋瑾追悼会于是格外隆重盛大。会场设在秋女烈士祠，此祠由来，王时泽于《秋女烈士瑾传》已言及：秋瑾之被难，系由陈翼栋奉浙江巡抚张曾敭之命率兵搜捕。而陈本湖南人，民国建立，"湘人亦废陈翼栋父湜祠，改建秋祠于长沙"[1]。

关于长沙追悼会，各报多有记载[2]。综合《申报》与《民立报》通讯可知：

> 长沙各界于七月十九日上午十时开追悼秋女士大会。自八时起，祠前街道已拥挤异常。来宾均持入场券，换白花一朵而入。既入，男宾就左席，女宾就右席。祠中栏杆、楹柱，均扎松叶缀以彩花，遍[匾]额、挽词悬满堂壁。来宾约三千人，而以女宾为尤伙。有顷，军乐队导女士神主入祠，极为整肃。

> 安主毕，印[即]继续开会。由公推临时会长王时涛[泽]君报告开会次序：首，军乐队奏乐；次，鼓风琴，男女宾合唱《悲秋词》；次，来宾及发起人行三鞠躬礼，均由女士子王沅德答谢；次，体育会会员开跳舞会；次，某君演说女士之历史；次，王君沅德致词，谢各界诸君光顾之盛心，遂复奏军乐。散会以后，男宾发起人及代表，女宾招待员及代表，各摄影以志纪念。

1　王时泽：《秋女烈士瑾传》，《秋女烈士遗稿》传第2页，长沙：秋女烈士追悼会筹备处，1912年。

2　见郭长海、秋经武主编《秋瑾研究资料·文献集》上册第292—294页，银川：宁夏人民出版社，2007年。所录有《民立报》(误作《民主报》)、《时报》、《申报》四篇报道。

最后一个节日则是：

> 散会后有事务所办事人发《秋女士遗稿》，为纪念品，
> 各来宾争取一空。[1]

由此我们可以知晓，长沙追悼会的主持人正是王时泽，《秋女烈士遗稿》亦是作为此会的纪念品而编印、散发。

王时泽之得以被公推为秋女烈士追悼会临时主席，自然是因其为秋瑾在湖南的知交。王为长沙人，1904年3月赴日留学后，经常参加湖南同乡会的聚会。同年7月，秋瑾也到达东京，因其"自幼随父入湘，与湘乡王廷钧结婚，故每次湖南同乡会开会时，她也都来参加"，很快与王结交。秋虽比王大九岁，"但彼此意气相投，聚谈的机会很多"。特别是二人一同宣誓加入革命团体三合会后，关系更为密切，王的说法是，秋瑾"视我如弟"。次年夏，王母亦来日本，经秋瑾劝说，留下读书，与秋瑾为实践女学校师范班同学，并同宿校内，日常接触更多。"取缔规则"事起，秋瑾愤而回国，王则为留学生中主张"忍辱负重，学成然后归国"一派，以此分开。秋瑾到上海后，曾寄信给王，表达"光复之事，不可一日缓，而男子之死于谋光复者，则自唐才常以后，若沈荩、史坚如、吴樾诸君子，不乏其人，而女子则无闻焉，亦吾女界之羞也"，已决意为民族革命献身。1907年春，秋瑾最后一次返湘探视

---

1 《长沙追悼秋女侠纪盛》，《申报》1912年7月17日；《秋女士成仁纪念》，《民立报》1912年7月27日。

图2-18　王时泽1935年留影

子女时，王母已回国，在周南女校任教。秋往来长沙，亦住在王家[1]。以此亲厚情谊，秋瑾被杀后，在日本最先刊发的秋传即出自王时泽笔下。而发表于《天义》第五卷的《秋瑾传》，也成为其日后两次改写的底本。

　　细检《秋女烈士遗稿》卷首的《秋女烈士瑾传》，对初稿《秋瑾传》实多有承袭。改动处主要有二：一是删略，主要关涉到秋瑾的丈夫。《秋瑾传》虽称"伉俪甚敦"，却也指认其夫为"忠厚

---

[1]　王时泽：《回忆秋瑾》，《文史资料》第二辑第33—41页。其中秋瑾信中的"吴樾"错排作"吴越"，而《秋瑾传》无误。

长者，碌碌无他能"。当秋瑾决心赴日留学，"以阴求天下奇士，为将来光复故物之一助"，其夫即止之曰："而所言大逆不道，速闭而口，非吾所乐闻也。且妇职中馈，远游亦非所宜。"而秋瑾不顾，"遂违其夫，东渡日本"。尤其是末尾一段由秋夫引出的议论：

> 或曰秋瑾狂妇人耳，其夫遇之厚，而瑾终轻之，与人言，则肆詈詈骂。秋瑾狂妇人耳。或曰秋瑾奇女子也，其夫特庸奴耳，瑾之绝之，非瑾之罪也；且瑾性伉直，故不谐于俗，则人之訾之也固宜。论者言人人殊，世莫知其当否。然瑾固爱国尚义之人也。瑾未尝学阳明之学，而其行义，则与阳明暗合。[1]

诸如此类的文字，在后出的传记中均已删除。可以想见的原因是，长沙追悼会中，作为烈士之子的王沅德代表亲属在场，且以同姓，王时泽被其引为"族友"[2]，故不免笔下留情。何况，在庄重的纪念场合，原先的那些议论显然不合拍。

二是添加。首先是《秋瑾传》中当年故意隐晦的情节，如"适有某党魁在日本纠集同志，瑾遂投身党中"诸语，至此也有了明白交代："适孙中山派冯自由等在横滨纠集同志，女士遂与刘道一、彭竹阳、曾骥才、时泽等十人同入党焉。"下文"光复军谋泄于湖南"，也同样指明为"黄君克强起光复军于湖南，不幸谋泄"，由

1　悲生：《秋瑾传》，《天义》第5卷。
2　《秋女侠仍葬麓山》，《申报》1912年7月17日。

此凸显了秋瑾与初生的中华民国临时大总统孙中山及首任陆军总长黄兴之间的革命关联。自然，那位在《秋瑾传》中劝说秋瑾忍辱求学以及收到秋瑾信函的"其友"，也直接现身为"时泽"[1]。

更重要的增补则为有关秋瑾组织光复军起义的记述。先出的《秋瑾传》尚配合其时国内舆论的"冤狱"说，简叙："（瑾）遂集同志于浙江，欲举大事。而徐君锡麟乃以轰杀恩铭特闻。瑾遂以疑似被逮，以清光绪三十三年六月某日，成仁于浙中，时年仅三十有一。惜哉惜哉！"至《秋女烈士瑾传》方补充了徐锡麟与秋瑾的联系，明确其革命图谋与被出卖的经过：

> 徐君锡麟者，女士之中表也。甲辰游日本，与女士及陶焕卿、龚未生、陈伯平诸君同盟于东京。徐锡麟将起义于皖时，女士亦谋举大事于浙。胡道南者，绍兴府学总办也。在日本时，议论间与女士有隙，欲陷害之。然女士不之觉，且以为留学生，故不甚防之。徐锡麟事败，胡道南遂将女士秘谋告之有司。清浙抚张曾敭命陈翼栋率众往捕之，遂以清光绪三十三年六月六日成仁于浙。[2]

添加各情不仅为秋瑾与陶成章、龚宝铨之关系深厚提供了佐证，亦将胡道南之告密致使官府提前扼杀起义、处死秋瑾正式写入传记中。

1　悲生：《秋瑾传》；王时泽：《秋女烈士瑾传》，《秋女烈士遗稿》传第1页。
2　同上，传第2页。

后文并叙秋瑾身后事，诸如徐自华、吴芝瑛于西湖葬秋以及后来之毁墓、迁葬湖南，民国元年杭州之重建秋社与长沙之设立秋祠等，除展现了秋瑾的死后哀荣，亦可使人明了当时发生的争葬风波之由来。其中还特别交代了胡道南的下场："女士死后三年，陶成章等密遣暗杀党诛胡道南于某寺。"这一消息来源，日后王时泽也有说明，乃是"陶成章辛亥前在东京亲自告诉我的"[1]。此外，1958年的改写本《秋女烈士瑾略传》，也将此处所说胡与秋"有隙"，指认为因"谈革命和男女平权问题"[2]而结仇。不过，胡道南被确认为告密者，其实很可能不无冤枉[3]。但王文的叙说，自有告慰烈士的用心。

而对于1912年的王时泽来说，更重要的是给秋瑾一个新的定位。《秋女烈士瑾传》如此煞尾：

> 呜呼！如女士者，洵可谓革命巨擘，巾帼英雄。虽法之罗兰夫人、俄之苏菲亚，又何以复加哉！[4]

"巾帼英雄"恰与日后孙中山为秋瑾的题词相同，而"革命巨擘"则为秋瑾在中华民国开国史上确定了地位。至于将有"法国大革命之母"称号的罗兰夫人（Madame Roland，1754—1793）与刺杀

1　王时泽：《秋女烈士瑾传》，《秋女烈士遗稿》传第2页；王时泽：《回忆秋瑾》，《文史资料》第二辑第41页。

2　王时泽：《秋女烈士瑾略传》，《湖南历史资料》1980年第一辑第222页。

3　参见笔者《晚清人眼中的秋瑾之死》，《学人》第十辑第453—459页，南京：江苏文艺出版社，1996年9月。

4　王时泽：《秋女烈士瑾传》，《秋女烈士遗稿》传第2页。

沙皇亚历山大二世的虚无党员苏菲亚（Sophia Lvovna Perovskaya，1853—1881）同秋瑾相比，则起始于秋瑾盟姐吴芝瑛在秋赴义后最先发表的《秋女士传》，其中述秋瑾"性伉爽"，"甚或举俄之苏菲亚、法之罗兰夫人以相拟，女士亦漫应之"[1]。这一叙述也被严厉批评国内舆论界的《天义》编者少有地肯定，认为："虽措辞甚隐，然于瑾怀抱革命，则隐括于意言之表，较之为瑾辩护者，尚属稍善。"[2]只是，时势迁移，革命成功后，再来看当初的比拟，王时泽显然已感觉有所不足。

　　若就书名而言，《秋女烈士遗稿》自是沿袭了龚本，体现了纪念之意。而对勘两个文本，内容也正相同，且并不存在《秋瑾集》编者所谓"唯诗多一题"的情况。该书《后记》曾推测，"看来长沙本似据龚本重印，或另有所本"[3]。实则，如前所述，由于龚本的校订者即为王时泽，故长沙本可以肯定是据龚本翻印。所做的改动，主要是将龚本置于页端的校记直接删去。其间固然有少许补正，但也出现了个别错误。凡此类情况，在上海古籍出版社的《秋瑾集》中均有记录，不必赘言。

　　需要考察的是王时泽据以校勘的文本。王接受龚宝铨的托付时，仍在东京留学。据其1958年追记：

　　　　秋女烈士遗稿，有烈士手抄诗词一本，原存陶君成章处；另有长篇传奇小说《精卫石》一本存余处，均拟于当时

1　《秋女士传》，《时报》1907年7月21日。原未署名，仅注为"来稿"。

2　志达：《秋瑾死后之冤》，《天义》第15卷。

3　《后记》，中华书局上海编辑所编：《秋瑾集》第191页，上海古籍出版社，1979年。

各杂志陆续登载。一九〇六年，陶君因奔走革命离日本，以诗词抄本交余。《精卫石》传奇情词悲壮，为烈士呕心之作。一九〇七年，余接烈士书，嘱寄绍兴，拟加修正。不料交邮后未及得复，而烈士即以在绍兴就义闻。名著失传，殊为可惜！惟其诗词稿幸得保存。民国元年，烈士之子王沅德与湖南各界人士谋在长沙立秋女烈士祠，并发起追悼会，公推余经办其事。始将其诗词付印，以为纪念。至其由日本归国后所作诗文，曾见烈士自办之《中国女报》，及散见于各报者尚多。[1]

因事隔多年，其间不免记忆有误。如将《秋女烈士遗稿》视为第一本秋瑾诗词印本，以及其中实已收录部分秋瑾自日本归国后所作诗词（包括刊载于《中国女报》者）。不过，最重要的是，龚宝铨认为已经丢失的秋瑾诗词手稿，经陶成章之手，转交王时泽，起码1912年尚存在王处。在《回忆秋瑾》一文中，王时泽也曾提及：1912年，"我除主持建祠（引者按：指秋女烈士祠）事宜外，并将辛亥前陶成章在东京交给我保存的烈士诗文稿（我当时又寄回长沙，交先母保管）编为一集，以'长沙秋瑾烈士纪念委员会'名义出版，题名为《秋女烈士遗稿》"[2]。由此可以推断，无论龚本还是长沙本，王时泽都是以秋瑾手抄本作为校勘依据。而此稿本后来的归宿，王未明言，或许如同他"昔年曾多方搜集"的秋瑾遗

1　王时泽：《〈秋女烈士遗稿〉跋》，《湖南历史资料》1980年第一辑第224页。
2　王时泽：《回忆秋瑾》，《文史资料》第二辑第42页。

作，"连同吴芝瑛等所作传记、墓志等集成厚册，因'九·一八'之变，遗在哈尔滨，未能携出"[1]一样，也因此遗失了。

应该庆幸的是，虽然秋瑾手稿失落了，但最初行世的三种秋瑾诗词集均曾以其抄本作校勘，因而最大限度地保留了秋瑾自编文本的各种信息，理应格外珍视。而三个印本的递嬗传衍，不仅展示了秋瑾感人的精神魅力，也见证了时代思潮的演进，为无政府主义、民族革命与共和话语留下了历史的片影。

2014年3月30日于京西圆明园花园

（初刊《中国文化研究》2014年夏之卷）

1　王时泽：《〈秋女烈士遗稿〉跋》，《湖南历史资料》1980年第一辑第224页。

二十世纪秋瑾文学形象的演化

秋瑾无疑是二十世纪中国最知名的女性。自其1907年7月15日（阴历六月六日）在绍兴就义后，近百年来，女界中为世人普遍熟悉与持久关注的，秋瑾是唯一一人，真正当得起俗话所谓"活在人们心中"。在不断编辑与重印的作品[1]之外，关于秋瑾的讨论与叙述也一直不曾消歇。从遇害当年的报道与评论，到各种文学体裁的轮番演绎与改编，以及层出不穷的研究论著的考辨与剖析，使得有关秋瑾的每一细节几乎都被在放大镜下仔细观照过。因此，对秋瑾的言说本身已积淀了丰富的历史内涵，足以映现出二十世纪中国社会思潮的更迭与演进态势。考虑到解读中的重构比资料考据与生平记述更能体现时代印迹，故本文拟以学界的秋瑾论说

1　秋瑾著作已知的重要刊本有：《秋瑾诗词》，何震编辑，王芷馥出资，1907年刊行于日本；《秋女士遗稿》，龚宝铨编，1910年刊于日本；《秋女烈士遗稿》，王时泽编，秋女烈士追悼会筹备处1912年印行于长沙；《秋女侠诗文稿汇编》，秋社编，1913年出版于杭州；《秋瑾女士遗集》，王绍基编，上海明日书店，1929年；《秋瑾女侠遗集》，王灿芝编，上海中华书局，1929年；《秋瑾史迹》，中华书局上海编辑所编辑、出版，1958年；《秋瑾集》，中华书局上海编辑所编辑、出版，1960年；《秋瑾先烈文集》，中国国民党中央委员会党史委员会编辑、出版，1982年印行于台北。其中多种均有重刊、增订本。

为背景，而将重心置于文学作品中秋瑾形象的随时变异，借以透视隐含其间的百年政治风云与学术潮流。不过，由于1949年以后，港台与大陆环境的差异，其间的复杂分歧实非一篇论文所能展开论述。故本文之取材范围不但局限于大陆，甚至为了应对越出越多的"秋瑾文学"，也只能采取前详后略、后半以点带面的论说方式。这是需要预先说明的。

一　晚清报刊中的秋瑾冤狱

秋瑾因策划武装起义而被捕、遇难，实践了其生前"即不获成功而死，亦吾所不悔也"的诺言，并以自己的鲜血，洗雪了女子未闻有"死于谋光复者"的羞耻[1]，可说是杀身成仁、舍生取义。而其参与革命的事实，在当年也算是证据确凿，有《浙江办理女匪秋瑾全案》及《影印秋瑾各种亲笔字据》行世，尽可显明。不过，这只是以今人的眼光回望历史；时当晚清，占据舆论界主流的声音，却以秋瑾的被杀为十足的冤狱。

秋瑾死难三日后，《申报》已在"紧要新闻"栏报道秋氏"近被人指为徐锡麟党羽，遂被拿获，立予斩决"的消息。值得注意的是，其中特别提及秋瑾的身份为"绍兴明道女学堂教习"，"曾至日本游学"；并强调此案对教育界的影响，"学界中人则皆纷纷作鸟兽散"[2]。次日，《时报》发表包天笑执笔的《时评》，最早以社

1　悲生（王时泽）《秋瑾传》引录，《天义》第5卷，1907年9月。
2　《查封徐锡麟家产学堂之骚扰》，《申报》1907年7月18日。

评的形式对秋瑾之死提出质疑。而这篇以嬉笑怒骂的笔调写作的杂文最引人注目处，则在对处决秋瑾的残暴官吏施以猛烈的抨击[1]。21日，该报又以"来稿"的名目，刊出秋氏结拜盟姊吴芝瑛所撰《秋女士传》[2]，末段"论曰"已倡言：

> 女士生平好负气，今之死非其罪。纵官吏横暴，不至若是酷。是必有挟私愤而陷害之者，假手于乱党，以为献媚长官之计，而其咎不尽在官吏也。

虽仍为地方官留地步，但指出秋瑾"死非其罪"，则为冤案无疑。

此后，自上海发端，为秋瑾呼冤之声波及南北各地。7月22日，距秋瑾的遇难不过一周，上海的《同文沪报》已以肯定的口气说道："秋瑾之被诛，中外人士无论识与不识，人咸冤之。"[3]第二天的《申报》"论说"栏发表的社论，则径以《论绍兴冤狱》名篇。即使革命党人主持的《神州日报》，在秋案的定性上也使用了几乎同样的措辞："秋瑾之冤死，已半月矣，凡识与不识，莫不为之称冤。"[4]

1　笑《时评》中云："呜呼秋瑾，汝果为革命党员耶？宁谓我中国女界，果有如俄之苏菲亚，法之罗兰夫人其人耶？果尔则汝大乃愚。汝不闻徐锡麟之剖腹剖心乎？汝曷不薰香闲坐，于庸庸脂粉中求生活乎？否则汝亦当勉为贤母，他日为八座太夫人者，可以从容儿辈操刃以恣戮民间女子，不犹愈于今日上此断头台耶？"（《时报》1907年7月19日）

2　《时报》1907年7月21日刊出时未署名。

3　《论秋瑾女士死事》，《同文沪报》1907年7月22日。

4　观复：《论浙抚电奏之荒谬》，《神州日报》1907年7月31日；录自毕志杜编《徐锡麟》第143页，上海：新小说社，1907年。

　　而对于冤狱最主要的判定根据是，秋瑾所言"革命"的性质。这在新闻报道中率先做了辨正。7月21日，与吴芝瑛的《秋女士传》同时在《时报》刊出的《记大通学堂秋瑾被杀事》引录访函云：

　　此次秋瑾始终无口供。山阴县令问：女子何以要讲革命？秋瑾答：是男女平权的革命，非政治的革命。

此说在各报广为传播，并编入当年出版的辑录徐锡麟与秋瑾案件资料的《徐锡麟》一书。其关于审讯秋瑾的情节，因汇集各报所载，已更为丰富：

　　绍兴府又问：尔夫何在？答以与夫早已离婚，音耗不通，死亡莫卜。绍兴府又问：尔有后夫否？答以既乏前夫，焉有后夫？绍兴府又问：尔作诗，无非悖谬之词。答以讥时讽世，乃文人之习气，正不独我一人。绍兴府又责供出同党，不供则用天平架重刑。答以并无同党，将焉供之？后发至山阴县复讯，赐之坐则坐，赐之食则不食。山阴县问：尔女子，何以要讲革命？答以我是男女革命，不是种族革命。山阴县命将平日所作所为，用笔写出。秋初写英文数字，该令不解，强写本国字，则只写一个"秋"字。再强之多写，则写"秋雨秋风愁煞人"七字。从此无论如何，再不肯写矣。始终并无确供。[1]

---

1 《秋瑾之波累》，毕志杜编：《徐锡麟》第109—110页。

于是，7月22日，《申报》在"论说"位置，发表秋瑾的《敬告姊妹行》一文以"代论"，编者按开篇即言："秋瑾女士以徐锡麟案株连，被杀于轩亭市口，论者冤之。""冤之"的原因，在编者眼中也直接指向对秋瑾"革命"的曲解："女士之所谓'革命'者"，乃是"提倡女学，以图女子之独立"，"岂同一二浮躁之留学生无意识无识力，徒嚣嚣然附和众口，亦自称'革命'以取祸者哉！今乃以种族革命见杀，论者所以冤之也"。[1]在当时的报界，《申报》因其无党派立场，故言说最具代表性。

好像是为了证实上说，7月24日，《新闻报》刊出吴芝瑛的《纪秋女士遗事》，作者也以秋瑾生平知交的资格，特意记其言曰：

> 女士平时持论，谓"女子当有学问，求自立，不当事事仰给男子。今新少年动日'革命、革命'，吾谓革命当自家庭始，所谓男女平权是也"。

并记吴氏的反应："余时时戒之，谓'妹言骇人听闻，宜慎之'。"似乎吴芝瑛早已预见到，即使"家庭革命"的提法，亦不见容于晚清社会。而秋瑾的回答则是："姊勿怪，吾所持宗旨如此。异日女学大兴，必能达吾目的，其在数十年后乎？然不有倡之，谁与赓续也？"其毅然以实现"男女平权"的"家庭革命"自任，敢为天下先，在此已明白道出。为了强调其"革命"在此不在彼，吴芝瑛于后文又借秋瑾以日本刀随身自卫而戏言："倘遇关吏诘问，

---

1 《秋瑾之演说》，《申报》1907年7月22日。

得毋疑妹为女革命党乎?"秋瑾再次回答说:"革命党与革命不同。姊固知吾非新少年之革命者。"吴氏一再假秋瑾之口,将秋之"革命"与新少年之"革命"相区别,即是刻意在秋瑾的"家庭革命"与革命党的"种族革命"之间划清界限。而文中所感慨的"曾几何时,而昔日戏言,不知其遂成谶语也,悲夫!",更是为了确证秋瑾之被杀纯为冤案,乃当道"罗织成此莫须有之狱,诬以种种之罪状"[1]的结果。

其时,各报对于秋瑾的定位,基本为女界先觉与爱国女杰。前者除对秋之提倡"家庭革命"(或"男女革命")容有非议外,对其以女教员之身而见杀,关系到女学前途一节,几乎可说是众口一词。《同文沪报》为此专门发表了《论禁办女学》一文,对秋瑾因"革命"之罪冤死,清政府迁怒于女学而有禁办之议表示愤慨。论者既嘲之为"因噎以废食,不其慎欤",更虑及其为害深远,故有"吾不暇为女界哀,吾窃为中国哀也"之痛言[2]。

其间言说最沉痛者,当数署名"留东女史"的留日女学生,以其身在女学界,而有物伤其类的特别关切:

　　然他事吾不论,而与吾辈最有切肤之关系者,则莫若秋瑾之死是也。何则?秋瑾一女子,吾辈亦女子也;秋瑾以

1　吴芝瑛:《纪秋女士遗事》,《新闻报》1907年7月24日。

2　《论禁办女学》,《同文沪报》1907年8月25日。其言杀秋与禁学之关系曰:"自秋瑾以冤死,贵守以'革命'两字坐实其罪。政府以秋一女子也,乃亦居然具革命思想,是凡为女子者,或亦如秋之所为。若不先事而预为之防,则男界已不可堪,而女界复从而附和,一朝举发,尚可问耶?于是有禁办女学之议。"

女子而为学界之开通人，吾辈留学而亦以开通自励者。今日可以疑似之罪杀秋瑾，则他日即可以疑似之罪杀吾辈。杀一秋瑾，则可谓杀吾辈之原；杀一秋瑾，更可谓杀尽中国女界之兆。

之所以下此严重断语，在作者却并非有意危言耸听，而仍与秋瑾之遭诬陷而死相关联：

盖吾辈之所欲使吾国女界日近于开明者，舍办学堂，固无下手地步。然吾辈近日所持之主义，所演之论说，在开明者固以为理之当然，而在迂拘不通者，且必以为背理伤伦之事。而告讦诬罪之行为，势必纷至而沓来。而我辈之欲以立于中国之女界者，又必步秋瑾之后尘也明矣。[1]

何况，女子社会化教育得到清廷学部的承认尚不足半年，《女子小学堂章程》与《女子师范学堂章程》于1907年3月始颁发，女学界有此忧惧，正在情理之中。

而秋瑾遇难后，各报陆续刊发的秋瑾诗文以及知情者提供的生平行事，则合力塑造出一位怀抱爱国热肠的杰出女性形象。以《申报》为例：7月22日发表秋之演说《敬告姊妹行》[2]，开篇即说，"我虽是个没有大学问的人，却是个最热心去爱国爱同胞的人"；

---

1 留东女史：《对于秋瑾被杀之意见书》，《时报》1907年9月1日。
2 原刊《中国女报》第1号，1907年1月，题为《敬告姊妹们》。

文前的"编者按"绍介其人，也突出秋瑾"及长，痛心国难，每于新报新书中，见外侮浸迫则横涕不可仰，大有'四十万人齐解甲，并无一个是男儿'之感"。次日，既以"女界流血者秋瑾"之题影印了秋瑾穿和服持刀像，又刊登了《秋瑾女士遗诗六首》，无一不是忧心国事、慷慨悲歌之作。其诗句"国破方知人种贱，义高不碍客囊贫。经营恨未酬同志，把剑悲歌涕泪横"；"祖国河山频入梦，中原名士孰挥戈？雄心壮志销难尽，惹得旁人笑热魔"[1]，都足与《申报》按语相映发，其所彰显的诗人热切的救国情怀，确实感人至深。而这样一位壮怀激烈的女志士竟然惨遭杀害，其死必为冤案，在编者与读者心中便成为确定无疑的共同结论。

二　晚清：家庭革命的鼻祖

经由报界先入为主的大量铺垫，随之出现的诗文及说唱、戏曲等作品，于是也将为秋瑾鸣冤伸屈作为主题。虽然其中不乏明知秋瑾革命党身份及起义计划者，但限于国内现实的政治环境，只有借认定"冤狱"，方可造成抗议当局的声浪，也是不言自明的道理。而此一用心，因契合时人对秋瑾形象的认知，故能泯灭痕迹，融入指控官吏残暴、滥杀无辜的舆论中，以暗达目的。

与秋瑾最后两年交往密切的徐自华、蕴华姊妹，应该了解秋之革命情怀，但其发表于上海报章上的祭吊诗作，无一例外，均以冤杀为定论：

1　鉴湖女侠：《感愤》、《感时》其一，初刊《中国女报》第2号，1907年2月。

大吏尊严民命残［贱］，无端流血到城［蛾］眉。

革命军张何实据，断头台上痛含冤。[1]

出于对秋瑾含冤而死的认定，"六月飞霜"这一形容冤狱的词语于
是大量出现在当年的悼秋诗文中。如徐自华之"畏见骄阳六月时，
霜刀雪剑殒琼枝"，吼生之"霜飞六月人何处，痛杀新亭覆酒杯"[2]
等。而此"六月霜"之典，原出"邹衍无罪，见拘于燕，当夏五
月，仰天而叹，天为陨霜"（王充《论衡·感虚》），故当时的祭文
中，也有"望到断头台上，冤飞五月之霜"[3]的语句。而为对应秋瑾
之阴历六月被害，自以"六月霜"更为贴切。众多哀悼秋瑾诗文
之作既在上海各报逐日刊载，其中频繁出现的感天动地"六月飞
霜"意象，因此也深入人心。

　　一般说来，诗文形式灵便，在反映时事上往往捷足先登；不
过，若要真正形成一种文学热潮，在晚清仍有赖于叙事类作品的
出场。"秋瑾文学"便是最好的例证。这一回，韵文体的说唱文
学最早跟进，且是在秋瑾罹难后不过一月，远在广州的《中外小
说林》杂志即刊出了由主编黄伯耀撰写的龙舟歌《秋女士泉台诉
恨》。随后，王钟麒的奇情小说《轩亭复活记》与时事新剧《娲皇

1　分见寄尘（徐自华）《复浙中莲幕某公书》（附录四绝）其四、曾立雪人（徐蕴华）
　　《吊璇卿先生》其一，《时报》1907年8月5、21日。前者录入毕志杜编的《徐锡麟》
　　一书时，题为《有感四绝》，据以改正《时报》句。
2　尘襄寄客（徐自华）:《哭鉴湖》，《时报》1907年8月21日；吼生（吴崑?）:《吊秋女
　　士》其二，原刊1907年8月14日《神州日报》，录自毕志杜编《徐锡麟》第219页。
3　嗣荀:《拟祭秋瑾女士文》，《同文沪报》"消闲录"，1907年8月15日。

魄》[1]先后在上海的《神州日报》发表。署名"嬴宗季女"所作传奇《六月霜》也在当年10月面世。"萧山湘灵子"韩茂棠[2]编撰的《轩亭冤传奇》虽然1908年方连载于《国魂丛编》，完稿时间却在前一年的阴历九月九日[3]，距秋瑾被杀也只三个月。在此期间写作的直接取材于秋瑾事迹的戏曲作品，尚有刊载于《小说林》上的两部未完之作，即《轩亭秋杂剧》（吴梅撰）与《轩亭血传奇》（啸庐著）。编入《中国最后侦探小说三大案》的哀民所撰《轩亭恨》，出版于1908年。本年7月，王钟声编排的新剧《女侠秋瑾》也预订在杭州天仙茶园上演，因事先宣传，惊动官府而被查禁[4]。转年，又有蒋景缄作传奇《侠女魂》，所谱清季八女侠中，"鉴湖女侠"秋瑾也列名其中[5]。直到1911年5月，仍有许俊铨以"静观子"笔名出版了"女界小说"《六月霜》[6]。以上概述已剔除了牵连秋瑾而非以为主角之作。由此可见，自秋瑾被难至民国成立，晚清传写秋瑾故事的文学作品几乎连年不断，堪称蔚为大观。

　　即使未见内容，仅观标题，已可窥见晚清的"秋瑾文学"系以鸣冤为主导趋向。所谓"泉台诉恨""轩亭恨"，其"恨"实同

1　无生（王钟麒）:《（奇情小说）轩亭复活记》,《神州日报》1907年9月7日—10月5日；无生:《娲皇魄》,《神州日报》同年11月16、18、21日。

2　据左鹏军《近代传奇杂剧作家作品考辨五题》（《文学遗产》2001年第1期）考证：韩茂棠，字伯谿，一作柏谿，号湘灵子，浙江萧山人。

3　《轩亭冤传奇》末附作者诗《丁未九月九日〈轩亭冤传奇〉告成因题七绝八首于后》。

4　见《军机档　浙江巡抚增韫奏折副 168495》,郭长海、秋经武主编:《秋瑾研究资料·文献集》上册第262页，银川：宁夏人民出版社，2007年。

5　蒋景缄:《（传奇小说）侠女魂·兵解》,《扬子江小说报》第4期，1909年8月。

6　据郭长海、李亚彬考证，"静观子，原名许俊铨，字金门，安徽歙县人"（郭长海、李亚彬编著:《秋瑾事迹研究》第317页，长春：东北师范大学出版社，1987年）。

于"轩亭冤"之"冤"。黄伯耀用广东流行的民间说唱形式龙舟歌，假秋瑾之口演述其生平，开篇即道："魂不散，饮恨泉台，回首当年事实可哀。"在简短追溯家世、婚姻与留学经历后，《秋女士泉台诉恨》的倾诉重点，实为秋氏自述其受徐锡麟刺杀安徽巡抚恩铭案株连被害的悲怨。以此，在控诉官吏"草菅人命，总当儿嬉""绝无证据，要我命丧黄泉"的同时，女主角也反复自悲自叹："亏我弱质无辜，葬夜台。心又想，更含悲，问天何事生我呢个薄命蛾眉？"作者虽也表述了身为女杰的秋瑾之豪侠气概，"平日立论惊人，多慷慨"，"自少生成狂达气，歌成宝剑，远近皆知"；但"诉恨"的基调既已确定，秋瑾之为任人宰杀的弱女子形象便深植于读者心中。以至因感叹"自古道红颜弱质难为厉，生杀由人任佢所欺"，作者竟代秋瑾道出了转世不再为女子的"心愿"，全篇即以"待等来生共去做个侠烈男儿"[1]作结。

在黄伯耀看来，秋瑾因死得"不明不白"，未能如其所愿，"作个女界须眉""成名烈女"[2]，这一点，在其他作者中却未必能获得共鸣。如仅存"楔子"的《轩亭秋杂剧》，述学成归国的秋瑾与留日同学壮别，曲辞已吐露了其忧心国事的志士胸怀；"楔子"之外，又保留了第一出"侠泪"的《轩亭血传奇》，也着力塑造了献身国家独立、女性解放的秋瑾形象，为女主角引为同调的"中外女豪杰"，因此是"沼吴霸越"的西施、"手刃闯贼不果"的费宫娥，以及法国大革命中刺杀马拉的沙鲁士·格儿垤（今译夏洛特·科尔苔，Charlotte Corday）与被山岳党人送上断头台的罗兰

1　耀：《秋女士泉台诉恨》，《中外小说林》第6期，1907年8月。

2　同上。

图2-19　《轩亭冤传奇》(《女报》1909年9月临时增刊《越恨》)

夫人。只是，尽管起首豪壮，《轩亭秋》下文之叙秋瑾"罹党锢之祸"的提示，《轩亭血》"楔子"之末句"舞台新，冤血痛"[1]的伏笔，均指向悲剧结局，这是不见全本也可预知的。

　　更有王钟麒的《娲皇魄》与蒋景缄的《侠女魂》谱写秋瑾之《兵解》一出，直接以秋瑾的问斩展开剧情。从二作的题名，已可见两位作者心目中的秋瑾之为志在补天的女娲与热心救民的侠女。并且，王作中秋瑾的关切国家命运，原与先前所撰小说《轩亭复

---

[1]　长洲灵鹣（吴梅）:《轩亭秋杂剧》"洒蛮楼评"，《小说林》第6期，1907年11月；啸庐:《轩亭血传奇》，《小说林》第12期，1908年10月。

活记》中重生后又往日本留学的秋瑾（再生后改名"夏瑜"）一脉相承，尤显志士情怀。无独有偶，两个剧本中秋瑾均有痛骂案官的情节，不过，其前提也很一致，都指向官吏以杀革命党为升官发财之捷径。于是，哀声呼叫着"苦呀！苦呀！"上场，自诉"以余区区一弱女，却诬为当世大革命家"的秋瑾，尽管也有"为国捐躯"[1]的豪言壮语，但其形象与旧戏舞台上含冤受屈的薄命女子，区别也就有限。

　　其实，论及晚清"秋瑾文学"的代表作，《轩亭冤传奇》与两部《六月霜》应得入围。且不说三部作品分量够重，即便其所取题目，已足以涵盖这一时期同类题材的共同倾向。所谓"六月霜"，邹衍的含冤固为一解；但在晚清作者用此典故以叙写秋瑾故事时，心目中实已加入了由关汉卿剧作《感天动地窦娥冤》所衍生的意象。被横暴不法的官吏处以斩刑的弱女子窦娥，因无辜罹难怨气冲天，使得"雪飞六月，亢旱三年"，冤情尽显。故而，小说《六月霜》征引"古书上说的'邹衍下狱，六月飞霜'，'齐妇含冤，三年不雨'"，本一一对应于《窦娥冤》剧情；此处却是用来解释"如今秋女士好好的一个热心办学的女子，忽被那一班官吏劣绅，乌遭遭的不问情由害杀了，难道不乖天理的么"[2]。

　　自然，在此一并提及的三部作品，因创作时间先后、作者与秋瑾的关系以及可能存在的写作者性别的差异，在具体情节的处

<hr>

1　无生：《娲皇魄》，《神州日报》1907年11月16、21日；蒋景缄：《（传奇小说）侠女魂·兵解》，《扬子江小说报》第4期。

2　静观子：《六月霜》第六回，上海：改良小说社，1911年；录自《中国近代小说大系》（仇史、狮子吼、如此京华等）第148—149页，南昌：百花洲文艺出版社，1991年。

图2-20　《六月霜传奇》（改良小说会社，1907年）书影

理上会有出入。如湘灵子与嬴宗季女两部传奇完成于秋瑾殉难后不久，与四年后出版的《六月霜》小说在史料的积累有多少之不同。后者述秋瑾临刑前要求"不要裸体，并不要枭示"与"通一个信到家里"，山阴县令只许可前二者，以及在西湖边安葬秋瑾时，一位中年师太愿献庵中空地筑坟，后又有御史奏平秋墓，便都是依据1908年见报的吴芝瑛信札以及关于葬秋风波的新闻报道[1]

1　参见静观子《六月霜》第六、十二回，以及笔者《晚清人眼中的秋瑾之死》，《学人》第十辑第449—452页，南京：江苏文艺出版社，2001年。《大悲庵女尼慧珠致吴芝英书》刊于1908年2月6日《时报》；次日，同报发表吴芝瑛《答某女士书》，详述得自绍兴的秋瑾遇难"当时确情"。

图2-21　《绘图六月霜》（改良小说社，1911年）书影

而成，故为前二作所未及。

　　《六月霜》小说的作者与秋瑾并无交往[1]，其所撰情节，大抵均以当时报刊中可以见到的材料为据。谱写《轩亭冤》的韩茂棠虽未透露同秋瑾是否相识，但卷首《叙事》中，提及秋"与同里徐、沈、陈三女士为莫逆交"[2]，以及戏中秋瑾丈夫王廷钧之名的出现，

1　《六月霜》第一回中提及，"就是作者，虽没有见过他一面，但不过平日间，略略　　听得些他的学问，同他办事的热心罢了"，见《中国近代小说大系》（仇史、狮子　　吼、如此京华等）第118页。

2　萧山湘灵子：《（中华第一女杰）轩亭冤》卷首《叙事》，录自阿英编《晚清文学丛　　钞（传奇杂剧卷）》上册第108页，北京：中华书局，1962年。

似乎显示其人对秋之身世颇为熟悉。至于嬴宗季女的真名实姓，已有学者发现一则《神州日报》广告："《六月霜传奇》，刘家小妹嬴宗季女新撰。幼同里，长同学，稔其生平最悉。"[1]似为三位作者中唯一的女性、且与秋瑾关系密切之人。其自述编撰缘起，亦称："会坊贾以采撷秋事演为传奇请，仆以同乡同志之感情，固有不能恝然者。"[2]然"仆"之谦称一般非女子所用，且细按本文，也未见溢出其时报章所提供的内容，故作者真实身份仍有可疑。

而从作者的性别角色着眼，已有论者将嬴宗季女所作《六月霜》"与晚清男性所描写之秋瑾传奇杂剧相较"，认为，"《六月霜》写的不止是爱国女英雄的表面功业、才智超群，也写到了她的委曲心事、婚姻挫败；写的不只是如《轩亭冤》或《秋海棠》剧中男性作者自身政治思想的投射，而是有真实血肉，从家的枷锁中自我解放的女性"；"嬴宗季女想借书写秋瑾其人其事，来针砭苟且偷生之国人，尤其是男性，而湘灵子则言：他谱写传奇，目的是'激励二百兆柔弱女同胞'"[3]。此一关于秋瑾女性主体性的分析自有道理。不过，笔者既于《六月霜》的作者身份存疑，又希望借文学重构观照其时国人眼中的秋瑾形象，故更愿意求同存异，在意整体而省略局部。

与晚清时论一致，当年的"秋瑾文学"对于秋氏"革命"内

1 《刘家三妹新撰〈六月霜传奇〉》，原刊1907年11月11日《神州日报》，录自郭长海、李亚彬编著《秋瑾事迹研究》第317—318页。广告标题见同书409页。

2 古越嬴宗季女：《六月霜传奇》自序，《六月霜传奇》题词第1页，上海：改良小说会社，1907年。

3 华玮：《世变中的女声——传奇〈六月霜〉之秋瑾形象及其意涵》，胡晓真主编：《世变与维新》第495—496页，台北："中研院"中国文哲研究所筹备处，2001年。

涵的解读，也不出"男女平权"与"家庭革命"。《轩亭冤》第七出《喋血》叙秋瑾在刑讯及问斩时，一再哭骂："苦呀！苦呀！你这糊涂狗官，听信挟嫌诬告，竟把侬认作革命党么？你是个满人，难道怕侬革你的命不成？"已在极力否认其行事与政治革命有关。传奇《六月霜》也安排秋瑾对吴芝瑛表白："男女革命与政治革命，宗旨则一，办法各异，姊固知吾非新少年之侈谈革命者流也。"第十二出《对簿》更是直接依据报纸所载，让秋瑾回答绍兴知府"革命"之问："余所主者，乃男女平权之革命，而非政治种族之革命。"[1]即使出版于辛亥革命爆发之年的同名小说，作者既未预料到半年后清朝的迅速覆亡，其立场也更接近改良而不是革命，故从始至终，都在努力为秋瑾分剖。

　　小说第二回，秋瑾初次登场，以托梦的形式与吴芝瑛（书中名"越兰石"）相会。其交代盟姊的后事，只在"须念我当初和姊姊结交一场，为我将这家庭革命和种族革命的两层道理辩白辩白"。第五回述秋瑾办女报，目的也不脱"得使我平日所主张的男女平权、家庭革命的宗旨"，"借此可以发挥出来"，以惊醒女同胞。第十回写秋瑾留学日本时，对徐锡麟表白心志，亦自言："我的宗旨阿，就是'男女平权，家庭革命'这八个字。"如此，其庭审时关于"革命"的答话也就可想而知了。在总共十二回的小说里，倒有七八处直接假秋瑾之口，反复申明其所致力者乃是"家庭革命"，以此证成秋瑾因"种族革命"的罪名被杀实为冤案，作

1　《轩亭冤》第七出《喋血》，阿英编：《晚清文学丛钞（传奇杂剧卷）》上册第137页；古越赢宗季女：《六月霜》第八出《鸣剑》、第十二出《对簿》，《六月霜传奇》第27、41页。

者确可谓用心良苦。

为此，小说甚至一再让秋瑾现身说法，分辨其与革命党的区别：

> 我脑筋里虽也有个革命宗旨，但是我的家庭革命，和他
> 们的种族革命、政治革命是冰炭不相投的。我在东洋，见了
> 那些革命党里的人物，理都不大去理他们的。因为他们这班
> 人，都是些能说不能行的，竟有几个连"革命"二字也解不
> 清楚，种族的分合是更不懂得，不过随潮附流混个热闹罢
> 了。（第十一回）

而这些革命党，也即是在小说第二回秋瑾表示"痛恨"的"那些
留学东洋的新少年"。她斥责其人"胸中全无爱国的思想，动不
动就侈言革命，他那里晓得什么种族不种族，不过学着些些皮毛，
就要高谈阔论起来，逞了少年血性，不知轻重，只管同儿戏一般
的胡闹"，结果白白送掉性命，并不能"换得一件半件好的政事出
来"[1]。这一篇话并不能算作者编造，实则在吴芝瑛的《纪秋女士遗
事》中，我们已读到过类似的意思。即使小说所用往复申言的形
式，也未尝不受吴文影响，而与之相近。

至于"男女平权"的"家庭革命"何以遭忌，以至小说文本内
外的吴芝瑛均为秋瑾之说惴惴不安，则应与晚清传言的秋氏婚姻状
态关系密切。挚友吴芝瑛记其事既言之含混，谓其"一日脱簪珥为

1　《六月霜》第二、五、十、十一回，《中国近代小说大系》（仇史、狮子吼、如此京
　　华等）第122、139、175、179页。

学费，别其夫，送其子若女受鞠于外家，孑身走东瀛留学"[1]；报刊记载秋瑾生平，因此也直言其夫"阘冗，不能治事，遂与离异，典钗东渡"[2]。此种说法经过前引庭讯时，秋瑾自称"与夫早已离婚"，以及所谓"供词"中自述，"妇人于光绪二十九年间与丈夫离别，出洋往日本游历"[3]，似乎更获得了确认而令人深信不疑。

于是，戏曲、小说中，在秋瑾留学一节都大做文章。最谨慎的《轩亭冤》，也设想秋与丈夫、婆婆有一番争吵；《六月霜》曲本更让其夫说出"你如必欲游学，我誓与汝离婚"[4]的话。到了小说《六月霜》，所谓"家庭革命"已落实在秋瑾的东渡留学上。作者设计了秋瑾劝夫一节，谁知其爱国热肠全然无法感动溺志花柳的丈夫，秋氏于是自思："看来欲行我的素志，必得先实行这个家庭革命。"主人公也不是毫无顾虑，当时的想法反而是："但是中国这个风气，尚没有开，若真真实行起来，恐冒了天下人的不韪。"所以"千思万想，终觉不安"。但最终，女性自立意识还是占了上风，其夫发狠丢下的一纸休书，也被秋瑾真个收下。如此，激进的诗人以秋瑾为"革命家庭第一人"的赞语，在小说中一转而为女主角的自白，"这男女平权、家庭革命的鼻祖，总不能说不是我"[5]。

可以看出，小说作者虽然尽力为秋瑾之"革命"性质分疏，但对其主张显然并不赞成。书中曾假托一位"绍兴人最敬重的"

1　《秋女士传》，《时报》1907年7月21日。发表时未署名。

2　《秋瑾之演说》，《申报》1907年7月22日。

3　《绍狱供词汇录·秋瑾女士之供词》，《申报》1907年8月13日。

4　第四出《典钗》，古越嬴宗季女：《六月霜传奇》第13—14页。

5　《六月霜》第八、九回，《中国近代小说大系》（仇史、狮子吼、如此京华等），第157—159、167页；李铎：《哭秋女士》其二，《时报》1907年8月19日。

白须老者批评秋瑾：

> 你们往日都说秋女士好，我已早早看他不是个善终的人
> 呢。你想一个女子，弄到了撇夫离家，自己便逞心适意的东
> 飘西荡，嘴里又讲些什么家庭革命、男女平权的没理信话，
> 这还算是个女子么？

问题恰恰在于，此老者并非顽固守旧一流，倒很有些维新思想，
也讲"女子自立的道理"，赞成女人"读书识字，要学些有用的女
工、美术"，"不至专靠着男人了"。但他对"女子自立"的理解，
却与秋瑾所倡言的"家庭革命"相左，"这自立的话，并不是无拘
无束，可以撇了父母丈夫的自立"，所以认为，"照秋女士的自立，
真真叫做胡言乱语"[1]。这一"秋瑾文学"中的异样声音，反倒比正
面表赞更切合其时的大众心理。试想，在自由结婚尚属异端的年
代，女子自主离婚的行为难于为时人认可也在意料中。此前两年，
即1909年，由同一家书局出版的另一部"女界小说"《中国之女铜
像》，即径直把秋瑾"毅然决然的与丈夫离异"，视为"大背名教，
不可为训，野蛮自由的事情"[2]，此言也正可作为绍兴老者评论的
注脚。

　　不过，透过这番议论，读者体认到的秋瑾仍是一位女界先觉
的形象，且因其热肠，而言行更显急切。这在两部传奇中已有充

1　《六月霜》第七回，《中国近代小说大系》(仇史、狮子吼、如此京华等)第151—
　　152页。
2　南武静观自得斋主人：《中国之女铜像》第十六回，上海：改良小说社，1909年。

分表现。《轩亭冤》作者于卷首的《叙事》中，便明确以"中国规复女权第一女豪杰"定义秋瑾。第一出，秋瑾所引"西人云：女学不兴，种族不强；女权不振，国势必弱"[1]，也成为统贯全剧的主旨。以下的开会演说放足，游学增长见识，办报鼓吹平权，以及在绍兴创办体育会，应聘明道女学堂任教习，可谓集当时女界先进所行之事于一身，也都是循着上述题旨展开。被论者断为"更具有女性主体性"[2]的《六月霜》，在揭示秋瑾这位先驱人物的女性意识时，自然更见功力。曲本第一出，即由自愿下凡、舍身救众的秋瑾之前身芙蓉仙子道出其伟岸志向："占一席、廿世纪、开幕才，做一尊、女学界、救世主。"最末一出，追悼者再次首肯秋瑾为"女界开幕第一人"，这正是戏曲为秋瑾所规定的角色。而为争取女子自立，势必要与男权发生冲突，此剧也让秋瑾自抒怀抱："俺秋竞雄。愤男儿之专制，欲抑男权；痛女界之昏蒙，思兴女报。"[3]无论作者的性别归属如何，戏中秋瑾的思考确乎更多集注于"男女平权"与"家庭革命"。

　　不过，在秋瑾生活的晚清，国家存亡始终是整个中华民族最关切的第一等大事。因而，女性的自立与解放也无法自外于国家的自强与民族的复兴。不仅有激进的男子从救国的目的出发，倡导"女权革命"，申论"女子者，国民之母也。欲新中国，必新女

1　湘灵子：《轩亭冤传奇》之《叙事》、第一出《赏花》，阿英编：《晚清文学丛钞（传奇杂剧卷）》上册第108、111页。

2　华玮：《世变中的女声——传奇〈六月霜〉之秋瑾形象及其意涵》，胡晓真主编：《世变与维新》第481页。

3　第一出《蓉谪》、第十四出《追悼》、第九出《凤仪》，古越嬴宗季女：《六月霜传奇》第5、47、30页。

子；欲强中国，必强女子；欲文明中国，必先文明我女子；欲普救中国，必先普救我女子，无可疑也"[1]，也有不少先进女性返躬自省，检讨"中国之衰弱女子不得辞其罪"，而号召女同胞学习西方妇女，"有独立之精神，无服从之性质，为国舍身，为民流血"[2]。此种意识落实在以"民族革命"为救国必由之路的秋瑾身上，便体现为"扫尽胡氛安社稷"与"由来男女要平权"的合于一手，这也是秋瑾影写自家心事的弹词《精卫石》赋予被遣下凡的男仙女仙们的两大任务[3]，其为秋氏自认之责任亦无可疑。

由此，有意忽略其反清革命思想的时人在阅读《轩亭冤》时，也会首先认可曲本中的秋瑾为"爱国之女豪"，并以此为作者传写其事迹的第一着眼点[4]。虽然韩茂棠错会了秋瑾的政治立场，将"但有鼓吹立宪的手段，只管前来"当作秋氏创建青年同志会的宗旨；但其揭出，在秋瑾的放足、留学、立会、出报、办学等一切活动的后面，均包含着救国救民的意图，却仍可说是得其精神。此即最后一出《哭墓》中秋之同志吴竞雄所总结的："唱爱国之歌，情殷独立；撰合群之论，心醉自由。这就是女士的志愿呢。"[5]即便更

1　金一：《〈女子世界〉发刊词》，《女子世界》第1期，1904年1月。

2　胡彬：《论中国之衰弱女子不得辞其罪》，《江苏》第3期，1903年6月。引者按：作者应为胡彬夏。

3　汉侠女儿（秋瑾）：《精卫石》第一回，《秋瑾史迹》第51页，北京：中华书局，1958年。

4　蠡城剑侠：《书后》，《轩亭冤》，录自阿英编《晚清文学丛钞（传奇杂剧卷）》上册第143页。其文云："秋瑾奚为而传哉？秋瑾为爱国之女豪，不可不传也。秋瑾为独立之女豪，不可不传也。秋瑾为划除奴性之女豪，不可不传也。秋瑾为主张平权之女豪，不可不传也。"

5　《轩亭冤》第五出《创会》、第八出《哭墓》，阿英编：《晚清文学丛钞（传奇杂剧卷）》上册第124、141页。

凸现秋瑾的女性关怀的传奇《六月霜》，自动下凡的芙蓉仙子吐露心曲，也声明："想小仙此行啊，纤纤素手，志扶半壁之河山；磊磊丹心，誓洗六朝之金粉。"[1]同样是把拯救祖国放在女性自救之前，与秋瑾《精卫石》中排列的顺序正相同。

很清楚，以上所讨论的晚清的"秋瑾文学"，更多是报刊文字的及时反映。其间虽有作者政治、性别倾向之细微不同，然而，作为一名爱国爱民的女界先进，秋瑾"革命"的内涵并未越出"男女平权"与"家庭革命"，则为诸多作者努力营造的共同影像。如此理解秋瑾自然有很大的偏差，却带有这个时代的印记。其实，就秋氏本人的精神历程而言，"男女平权"最多只可用来概括其赴日之前的思想高度。至于"家庭革命"，在当时，虽有《女子世界》杂志的主编丁初我倡言于前，谓之：

> 欲造国，先造家；欲生国民，先生女子。政治之革命，以争国民全体之自由；家庭之革命，以争国民个人之自由，其目的同。

并断言："论男女革命之重轻，则女子实急于男子万倍。"[2]此语对秋瑾应有相当影响[3]。不过，将其真正付诸实行，一如秋瑾之毅然"踏破范围去"，"万里快乘风"[4]，在当年确需要非同寻常的胆识。

1　第一出《蓉谪》，古越赢宗季女：《六月霜传奇》第2页。

2　初我：《女子家庭革命说》，《女子世界》第4期，1904年4月。

3　秋瑾曾在《女子世界》发表过《致湖南第一女学堂书》（1905年第2年第1期）、《致志群书》（1907年7月第2年第6期）等，故应阅读过此杂志。

4　汉侠女儿：《精卫石》第六回，《秋瑾史迹》第161页。

就此意义而言，晚清文学极力张扬秋瑾的"家庭革命"，亦属大有见地。

三　民初：从女学先进到革命先烈

秋瑾在晚清文学中的悲剧主人公之定格，本有时代的错置。因此，进入民国时期，其形象之改变亦在情理中。具体说来，1911年10月辛亥革命的发生，实为重新叙写秋瑾带来了转机。

此一关联在吴芝瑛当年12月23日写作的《〈秋瑾遗著〉序》中已说得十分明白：

> 呜呼！秋瑾之殁，于今五年矣。今武汉起义，天下豪俊之士，云合景从，讨伐其君。……秋瑾不幸赍志以死，不及于身亲见之；庶获有偿遗志之一日，于秋瑾亦复何悲！[1]

作为盟姐，吴芝瑛既在1907年秋瑾遇难六日后，即率先发表悼念之文《秋女士传》；武昌起义的枪声响起不过两月，她又在《民国报》发表了新撰写的《祭秋瑾女士文》[2]。此文的基调与1907年8月刊出的祭文明显不同，以"乌呼！君之死，天下冤之，莫不切齿痛心于官吏之残暴也"开篇的《祭秋女士瑾文》[3]，全篇贯穿了对下达

1　吴芝瑛：《〈秋瑾遗著〉序》，《民立报》1912年1月3日。
2　《秋女士传》（未署名），《时报》1907年7月21日；吴芝瑛：《祭秋瑾女士文》，《民国报》第3号，1911年12月11日。
3　吴芝瑛：《祭秋女士瑾文》，《申报》1907年8月11日。

杀人指令的浙江巡抚张曾敭的愤恨与嘲讽；而四年后的新作已更欣慰于"君志今成"，明显有告慰先烈之意。于是，先前一再叹悲诉秋冤的吴芝瑛，在民国即将成立的前夕，已敏锐地以"吾谓无哀也""革故而鼎之新，殆女子之所有事"讲论秋瑾的被难[1]。

　　无独有偶，1907年与吴芝瑛一同发起葬秋义举的徐自华，也以秋瑾挚友的身份，于1912年元旦中华民国开国之日，撰写了《西泠重兴秋社并建风雨亭启》，呼吁恢复1908年2月为纪念秋瑾而成立的秋社的活动，前提也是：

> 顷者革命功成，共和愿遂，凡诸往烈，咸与表彰。而如瑾者，俊伟激发，尤吾女界之光，可无念乎？[2]

徐自华并致电临时大总统孙中山，以此情告闻，特意强调"革命功成"，"追维义烈，则侠女秋瑾断头流血，实与有力"[3]。以此为开端，嗣后，从绍兴、杭州、上海到长沙，各地追悼纪念秋瑾的大会如风起云涌，声势浩大。与此同时，秋瑾遗骨由湖南湘潭归葬杭州西湖的行动，也在徐自华的提议下大张旗鼓地进行，并在同年10月间实现。12月9日，孙中山亦亲临西湖秋社，凭吊秋瑾，并面允担任秋社社长，且有"巾帼英雄"之题词[4]。

1　吴芝瑛：《〈秋瑾遗著〉序》。

2　徐自华：《西泠重兴秋社并建风雨亭启》，《民立报》1912年1月18日。

3　《徐女士请修复秋墓》，《申报》1912年1月12日。

4　参见郭长海、李亚彬《纪念秋瑾活动大事记》，郭长海、李亚彬编著：《秋瑾事迹研究》第339—349页；王去病、陈德和主编，晨朵编写《秋瑾年表（细编）》卷首，北京：华文出版社，1990年。

伴随着秋瑾从女界先觉到革命先烈的定位移转，敏感的文人也开始重构秋瑾的文学形象。并且，这种创作激情集中在1912至1913年间，正好和吴芝瑛、徐自华的光大其事紧密呼应。彼时的作品以戏剧为主。除了将1907年完成的《（神州第一女杰）轩亭冤传奇》更名为《（中华第一女杰）鉴湖女侠传奇》，并于1912年重新印行外，此两年间至少还有四剧面世，即童苍怀（爱楼）的《斩秋瑾》、洪炳文（棣园）的《秋海棠传奇》、自由演剧团演出的《女英雄秋瑾》与许啸天（则华）编排的《秋瑾》。前两个戏本分别刊载在1912年1月8—12日的《申报》与同年1、2月的《小说月报》第2年第11—12期，后两部新剧则先后于1912与1913年搬演。而根据瑞安务本印书局辛亥冬月版《（社会小说）秋海棠传奇》的洪氏《自序》，可知此剧原是戊申（1908年）三月的旧作[1]，其时距秋瑾遇难尚不足一年。因其在晚清不曾刊载，故本文也放在民国初年的"秋瑾文学"中一并讨论。

《秋海棠传奇》在《小说月报》刊出时，作者署名为"悲秋散人"，这在洪炳文的戏剧发表史上为仅见，说明此号乃专为秋瑾而取。戏中以"秋海棠花神"为秋瑾之化身，虽假托天界故事，却处处关合当日史事，故剧名前也特意标出"社会小说"的类别。全戏分为三出：《花泪》摹写秋瑾之爱国情怀，《花判》表现秋瑾之受审问斩，《花吊》演出同志之祭扫秋墓。末尾以"待后人谱出新

词，依托名花传女史"[1]结束全剧，可见洪氏正以此自许。由于剧本撰写于武昌举义前，因而，洪作实与清末使用化名发表的《六月霜》与《轩亭冤》两部传奇，在秋瑾的形象呈现上无大差别。

一如晚清戏曲的极力凸显秋瑾关心国事、忧心如焚，秋海棠花神一登场，所唱【临江仙】曲词也自表"爱国哀花［肠］[2]忧国泪，闺中独自酸辛，扶持祖国属何人"。只是，与《轩亭冤传奇》第一出以观赏法国自由花吐露秋瑾的"奇怀侠抱"[3]不同，洪炳文更愿意让笔下的主人公回归本国文学传统。于是，在爱国女杰秋瑾身上，我们又发现了林黛玉的影子：

> 深闺无计展眉颦，不为悲秋泪满巾［襟］。莫问断肠当日事，前生原是美人身。

自报家门时，秋氏也称说：

> 奴家神州香积国中一位秋海棠花神是也。生居香界，身属闺流。前身是思妇之泪所化，一灵不昧，结习逾深。自恨托根，已无净土。慨众芳之芜秽，热血来潮；痛时局之阽危，伤心善哭。由是终日恹恹，盈盈垂泪。近年以来，遂自号泪秋女史。

1　悲秋散人：《（社会小说）秋海棠传奇》第三出《花吊》，《小说月报》第2年第12期，1912年2月。

2　方括弧内为依据《洪炳文集》拟改或相异之字。下同。

3　湘灵子（韩茂棠）：《轩亭冤传奇》第一出《赏花》，阿英编：《晚清文学丛钞（传奇杂剧卷）》上册第111页。

尽管其泪"不因儿女之私情，实为国民之公愤"[1]而洒，可一旦与终日以泪洗面的黛玉联体，其本身所有的英风豪气不免大打折扣。

不仅此也，为了展现秋瑾的救国热肠，作者甚至让旧时戏曲中的忠烈之士一并附身，秋海棠于是竟然说出"将欲伏阙陈书"的念想，只是因"万里君门，纳牖无闻"而作罢。这一与主张民族革命的秋瑾全不搭界的虚构，表明作者对其笔底的人物实在相当隔膜。秋瑾在此剧中，因此不脱女学先进的范型。其说"吾想国民之弱，由于种族"，自然也不关乎秋瑾加入的同盟会纲领"驱除鞑虏"，反倒和"兴女学"挂起钩来：

> 欲强种族，端赖胎教。胎教一事，肇自女界。女界未经开通，文明无从输进，种族无自而强，胎教无从而讲。若推源而论，非兴女学，无从下手。

为此，秋氏才有"约定同志，办一女学，以强种为宗旨，以运动为主义"的举措。而女学堂演习兵式体操的目的也十分单纯，只在"操练肢体，活动血气"，"生下幼孩，自然强壮"[2]。也即是说，办女学，在秋瑾仍属于救国方策之一种。

如此，《花判》一出所写，必然也与晚清流行的"冤狱"之说如出一辙。秋瑾为自己辩护，还是哀叫："苦呀！吾平日言论自由是有的，不过说男女平权的话头，如何便算是叛逆？不过感慨世

1　悲秋散人：《（社会小说）秋海棠传奇》第一出《花泪》，《小说月报》第2年第11期，1912年1月。

2　同上。

事，愤激不平是有的，如何便叫做不轨？"临刑前，秋氏也如同窦娥的怨愤冲天："我只凭一腔热血从空洒，你要看六月飞霜怨［怒］气冲。"将一位"爱国忧时""以身许国"[1]的女英杰平白杀死，这才是令作者最为伤心动情之处。

　　而被《秋海棠传奇》遮蔽不见的秋瑾的革命意识，在写于清廷已然倾覆之后的"带唱半新戏剧"《斩秋瑾》中，便不再有所顾忌。此番秋瑾上场，自道身世，反对清廷统治的政治立场已十分明确：

　　　　我名秋瑾，小字瑜娘，乃浙江绍兴府山阴县人氏。幼承母教，长读诗书。闲阅报章，知我国满族当权，国将不保，芸芸四百兆，将有奴隶牛马之祸。握政柄者不知御外，惟知压民，奴隶之奴隶，惟我汉族人受之。

由此，戏中秋瑾"百计思维"得出的结论便是："欲挽狂澜，须驱满族。"[2]这一恰合民国肇建时代氛围的人物心声，也因贴近秋瑾的真实想法，而为"秋瑾文学"新形象的诞生开了先声。

　　不过，作者的政治认同虽已转变，"冤狱"的影响相沿日久，一时却也无法完全摆脱。表现在戏中，即是有意将秋瑾置于知情而不与事的情境。在宣示过自家的反清意识后，童苍怀又要秋瑾表白："昨日同乡徐锡麟有书到来，意欲推翻专制，建立共和。此

1　悲秋散人：《（社会小说）秋海棠传奇》第二出《花判》、第一出《花泪》，《小说月报》第2年第12、11期。

2　爱楼：《（带唱半新戏剧）斩秋瑾》，《申报》1912年1月8日。

事深合吾心。恨吾女流，爱莫能助，有负徐之深心。进退不得，为此仍在大通学校教书度日。"有此一番铺垫，面对绍兴知府贵福的刑讯，秋瑾当然仍可以心安理得地争辩：

> 俺与徐锡麟，祇有友谊，却非同谋，何得捕风捉影，移祸江东？俺平日主张男女革命，并非主张种族革命，还望三思。[1]

这一看似重落窠臼的演述，其根底实已截然不同。因之，秋瑾被斩首的意义，在此剧也与《秋海棠传奇》所延续的抗议官府冤杀爱国女杰相异，而落实在启发革命思想一端。

无法否认，在怀疑女子的救国能力上，童苍怀与洪炳文并无二致。洪氏始终让秋瑾"自恨作钗裙"，痛心"不能觳效大丈夫建立功业，定倾扶危"，因此才从生育强壮国民的角度，肯定秋瑾的开办女学[2]。而童氏也为秋瑾设计出"我女流、惭无能、欲仗男子，为此在、学校中、培植英贤"的唱词，于是，秋瑾在戏中未参与徐锡麟的起事，也自承是"力不从心，千古恨事，思想起来，好不惨伤人也"[3]。只是，这一对秋瑾女性觉悟的错误体认，在《斩秋瑾》中并未如《秋海棠传奇》的一往不复，反是峰回路转，最终扣上了政治革命的脉搏。

1　爱楼：《（带唱半新戏剧）斩秋瑾》，《申报》1912年1月8、12日。

2　悲秋散人：《（社会小说）秋海棠传奇》第一出《花泪》，《小说月报》第2年第11期。

3　爱楼：《（带唱半新戏剧）斩秋瑾》，《申报》1912年1月8日。

认真追究起来，童苍怀所描画的秋瑾仍非完足意义上的革命先烈，至多不过是革命的同路人，但这一悲剧人物的新意也明显可见。尽管囿于作者的性别歧视，秋瑾的革命活动未能在戏文中一展风采，然而，其为民族革命的同情者，因无法协助徐锡麟举事而深感内疚，则已昭然若揭。为了加强反清革命必要性的宣传，剧作者更进而安排秋瑾临终悟道：

> 啊呀！秋瑾死了。我如今要劝我四万万男女亲爱的同胞，快快实力去做革命事业。原来这般满奴，一个也留他不得的！

这样，"一心爱国，壮志未酬"[1]的秋瑾实际上做了革命的号筒，以自己的生命与鲜血为大众启蒙，呼唤革命风暴的到来。也正是在此意义上，戏中的秋瑾仍可被视为革命的功臣。

这一带有明显过渡时期特征的秋瑾形象，亦及时出现在民初上海的戏院中。1912年7月13日，秋瑾就义五周年前夕，自由演剧团在大舞台上演了"时事新戏"《女英雄秋瑾》，由京剧演员王蕙芬出演女主角，何金寿饰贵福[2]。按照当年的剧评所述，该戏"祇收当时实事为资料"。尤其是评述中所提到的若干人物与剧情，如贵福"出场自述生平"，"奚落汉人，尤合旗人口吻"，以及全剧以搜检大通学堂、秋瑾被捕、贵福与县官审问骗供为中心，都可见出

1　爱楼：《（带唱半新戏剧）斩秋瑾》，《申报》1912年1月12日。
2　《女英雄秋瑾》广告，《申报》1912年7月13日。其中王蕙芬误写作"王惠芬"。

图2-22 《何金寿之贵福》(1912年7月21日《民权画报》)

《斩秋瑾》的影子。同样，剧中的秋瑾虽被命名为"女英雄"，却并无实在的革命举措，其所发表的演说，便只在批评"女界服用奢华，性成依赖，取媚男子，不事生产，种种自误误国之弊"上着力。面对"公堂逼供"这一理应成为高潮的戏剧场面，秋瑾的表现也过于平淡，"只说三数语即了"[1]。这让在现场观剧的郑正秋大为不满。

人称"中国电影之父"的郑正秋，其时正热中写作新剧与发表戏评。他对辛亥革命抱有高度热情，故批评《女英雄秋瑾》，也主

―――――――――

1　正秋：《菊部春秋》之《秋瑾演说》《何金寿之贵福》，《民权画报》1912年7月20、21日。

图2-23 《秋瑾演说》(1912年7月20日《民权画报》)

要集中在女主角的形象设计上。关于审秋一场戏，郑氏认为："公堂逼供，欲辩无从，官吏暗无天日，果足令人痛恨。"不过，"秋瑾非寻常女子"，"骤遭株连"，应该有激烈的反应。他给出的建议是：

> 鄙意宜先辩后诘；诘之不动，继之以骂；骂之不已，继之以哭。骂当骂狗官为虎作伥，搜杀民党；哭当哭民党大事不成。如此才有趣味。[1]

而对于劝诫女界戒除陋习的演说，虽然合乎该戏演出的特定背

1　正秋：《菊部春秋》之《何金寿之贵福》，《民权画报》1912年7月21日。

景——"爱国妇女会演艺券现身说法"[1]，郑正秋也承认其"本堪嘉尚"，却还是觉得于理不合：

> ……按之秋瑾身分，则种族观念，及革命思想，当于演辞中隐约言之，才为合理。今于革命事，一字不提，窃意反不若不演说之为愈也。[2]

显然，在郑正秋心目中，秋瑾乃是革命党女杰。故而，凸显人物的反清革命精神，被认作"秋瑾戏剧"的题中应有之义。

以个人交往而言，洪炳文与童苍怀很可能无缘与秋瑾相识，这也可以用来解释二人想象的秋瑾为何与事实多有出入。如此说来，最有资格为秋瑾传真留影的戏剧家，便应以许啸天为首屈一指。关于许氏的生平，魏绍昌在《许啸天同秋瑾、胡适的关系》一文中所述最为精要：

> 许啸天是浙江省绍兴府上虞县人，生于清代光绪十二年（1886）丙戌。十岁丧父，少年时在杭州目睹满营旗兵的穷凶极恶，横行霸道，激发了他的民族仇恨，十七岁便剪去辫子，次年（1903）去绍兴进徐锡麟、秋瑾主办的大通学堂，半工半读。1907年7月秋瑾殉难，许就逃到上海来参加新剧（文明戏）活动。[3]

1　《女英雄秋瑾》广告，《申报》1912年7月13日。

2　正秋：《菊部春秋》之《秋瑾演说》，《民权画报》1912年7月20日。

3　魏绍昌：《许啸天同秋瑾、胡适的关系》，《文汇读书周报》1999年6月5日。

而在1929年版的《秋瑾女侠遗集》中，还可以看到许氏的如下自述："当时啸天与女侠同校任教务。值暑假，啸天于五月三十日赴杭，临行时，女士犹殷殷送别也。""别仅五日，便成永诀"[1]，因之成为许啸天心底永远的哀痛。

应该是为着这一份革命情谊，许啸天终于用他最擅长的新剧，于辛亥革命后，在秋瑾故乡绍兴的戏剧舞台上，展现了秋瑾的英姿。这部号称"全本"的《秋瑾》，从1913年4月13日起，在绍兴模范剧场连演了六天。可惜由于当时的新剧采用幕表制，如今能够见到的只有开演两日前刊登在绍兴《越铎日报》上的广告[2]。因从中可大体知晓剧情梗概，故将六日的剧情关目抄录如下：

13 夜演：家变、别母、舟困、国耻、开会、归国、办报。（特别轮船布景、特别日本博览会中布景）

14 夜演：办学、见贵、母死、闻警、告密、被捕、审问。（特别出丧布景、特别大通学堂布景）

15 夜演：断头、捕孙、乱绍、王逃、许逃、见鬼、释孙。（特别轩亭口之布景、特别佛堂拜忏布景）

16 夜演：露尸、葬棺、威逼、掘坟、李绰、贵逃、公拒。（特别西湖布景、特别荒野布景）

---

1 许啸天：《〈秋瑾女侠遗容及就义图〉附志》，王灿芝编：《秋瑾女侠遗集》卷首，上海：中华书局，1929年。
2 《模范剧场全本秋瑾》广告，《越铎日报》1913年4月11日；录自魏绍昌《秋瑾的艺术形象永垂不朽——从传奇、文明戏到话剧和电影》，［日本］《清末小说研究》第6号，1982年12月。

  17 夜演：嫖院、焚李、贪财、杀徐、访胡、杀胡、张疯。（特别火烧妓船布景、特别司衙布景）

  18 夜演：演剧、捕善、夫死、迁枢、光复、重葬、话旧。（特别戏中戏之布景、特别风雨亭之布景）

广告标明此剧为"啸天先生新编"，从最末日"重葬"之表演半年前重新安葬秋瑾的情节，可知其写作时间当在1912年11月以后。

  许啸天的优势在于，因其亦"名列当时之所谓罪案中"[1]，身历其境，熟知其事，对秋瑾自有着特别的关心与同情。他曾自许，"我与女侠同工作，共患难，昕夕相处，对于他的全人格下过深刻的考察"[2]。编成戏剧，其体贴、亲切必在洪炳文与童苍怀之上。剧中不仅有"许逃"一节，直接表现许啸天之避难逃亡；而且，按照郑逸梅的记述，许氏"平素对于话剧，颇感兴趣，参加'春柳社'、'春阳社'，粉墨登场，声容并茂"[3]，则其人本极有可能在《秋瑾》剧中扮演角色，直接登台。而演出广告特别号召"秋瑾之亲戚故旧不可不看""秋瑾之同志共难者不可不看""秋瑾为绍兴人，绍兴人不可不看"，也可见许啸天自信其塑造的秋瑾形象写实度极高。

  而许剧格外引人注目之处，还不在其依据亲身见闻与亲友记述搬演秋瑾生平，倒是该剧用大半篇幅展现秋瑾之死所引发的社会风潮，更为特出。自第三夜开场的"断头"一目，秋瑾即已离

---

1 许啸天：《〈秋瑾女侠遗容及就义图〉附志》，王灿芝编：《秋瑾女侠遗集》卷首。

2 许啸天：《读秋女侠遗集的感想》，王灿芝编：《秋瑾女侠遗集》许序第5页。

3 郑逸梅：《许啸天》，《民国旧派小说名家小史》，魏绍昌编：《鸳鸯蝴蝶派研究资料》上卷第577—578页，上海：上海文艺出版社，1984年。

世，从"捕孙"之缉捕大通学堂总理（即校长）孙秉彝以下各节，所演均为秋瑾身后事，重大者如吴芝瑛与徐自华安葬秋瑾，清御史常徽奏请平毁秋墓，江苏士绅拒绝下令杀害秋瑾的张曾敭转任江苏巡抚，告发秋瑾的胡道南被暗杀等等。如此详细道来，既是为了祭告先烈，同时也在戏剧舞台上实在地展示了秋瑾就义与辛亥革命发生（即"光复"）之间的内在关联，表明烈士的牺牲在酿造革命氛围上卓有成效。

上述民国初年的"秋瑾戏剧"热潮过去之后，1918年8月11日，又有一部十一幕新剧《秋瑾》于上海开演[1]。引人注目的是，编剧兼主演者，正是当年评论《女英雄秋瑾》的郑正秋。从戏评家转身为药风新剧场编演总主任，并亲自扮演秋瑾一角，郑氏终于可以依据自己的心愿与理解，重塑秋瑾形象。

可想而知，"革命"必然成为郑正秋演出的《秋瑾》一剧的主线。只是其虽属对于秋瑾贴切的解读，却仍涵藏着郑氏本人深刻的现实关怀。在为该剧撰写的演出说明中，郑正秋自吐心声：

> 盖今日国运之危殆甚于秋侠时代百倍，正秋安得不凭一腔热诚，尽其大声疾呼之责？凡我爱国男女同胞与其至国亡种奴欲观此戏而不可得，不如及今观之而有所触发也。

因此，此戏的演出广告也以"爱国男女其来观"为醒目标题[2]。至

1　见《药风新剧场》广告，《民国日报》1918年8月11日。

2　《药风新剧场·秋瑾》广告，《申报》1918年8月11日。

于让郑氏生发如此痛切感慨的现实，已有朋友道破："嗟乎！孰知（推翻满洲政府）六年之后，万恶之段政府，其卖国谋利，十倍于清。而醉生梦死之国民，犹任之狷獗，不自为谋。人心已死，国家将亡。"故"郑正秋乃于药风社排演《秋瑾》，扩充种族思想，以至国家主义，鼓吹良心革命"[1]。而这一思考亦为该剧定下基调。

在剧情的编排上，郑氏也远于童苍怀而接近许啸天，"从离婚演起"。时人曾记其情节大略为：

秋瑾留学扶桑，公愤回国，由某贝勒介绍至绍兴府知府贵福处，提倡学务。贵母见秋瑾，大加赏识，乃认为寄女。贵福之妹正英，与秋瑾意气相投，一见如故，而不善其兄之所为。时徐锡麟勒[刺]恩被害，噩耗传至绍兴，秋瑾乃与其同志开追悼会。……事后贵福奉电捕秋瑾，众女生惊惧不知所为，而秋瑾反处之夷然。公堂上舌锋犀利，辟易千人，气概凌厉无前，不为威武所屈。而问官强词夺理，遽令供招。秋瑾大书"秋风秋雨愁煞人"七字，妙绝悲绝。临刑之时，尚置念国家，忘其死之痛苦，真挚之情，令人雪涕。

其中贵福母亲与妹妹同秋瑾的一段因缘，全为作者凭空虚构。如此旁枝逸出，演贵正英乃"满人而党于汉人"，后因其兄之行为而自刎，意在以戏剧演示"五族共和"的理念，"打破种族思想"[2]，同

1　秋星（当为包天笑）：《血泪和成之新剧〈秋瑾〉》，《民国日报》1918年8月13日。

2　秋星：《血泪和成之新剧〈秋瑾〉》，《民国日报》1918年8月13、14日。

图2-24　《药风新剧场·秋瑾》广告（1918年8月11日《民国日报》）

时也为郑氏所倡导的"国家主义"做了注解。想象公堂会审一幕，郑正秋的表演应当是如其先前教导自由演剧团一般，"先辩后诘"，"继之以骂"，"继之以哭"；而且，纵然是哭，亦是为革命事业的失败而流泪。加以剧中采用了惊恐万状、"不知所为"的众女生作为陪衬，秋瑾之为非凡女性、"气概凌厉无前"的革命党女英雄的造型才真正定格。

　　六年前指认"戏剧中插演说，最足引人起憎厌之心"[1]的郑正秋，这一次却反其道而行之，原因也在自以为其说辞非有不可。

1　正秋：《菊部春秋》之《秋瑾演说》，《民权画报》1912年7月20日。

追悼会中秋瑾的一番演说，被论者评为"不作空泛之辞，不为场面之语，言言沉痛，字字伤心，尤能将良心革命之真旨，阐发入微"。也即是说，假借秋瑾之口，郑氏急于发表的还是个人挽救时局的见解与对策。如此，剧场中才会出现剧作家"胸中块垒，骨鲠在喉，不得倾吐于平日，乃粉墨登场，乃借题发挥，畅所欲言，滔滔滚滚，口若悬河"[1]的景象。而以郑正秋所谓的"良心革命"来概括秋瑾的爱国热忱与民族革命是否准确，则还有斟酌的余地。

倒是离婚一场戏颇为别致，与晚清诸作可谓相映成趣。郑正秋演绎的秋瑾于"离婚时，正言侃侃，又极守轨范，宛然一良好女子，绝无飞扬跋扈之概"，虽不脱《六月霜传奇》"总是妾不贤，敢怨君弃遗""还指望、君此后留心康济，待他日为国民尽力"的腔调，却又揆之常情，特意添加上秋瑾"别儿时凄凉悲惨"、一双小儿女"牵母依依"[2]的抒情场景，使得"脱范围奋然自拔"的"女杰雌英"[3]，仍透出柔情似水的一面。这一更多出自文学想象、易于打动观众的场面，也成为一种创作模式，在后来者的写作与表演中不断重复出现。只是，如此表演秋瑾，其作为"家庭革命的鼻祖"的意义必然大为削弱。晚清文学对秋氏"家庭革命"的肯定，至此又悄然被其所否定的"政治革命"取代。

大体而言，民初诸剧的秋瑾形象已越来越趋向真实，在保留了晚清原有的女学先进、爱国女杰身份的同时，也逐渐加强了其

1　秋星：《血泪和成之新剧〈秋瑾〉》，《民国日报》1918年8月13日。

2　秋星：《血泪和成之新剧〈秋瑾〉》，《民国日报》1918年8月13日；第五出《雀飞》，古越嬴宗季女：《六月霜传奇》第17页。

3　汉侠女儿：《〈精卫石〉序》，《秋瑾史迹》第158页。

作为革命先驱的光彩。对于秋瑾"革命"的解说尽管因掺入编演者个人的时事感慨，不免发生变异；而尤为重要的是，其所呈现出的从"家庭革命"向"政治革命"的移转趋势既有其合理性，又以隐含的彼此排斥，为日后的文学书写带来若干困扰。不过，有一点很清楚，悲剧正在向正剧转化，基调已不断激昂，秋瑾之为"女英雄"亦当名至实归。

四　1930年代：以"政治革命"收编"家庭革命"

1920年代至1940年代，有关秋瑾的记述一直绵延不断。而社会各界对于秋瑾的关注，在1927年达到了高潮。当年7月为秋瑾就义二十周年，杭州、绍兴、嘉兴等地纷纷举行纪念大会。其中杭州的殉国纪念由50余团体联合举办，嘉兴到会者有600余人，最隆重盛大的活动自属秋瑾的家乡绍兴，然而5000多人的参与仍着实令人称奇[1]。受这一社会情绪的感染与推动，两年后，秋瑾的女儿王灿芝所编《秋瑾女侠遗集》问世。该书作为同类著作中的集大成者，独领风骚近三十年[2]。进入1930年代以后，一个引人注目的新动向是，秋氏家人如秋宗章、王灿芝等纷纷开始撰写回忆文章[3]，其所提供的诸多史料，也为重新认识秋瑾奠定了丰厚的基础。

1　参见郭长海、李亚彬《纪念秋瑾活动大事记》，郭长海、李亚彬编著：《秋瑾事迹研究》第356—357页。

2　王灿芝编《秋瑾女侠遗集》，1929年由中华书局出版，1934年修订再版。直到1960年中华书局上海编辑所编辑的《秋瑾集》印行，其间没有重要的秋瑾全集类版本出现。

3　参见郭长海、秋经武主编《秋瑾研究资料·文献集》下册之"秋宗章文钞"与上册王灿芝二文。

相比于清末民初的勃发，这一时期以秋瑾为题材的小说、戏剧已稍嫌零落，所知者不过范紫东编写的秦腔《秋风秋雨》以及中电三厂拍摄的电影《碧血千秋》（梅阡编剧）等寥寥数种[1]。尽管如此，夏衍1936年创作的话剧《自由魂》，却意想不到地成为二十世纪整个"秋瑾文学"中影响最持久的作品。

《自由魂》为夏衍创作的第二部多幕话剧，1936年12月初刊于左翼文学杂志《光明》第2卷第1—2号，次年2月由上海生活书店出版单行本。当年正式演出时已改名《秋瑾》，故1944年夏衍刊行《边鼓集》时，即有《〈秋瑾〉再版代序》一篇。1950年上海开明书店重印此剧本时，亦即以《秋瑾传》名篇。

述及《自由魂》的易名，必得提到夏衍创作的第一部多幕剧《赛金花》。此本作为"在中国提出建立'国防戏剧'的口号后，第一次收获到的伟大的剧作"[2]，当时虽引起很多争议，对于夏衍的戏剧编写生涯却是意义重大。接续着以历史"讽喻"现实的思路[3]，直接呼应周扬关于"国防文学"的"文学者应当描写民族解放斗争的事件和人物，努力于创造民族英雄和卖国者的正负的

1　参见郭延礼、朱云雀编《秋瑾研究资料目录索引》，郭延礼编：《秋瑾研究资料》第611—612页，济南：山东教育出版社，1987年；郭长海、李亚彬《解放前有关秋瑾研究著作考》将《碧血千秋》误写作《秋瑾》，郭长海、李亚彬编著：《秋瑾事迹研究》第319页。

2　周钢鸣记录：《〈赛金花〉座谈会》，《文学界》创刊号，1936年6月。相关争论参见会林、绍武编《夏衍戏剧研究资料》（下）第43—63页，北京：中国戏剧出版社，1980年。

3　夏衍在《历史与讽喻——给演出者的一封私信》中这样谈论《赛金花》："现在，这作品的主要目的是在讽喻，而讽喻史剧的性质上就需要着能使读者（观众）不费思索地可从历史里面抽出教训来的'联想'。"（《文学界》创刊号，1936年6月）

图2-25　1937年2月，四十年代剧社公演《秋瑾》于南京
（《新华画报》1937年4月第2卷第4期）

典型"的吁求，《赛金花》与《秋瑾》以一反（指剧中塑造的卖国
媚外的清廷官吏）一正的人物典型[1]，实践了夏衍对于抗日救亡文学
的理念。1937年1月，四十年代剧社为与《赛金花》同时赴南京演
出，排演夏衍新作时，演出委员会"决将'自由魂'改名为'秋
瑾'"。此举除了"以便更加通俗化"，另一个重要的原因，"亦颇
有使此两位巾帼英雄能同时与首都人仕［士］相见也"[2]的考虑。因
此，《赛金花》也构成了讨论《秋瑾传》时一个必要的背景。

1　周扬：《典型与个性》，《文学》第6卷第4号，1936年4月。夏衍的《赛金花》即在同
　　期杂志上刊出。另参见陈瘦竹《左联时期的戏剧》第四节《夏衍的剧作》，会林、
　　绍武编：《夏衍戏剧研究资料》（下）第34页。
2　《四十年代近讯》，《申报》1937年1月25日。

    就表现的年代而言,《赛金花》与《秋瑾》是前后衔接, 故《秋瑾传》的序幕便设置在赛金花与八国联军统帅瓦德西故事发生的时段——1900年庚子事变之际。接下来的三幕四场正戏, 第一幕写秋瑾决意到日本留学;第二幕演秋归国后的办《中国女报》与筹划武装起义;最后一幕的两场, 分别表现秋瑾的拒绝出走因而被捕以及最后的不屈就义。如此, 秋瑾一生中的大事基本已囊括进来。

    考究剧本最初的命名《自由魂》, 夏衍在四十多年后曾有回忆:

    一九一八年, 我在中学念书, 我的一位敬爱的国文老师谢乃绩(他是绍兴人)给我们讲解了"秋风秋雨愁煞人"的诗, 并讲述了秋瑾殉国的故事。当时, 他用严肃的口气对我们说:"秋瑾的死, 不单是为了女界的自由, 也是为了全中国人民的自由。"

夏衍承认:"《秋瑾传》第一次发表时原名《自由魂》, 可能是受了这句话的影响。"[1]由此可知, "自由魂"之"自由"有两重含义, 即"女界的自由"与"全中国人民的自由"。换用晚清的说法, 便是"男女革命"或"家庭革命"与"种族革命"或"政治革命"之别。以这两条线索分析《秋瑾传》, 我们可以看到夏衍在其间的依违抉择。

    夏衍虽然是杭州人, 但他并不同意《秋瑾传》的写作有"表扬乡里英杰"之用心的说法。自述缘起时, 以下一段话颇值得关注:

1   夏衍:《秋瑾不朽》,《人民日报》1979年12月5日。

图2-26　夏衍著《秋瑾传》（开明书店，1950年）

　　我打算写《秋瑾传》，开始于一九三三年——也就是我翻译的德国杰出的马克思主义者倍倍尔写的《妇女与社会主义》这本书出版的时候。……从那时起，我自己——并请阿英同志帮助我——搜集有关秋瑾的著作、文献、史料。[1]

这让我们明了，正是对妇女命运的关心，促使夏衍留意此题材。而在晚清文学研究专家与藏书家阿英的帮助下，夏衍也读到了不

1　夏衍:《秋瑾不朽》,《人民日报》1979年12月5日。

少相当珍贵的史料，并适当地吸纳进其剧作。不过，这一晚年追忆仍不免与事实小有出入，因为初名《妇人与社会》的倍倍尔译著，其实1929年已经出版，谓之远因自无不可；若论及夏衍创作的直接动力，自应与前一年《人间世》杂志关于晚清小说《六月霜》的集中讨论以及秋宗章的系列文章有关。

1935年5月，阿英在《人间世》第27期发表了《关于秋瑾的一部小说〈六月霜〉》。恰好王灿芝也获知林语堂藏有此书，便往借观，而撰有《读〈六月霜〉后之感想——关于先母秋瑾女士》之短文，在该刊次期登载。秋瑾弟宗章看到王文，产生兴趣，随后写作了《关于秋瑾与〈六月霜〉》，于《人间世》第33期刊出。不过，执笔之时，秋氏虽曾"连日向杭城旧书肆搜求甚力"，《六月霜》却"渺不可得"[1]，因而只能根据阿英文中陈述的故事梗概提出意见。此前的1934、1935年，秋宗章已接连在《东南日报》副刊《吴越春秋》连载《六六私乘》与《六六私乘补遗》，从家人的角度叙说秋瑾生平细节。至1936年2、3月间，他又有《大通学堂党案》的专文揭载于《越风》杂志，文中采录了大量当年绍兴府存档的官方文案，对秋瑾策划起义的前因后果做了仔细辨析。就时间与资料而言，上述诸文已为夏衍编写《秋瑾传》做好了充足的铺垫。

而秋宗章无缘得见的晚清小说《六月霜》，凭借同为地下党员的阿英的帮助，夏衍并不难看到。尽管秋瑾家人对其书评价不高，秋宗章谓之"记实部分固多，而穿凿附会，亦复不少"，王灿芝更

1　秋宗章：《关于秋瑾与〈六月霜〉》，《人间世》第33期，1935年8月。

一言以蔽之曰,"是书与事实不相符合者甚多";但二人的最大不满,实在对秋瑾"革命"性质的认定上。而抛开《六月霜》写秋瑾的思想行动"始终限制在'男女平等,家庭革命'"一点之外,秋宗章所承认的"《六月霜》纪事,泰半根据当时报纸,大体自无错误"[1],向夏衍传递的仍是此书可取的信号。自然,阿英对这部小说的评价也引起了夏衍的格外关注:

　　《六月霜》是有缺点的,但在当时的小说中,这不能不算是很好的一部,⋯⋯在书里,可以看到清室统治的日趋崩溃的情形,可以看到当时官场的腐败,可以听到在压抑下的民众的被残害的呼号,同时,更如实的反映了革命的势力是怎样如火如荼的在暗黑中起来。[2]

这样的评述很容易连通革命者夏衍的现实情怀。

　　对于"种族革命""政治革命"的歪曲,注定《六月霜》相关内容之遭摒弃。而关于"男女革命""家庭革命"的描写,秋宗章虽对其中王子芳休妻一节判为"决无之事"[3],却无疑是小说中异议最少的部分。于是我们看到,夏衍《秋瑾传》[4]的第一幕于此多有采纳。

1　秋宗章:《关于秋瑾与〈六月霜〉》,《人间世》第33期;王灿芝:《读〈六月霜〉后之感想——关于先母秋瑾女士》,《人间世》第28期,1935年5月。

2　阿英:《关于秋瑾的一部小说〈六月霜〉》,《人间世》第27期,1935年5月。

3　秋宗章:《关于秋瑾与〈六月霜〉》,《人间世》第33期。

4　1950年由开明书店印行的《秋瑾传》,最接近《光明》初刊本《自由魂》,且题名与日后的系列作品关系密切,故本文取为底本。

这一幕的开场写秋瑾读报,感慨"国家快要亡了",焦灼万分。其夫不以为然,称"国家的盛衰,一半由于人为,一半由于天数"。秋反对,以"天下兴亡,匹夫有责"回应。其夫反以轻薄的口气挑剔:"这只说'匹夫',没有说'匹妇'";并告诫秋瑾,女人"没有救国的责任","即使国家有了什么不幸,天下后世,也决不会责备到你们女人身上的"。秋瑾却慨然答道:"错了,救国是每个人的责任";进而反诘其夫:

> 你不仅是一个有责的匹夫,而且是一个吃了国家俸禄,吃了民间脂膏的官吏,你自己尽了你的责任没有? 吃花酒,打牌,这算是你的"在其位,谋其事"吗? 我跟你说,中国好好一个几千年的大国度,弄成现在这个极穷极弱的地步,大部分都是你们这班醉生梦死,只知自己,不知国家的官儿的责任![1]

这一大段同时针对抗战时事而发的议论,其实渊源有自。如果对照《六月霜》第七、八回的"说前因女士谏夫君",不难发现《秋瑾传》乃是据此改编而来:

> 我在这里想,我中国好好一个几千年的大国度,为什么弄到这个极弱极穷的地步? 既被外人嘲笑,又受外人欺侮。国中枉有了四万万子民,却都是一个不能替国家分分忧、雪

---

[1]　夏衍:《秋瑾传》第23—26页,上海:开明书店,1950年。

雪耻的。那一班大老官绅，更似醉生梦死，只知敲剥穷民的脂膏、贪图着自己快乐，娇妻美妾，斗富争豪，食了国家的俸禄，全不想为国家办一点事，出一点力。咳，我看他们还有一点良心的么？你虽是个小小京官，政府里头的事是不得与闻的，然而一官也应尽一官的职。若只是拿吃花酒、叉麻雀算正经事体，将真真正经事体反丢在脑后头去，这不是国家白白养了你们这班官儿了么？

关于救国责任之争，小说也有涉及。秋夫称："万一祖国有了陆沉的祸，决不有责备着你们女子的道理。"秋瑾的回答虽没有夏衍笔下的那般高亢，先是认同了"这本是你们男子的责任"，却还是委婉而坚定地表示："但只是我虽女子，却女子也知有女子的责任。我今只要尽了我女子的责任，也不枉人生一世了。"[1]而这一大段被秋宗章认作"出自作者装点"[2]的争论与劝诫，因其足以彰显秋瑾深切的爱国忧国之情，仍然为夏衍所吸收。

接下来关于"家庭革命"与留学日本这些关键性的戏剧冲突，也基本化用了《六月霜》的描写，甚至因为这些情节原本以秋瑾与丈夫以及女友的对话展开，更方便直接挪用。如小说第八回秋夫对秋瑾宣讲"从来妇人家自应以柔顺为主"、女子"应该要服从男子的道理"，说："你也是名门出身，自幼也读过书的，岂不闻曹大家《女诫》上头说过的两句话'生男如狼，犹恐其尪；生女如

1　静观子：《六月霜》第七、八回，上海：改良小说社，1911年；录自《中国近代小说大系》（仇史、狮子吼、如此京华等）第155—157页。标点有改动，下同。

2　秋宗章：《关于秋瑾与〈六月霜〉》，《人间世》第33期。

鼠，犹恐其虎'。"秋瑾争辩道："君枉读诗书，连个经常权变的道理都没有懂得，但只知诗云子曰，拘泥牢了圣贤一两句话，死也不化。照你说来，竟是科举也不必废，立宪也不必立了！"[1]这些话稍加增删后，在《秋瑾传》中都可见到。

最堪玩味的是秋夫反对秋瑾留学一节。夏衍剧本最初的对白设计为：

> 王　我可不准你！
>
> 秋　你不能干涉我！
>
> 王　我是你的丈夫！
>
> 秋　你做丈夫的不能干涉我念书，正像我做妻子的不能干涉你嫖赌一样！
>
> 王　（站起来）我好好的规劝你，你竟越说越不是话啦，怎么说来说去，终是些男女平权，家庭革命，听了这种混帐的话，就像着了魔似的，永也劝不醒了，我现在不再跟你空费口舌。你真个要去，你就去，只是你与我没有半点儿情分，（威胁地）我得先休了你，再让你到外面去！我可不能让我的妻子在外面丢丑。[2]

对照《六月霜》第八回文字，秋瑾的语气并没有如此强硬，如说：

1　静观子：《六月霜》第八回，《中国近代小说大系》（仇史、狮子吼、如此京华等）第157—158页。

2　夏衍：《自由魂》，《光明》第2卷第1号，1936年12月。开明书店1950年版《秋瑾传》与之基本相同。

"君虽不准我去，然而人各有志。譬如君爱嫖赌，我也不能不许你。此刻我要游学，谅你也不得相强我的。君只知男人是应该压制女人，那里晓得男女是平权的呢！"[1]其夫的反应却几乎是原样照搬。问题是，这一以男子嫖赌为正当的思路，放在《六月霜》小说创作或《赛金花》故事搬演的晚清，都不算离谱；但出自推崇女权的秋瑾之口，却颇有些不类。显然是意识到其间的缝隙，加之新中国建立后道德观念的整肃，1953年《秋瑾传》收入《夏衍剧作选》时，秋瑾的话已被删改成这样一个问句："你做丈夫的就能干涉我的念书？"[2]

至于小说《六月霜》中的越兰石，阿英已指明其人即为参与安葬秋瑾的吴芝瑛。夏衍易名为"吴兰石"，固然更切近原型，却破坏了小说中用对偶形式影射人名的规则。在戏剧第一幕为留学日本的学习科目上，吴与秋瑾有一番争执。秋瑾请教吴兰石"我应该学些什么好"，但吴的说法并不能令她满意。吴氏认为，"现在中国需要的应该是女子师范，家政学，保姆科"，秋瑾却说："这些都是家常的琐碎事情，学了回来，也是无关大局的，您知道我的性子，我能做得这些事吗！"吴又猜她"一定去学什么医学，看护，蚕桑，或者和女子职业有关系的工艺"，并"正色相告"，"别把这些太看轻了，在西洋，女人学医药和看护，都是很神圣的，有许多贵族女子，都舍身去当看护，平时救济同胞，战时到战场上去救济兵士"。秋瑾答道：

1　静观子：《六月霜》第八回，《中国近代小说大系》（仇史、狮子吼、如此京华等）第158页。

2　夏衍：《秋瑾传》，《夏衍剧作选》第20页，北京：人民文学出版社，1953年。

　　您的话，也许是不错的，可是我却认为这些学问还不是救拔同胞和女界自立的第一层工夫，天下的事情，都有本末之分，假使根本问题没有解决，那是不论怎样的学问，还是没有用的。[1]

至此为止，《秋瑾传》与《六月霜》在言辞上并没有大出入。

　　而转入讨论"根本问题"的意指时，小说与话剧才出现了分歧。同样叹恨"现在中国两万万的女同胞还是在不自由不平权的黑暗里面"，《六月霜》提出的解决之道是："所以我的意思，是要替他们争回了这个自由，使世界上男人女子一例平权，那才是根本上的救拔同胞，可以使女界有自立的基础了。"因此，对于出国留学，秋瑾表示，"也不过胡乱拣几样学学罢了，不过可以借此考查考查外边的情形，联络联络同胞的声气，多结交几个男女朋友，自己放些眼力出来，拣几个热心热血的真同志，将来可以大家帮助帮助"；即使最出格的想法，也只是"可以多看些中国没有或是中国禁买的书籍报章"，而绝不会涉及小说竭力否认的"种族革命"与"政治革命"。因此，小说中秋瑾的诸般思绪，还是被作者归结到"家庭革命"[2]一途。

　　到了《秋瑾传》这里，秋瑾考虑的却已是"不把中国弄得强盛，不把政治弄得清明，她们（引者按：指两万万女同胞）怎能从这黑暗里解放出来呐"。难怪吴兰石立刻会意："那么您的志向太

1　夏衍：《秋瑾传》第32—33页。
2　静观子：《六月霜》第九回，《中国近代小说大系》（仇史、狮子吼、如此京华等）第166—167页。

大了，您主张的已经不单是家庭革命，而是……"吴氏的话虽未说完，但"政治革命"一语已是呼之欲出。剧中秋瑾不但笑着承认"我真的想这样做"，而且明确地肯定："我想救女界，同时我也想救中国。"[1]按照夏衍的思想逻辑，以"男女平权""个人自由"为目标的"家庭革命"[2]并不能真正"救女界"，只有实行"政治革命""救中国"，才是妇女解放的根本之道。接着演出的两幕都是在"政治革命"的方向上掘进，除个别片断的抽取外（如第二幕秋瑾舞刀），《秋瑾传》与《六月霜》已完全分道扬镳。

以"家庭革命"而论，尽管《秋瑾传》从《六月霜》多有借鉴，不过，秋宗章的考辨对夏衍的写作还是有一定影响。例如小说中秋瑾收下丈夫意在威吓的休书一段，为秋宗章否定；夏衍剧作便处理成，王廷钧虽威胁秋瑾要"先休了你"，却终究没有把休书拿出来，使剧情仍能符合二人"名义上则始终为夫妇，从未履行离婚手续"[3]的史实。不过，剧中与事实出入之处照样存在，有些还明显是有意为之。如秋瑾留学之前，将两个子女送到绍兴外家的情节，便是沿用了《六月霜》被王灿芝辩驳过的描写。如此处理比较简洁，在舞台上容易安排，应该是夏衍明知故犯的原因。而且，为了强调戏剧艺术的特殊性，同时也是为了防堵"失实"的指责，夏衍在剧本开篇也特意引用了亚里士多德与莱辛两段大意相近的话，辨析"诗人""演剧"与"历史家""历史"的区别：

1　夏衍:《秋瑾传》第33页。
2　丁祖荫《女子家庭革命说》称，"家庭之革命，以争国民个人之自由"（《女子世界》第4期，1904年4月）。
3　夏衍:《秋瑾传》第27页；秋宗章:《关于秋瑾与〈六月霜〉》，《人间世》第33期。

历史家和诗人的不同，不在前者用散文而后者用韵文之点；他们的相差，可以说是在前者叙述实在的事件，而相反地后者叙述可能的事件之点。

而这种"可能的事件"，"是依据着真实性和必然性的法则而可以发生的"；或者说，是"在具有一定性格的各别的人物，被安置在特殊的环境里面，他们将要做出些什么来的事情"[1]。

实际上，"舞台要求绝对要经济"[2]层面的考虑还在其次，描述"可能的事件"或"将要做出"的事情的戏剧文学原则的提出，倒是为作者沟通历史与现实开了方便之门。这在第三幕第一场秋瑾实施武装起义的革命叙写中有充分的展示。出于作者的地下工作经验，剧中关于秋瑾在清军搜捕大通学堂时的表现便不乏虚构。

当然，夏衍也利用了不少史料。如这场戏中登台的王金发、徐颂扬、钱应仁、吕植松、王植槐均实有其人，且徐氏以下各位，都在清末刊行的《浙江办理女匪秋瑾全案》录有供词。此卷档案1933年改题为《浙江办理秋瑾革命全案》，收入故宫博物院编辑的《文献丛编》第十六、十七辑印行，夏衍正好可以及时看到。至于剧中的蒋纪，便是同样录有口供的秋瑾同案犯蒋继云。虽然秋瑾的供词在当年公布时曾引发出于官吏伪造的强烈质疑[3]，但这些口供毕竟还是提供了若干秋瑾被捕时的情况。夏衍据以构拟情节，便使得这一从来不曾在文学书写中正面表现过的秋瑾的从容被捕，

1　亚里士多德《诗学》、蓝辛《汉堡演剧评论》，夏衍：《秋瑾传》卷首。

2　《〈赛金花〉座谈会》中章泯的发言，《文学界》创刊号第227页。

3　参见笔者《晚清人眼中的秋瑾之死》，《学人》第十辑第437页。

得到了相当程度的还原。

　　根据徐颂扬与蒋继云的口供，秋瑾的被捕与蒋"向他借盘川缠住"[1]大有关系。这个细节让夏衍有理由把蒋纪处理成叛徒与内奸。尽管其人出卖革命，导致浙江各地的起义失败罪证确凿，秋瑾却不忍向"自家人"下手，最后反被他假借要盘川拖住，无法全力抵抗清军。这一"对革命叛徒蒋纪的刻划"以及"秋瑾对内奸的麻痹"，夏衍日后承认，"在当时都不是无的放矢，而是有所为而发的"。因为"在白区工作的人，对叛徒都有无限的鄙视与切齿的痛恨，因此，这种心情不自觉地流露在作品之中"[2]。而由于在蒋纪身上投放了过多的情感，使其重要性大为提升，夏衍的剧作也构成了对秋瑾遇难的一种新叙述。

　　自1907年秋瑾被杀后，无论是当时的报刊传言，还是日后披露的卷宗档案，说到秋瑾的被捕，都与时任山阴劝学所总董的胡道南脱不了干系。以致事隔三年后，胡道南仍被为秋瑾复仇的革命党人刺杀身亡[3]。夏衍在最后一场戏中，固然也安排了"本地劣绅"胡之楠出场告密，可其时秋瑾已经拿获，故蒋纪仍被作者视为革命失败的祸根。如此描写，尽管也可从秋宗章的"继云原名纪，本为无赖""就其言行而论，实党中败类也"的记述中寻到些许根据；但说到其人的恶行，除已知的"要索多金"致使"无一漏网"，其他便是"迨被捕受质，又哀词乞免，愿作眼线，罗织党

1　《府委两县会禀供折内摘录程毅等六［七］名口供》，《浙江办理秋瑾革命全案》，录自故宫博物院编《文献丛编》第十六辑第9页，1933年9月。

2　夏衍：《代序——给改编者的一封信》第2页，夏衍原著、王雁改编：《秋瑾传》（京剧），北京：北京出版社，1960年。

3　参见笔者《晚清人眼中的秋瑾之死》，《学人》第十辑第453—459页。

人赎罪"，特别是蒋与徐颂扬一样，都被判"发原县监禁三年"[1]，秋宗章因此并不以之为出卖秋瑾的叛徒。夏衍的移花接木，增重蒋纪的罪行，显然是有意以剧作的形式总结地下革命工作的经验与教训：最具破坏力的并非外在的敌人，而是躲藏在自己人中间的内奸；对这样的变节分子，绝不能姑息手软。

而剧中表现秋瑾在生死关头的抉择时，夏衍对史料的研究也让他了解到："秋瑾的殉难，按常理看，是可以避免的。因为徐锡麟牺牲后，她还有五六天时间可以离开绍兴或者转移到浙西的山区，可是她却为了布置各地义军的隐蔽或安全转移而巍然不动。"[2] 应该说，此时秋瑾确已抱定了杀身成仁的决心，故殉国前五日寄给女弟子徐小淑的绝命词已义无反顾地表示："虽死犹生，牺牲尽我责任；即此永别，风潮取彼头颅。"[3]这固然是英勇无畏。不过，若从地下工作者的眼光看，革命者本不应无谓牺牲，尽最大可能保存实力当然更重要。根据这一理解，《秋瑾传》在第三幕第一场让秋瑾反复就此问题与同志程毅、王金发进行争论：

> 程　明知危险而不走，对于革命是没有好处的！
>
> 秋　危险？革命党的性命，值得这样的宝贵吗？
>
> 程　很宝贵！革命党决不作没有代价的牺牲！

1　秋宗章：《大通学堂党案》，《越风》第9期，1936年3月。

2　夏衍：《秋瑾不朽》。

3　秋瑾：《致徐小淑绝命词》，《秋瑾集》第26—27页，上海：上海古籍出版社，1979年。另，关于秋瑾拒绝出逃的分析可参见笔者《罗兰夫人在中国》，《学人》第十三辑第520—522页，南京：江苏文艺出版社，1998年3月。

秋　退出的代价是什么？

程　保存我们的力量，不放弃对满清的敌对！

秋　临阵退却是革命党的耻辱！

程　（冷静地）孤注一掷也决不是革命党的光荣！

……

秋　（决然）我不能走！这次事情的失败，是我的责任！杀身成仁，是革命党的本色，伯荪（引者按：徐锡麟字）的消息传来之后，我早已有了决意了。

程　死，能够减轻责任吗？

王　傻事情！傻事情！你不能这样做，事情急了，赶快走，中国的古话，"留得青山在，不怕没柴烧！"我们干的机会可多呐！

秋　不，这次失败，各地同志的血已经淌得多了，他们勇敢地成仁取义，我自己倒反临危逃避，今后革命党还有信义可以讲吗？

……

王　啊！想不到你有这样的傻劲！你从前的那些仁义礼智的旧书念坏了！

程　（诚恳但是坚决地）协领！最后的一句话！自杀表示你放弃了对满清政府的敌对！表示你承认了自己的失败！

秋　（悲痛地笑着）我们的同志多得很呐！他们一定能够继续我的事业的！[1]

1　夏衍：《秋瑾传》第59—60、66—67页。

如此"一方面描写了秋瑾的坚决勇敢，一方面又委宛地批评了她的不懂革命策略"[1]，这样的批评出自当年在国统区出生入死为共产党工作的革命家夏衍之手，本来相当正常。而在当时虽有郭沫若、田汉这"两位都是以浪漫主义创作方法为主的作家"不同意这种处理，郭沫若更认为："明知可以不死而依然从容就义，这才是真实的'鉴湖女侠'。"不过，这中间的争论在夏衍看来，也只是"他们都比我更好地理解到任何一个人都不可能避免时代条件限制这一历史唯物主义原理"[2]。也即是说，夏衍始终不认为秋瑾的选择殉难是正确的做法。

　　有趣的是，当时的读者对夏衍的如此设置倒能够坦然接受。《自由魂》剧本刊出后，光明读者会随即发表了《评〈自由魂〉》一文，对此节描写不仅赞同，更以为不足：

> 初期的民族革命不免有感情的成分，所以秋瑾在《自由魂》中以慷慨悲歌的英雄的姿态而出现，她将革命失败的责任放在自己身上，企图用"身殉"来孤注一掷，对于这种当时的时代病，作者尽了相当批判的力量，但是我们还嫌他的批判过分婉曲，使人不明白作者本意，……[3]

1　夏衍:《代序——给改编者的一封信》第2页，夏衍原著、王雁改编:《秋瑾传》（京剧）。

2　夏衍:《秋瑾不朽》。1942年，郭沫若撰有《娜拉的答案》一文，论及秋瑾的被捕就义，认为，"因经验不足，致机事不密，此乃初期革命者之常；然在革命初期总须得有一二壮烈的牺牲以振聋发聩，秋徐二先烈在这一点上正充分完成了他们作为前驱者的任务。为革命而死乃是求仁得仁"（《新华日报》1942年7月19日）。此言虽非针对夏衍《秋瑾传》而言，却可见郭的意见。

3　光明读者会:《评〈自由魂〉》，《光明》第2卷第7号，1937年3月。

而这样的要求如果付诸实行，结果很可能是"真理再向前走一步便是谬误"，秋瑾舍生就义的牺牲意义必然会受到损害。不过，1930年代，夏衍在剧本中能够如此激烈地、正面地表现对秋瑾"身殉"的不以为然，读者不以为忤反大加肯定，即使郭沫若与田汉不赞同，多半也只限于对秋瑾"要求过高，也是不必要的"[1]一类责备，而全然不曾意识到其关乎后来的改编者极为看重的革命气节。因此，这场戏也成为日后修改最用力之处。

在当年，能够得风气之先的还是郭沫若，其1942年7月发表的《娜拉的答案》已站在一个时代的高度，以"脱离了玩偶家庭的娜拉，究竟该往何处去"设问，总结了秋瑾人生道路的意义：

> 求得应分的学识与技能以谋生活的独立；在社会的总解放中争取妇女自身的解放；在社会的总解放中担负妇女应负的任务；为完成这些任务不惜以自己的生命作牺牲——这些便是正确的答案。[2]

将"妇女自身的解放"归入"社会的总解放"，亦即以"政治革命"统领"家庭革命"，确实是对秋瑾最终达到的思想境界的准确概括；但落实在文学书写中，则意味着推翻清政权的革命势必主导全局，从而压抑了男女平权的呼声。这在夏衍的《秋瑾传》中已初露端倪。

1　夏衍：《代序——给改编者的一封信》第2页，夏衍原著、王雁改编：《秋瑾传》（京剧）。

2　郭沫若：《娜拉的答案》，《新华日报》1942年7月19日。

五　1950—1980年代：从革命传统教育到尊重人性

1949年以后，以夏衍的《秋瑾传》为蓝本，先后出现了三个改编本，即1960年出版的由王雁执笔的京剧《秋瑾传》，1958年初稿、1962年定稿的柯灵完成的同名电影剧本，以及1983年发表的黄宗江、谢晋根据柯灵底本创作的电影分镜头本《秋瑾》。其中，京剧《秋瑾传》以张君秋饰演女主角，1959年搬上了舞台；柯灵的作品原拟由桑弧导演，未成，电影文学剧本直到1979才公开发表[1]；由谢晋导演、李秀明主演的影片《秋瑾》亦于1983年与剧本同时和观众见面。而就与夏衍原作的关系来看，三个文本不断移步换形，实际已越走越远。

这一时期秋瑾题材创作的推动力，与时任国务院总理的周恩来有密切的关系。柯灵对此曾有说明：

> 五十年代初，中国人民已经站立起来，敬爱的周总理和胡乔木同志不约而同，先后建议将《秋瑾传》拍成电影。不久以后，纪念秋瑾的文集由宋庆龄、郭沫若同志联袂题签，以堂皇奇丽的篇帙问世。[2]

1　柯灵剧本1979年4月由上海文艺出版社印行单行本。据作者自述，"剧本几经曲折"，"先是在张春桥文艺作品只许写十三年的禁令之下碰了壁，接着又经历了使八亿人蒿目增痛、裂眦怀愤的年月"，"文革"结束后，"却是夏衍同志自己来开红灯了"（《从〈秋瑾传〉说到〈赛金花〉》代序第1、7页，夏衍原著、柯灵改编：《秋瑾传》，上海：上海文艺出版社，1979年）。

2　柯灵：《从〈秋瑾传〉说到〈赛金花〉》代序第1页，夏衍原著、柯灵改编：《秋瑾传》。

其中所谓"纪念秋瑾的文集",实即宋庆龄题签、郭沫若撰序的《秋瑾史迹》,此书1958年由中华书局上海编辑所编辑、出版。两年后,该所编辑的《秋瑾集》亦接续问世。不妨一提的是,柯灵与谢晋均为绍兴人,周恩来亦原籍绍兴,并曾在1939年为表妹王去病题词"勿忘鉴湖女侠之遗风,望为我越东女儿争光"[1]。

最接近夏衍原作的京剧《秋瑾传》,为适应戏曲场面调度的需要,已将序幕加三幕四场的话剧结构调整为七场。对照夏衍剧作,京剧中增加的第二场与第五场,分别以徐锡麟穿插,正面表演其与程毅为寻求革命救国东渡日本,以及在安庆警察学校枪杀安徽巡抚恩铭的情节。其他五场戏则大体是依照夏本,从序幕起,逐次演来。

京剧《秋瑾传》对于话剧最大的改动应数第六、七场,此两场戏正好对应夏衍原著的第三幕一、二场。由于夏衍在给张君秋与王雁的信中,特别说明了当年写作时白区工作的特殊背景以及对蒋纪刻画的意涵,因此,京剧在改编时,也有意识地加重了强调叛徒危害性的戏份。第六场最后程毅下场前,对秋瑾说:"秋先生,你拿什么人都当同志,这是好教训!"这还可以说是由话剧第三幕第二场移借过来。不过,变程毅的私下感慨"秋先生做人太好了,不论什么人都当作同志,这是好教训",为革命同志当面直接的提示,言说的分量显然不同。而第七场更增加了秋瑾于庭讯时,"用手上铁锁链猛击蒋纪未中"的动作,取代了话剧中只是"以悲痛和愤怒的眼光将跪在地上的蒋纪看了一眼"的表演,并唱

---

1 王去病、陈德和主编,晨朵编写:《秋瑾年表(细编)》卷首。

图2-27　夏衍原著、王雁改编《秋瑾传》(京剧，北京出版社，1960年)

道："可恨你当奸细出卖革命，才落得革命事功败垂成，只怪我把你来错认，骂一声你衣冠禽兽、无有廉耻的狗肺狼心！"[1]秋瑾对叛徒、内奸的痛恨已表现得更外在，同时也由衷地表达出痛悔之情。

最重要的是，京剧已在大力提升秋瑾牺牲的意义。话剧中疾言厉色反复要求秋瑾撤退的程毅，在此问题上已不发一言。即使劝导了几句的王金发，最终也要赞叹："秋女士对革命如此坚定，烈肝胆令人敬气贯长虹。"而秋瑾不仅表达了"我今日用热血把民

---

[1]　夏衍原著、王雁改编：《秋瑾传》(京剧) 第41、43页；夏衍：《秋瑾传》第75、77页。

众惊醒，革命者理应当杀身成仁"的壮烈情怀；并且，其面对大通学堂学生所说的激励言辞，竟好似出自共产党员之口：

> 诸位同学，我们平常讲献身革命，现在是我们为革命做最后牺牲的时候了。

对愿意留下死守的同学，秋瑾也表示："好！感谢你们为革命不惜牺牲自己的精神！"[1]这里已完全没有责备秋瑾"作困兽之斗"，而不知"保全实力、徐图再起"[2]更有价值的意思。新中国建立后的革命传统教育，在此已见成效。

与戏剧讲究经济、特别重视场次安排相区别，电影运用镜头剪接技术，可以不断进行时空转换，因此便于容纳更多的人物与情节。于是，在京剧《秋瑾传》已然添加了徐锡麟、陈伯平这两位与秋瑾策划起义直接相关的先烈入戏外，柯灵与谢晋的两部电影剧本又带进了陈天华、竺绍康以及一众浙江各地义军的统领，甚至下令杀害秋瑾的浙江巡抚张曾敭也直接现身银幕。凡此，无疑都是为了呈现时代氛围，扩大影片的历史内涵。这从电影开头对话剧序幕的修改已分明可见。

夏衍的《秋瑾传》开场，先写一被教民强占土地的农民阮财富拦轿告状，反遭惧怕洋人的知县惩办，秋瑾挺身而出，为阮力争，由此既透示出清末列强交侵、朝廷无能、官员只会欺压百姓

1　夏衍原著、王雁改编：《秋瑾传》（京剧）第39页。
2　夏衍：《代序——给改编者的一封信》第2页，夏衍原著、王雁改编：《秋瑾传》（京剧）。

图2-28　夏衍原著、柯灵改编《秋瑾传》(上海文艺出版社，1979年)

的社会现实，也对秋瑾的富有正义感与同情心、忧国忧民的形象做了初步展现[1]。而在柯灵的剧本中，这些原先借助人物对话揭示的历史背景，已可以采用跳跃的电影画面，连缀起被八国联军焚烧的北京城，英国海军炮队、美国马队、法国士兵在京城各处横行，以及《辛丑条约》签订的屈辱场景。谢晋则又在此处，反复切入或怒目圆睁，或怒吼，或昂头，最终则是嘴巴残缺、翻倒在地的石狮子，以表达中国人民的愤怒、不屈与被残害。先前需要一场戏来呈现的内容，现在几分钟即可办到。

1　因此场戏与后面三幕在内容上没有必然的联系，故1937年4月，津电剧社在天津电报局礼堂演出《自由魂》时，即将"不很重要"的序幕删去不演（见张予弓《〈自由魂〉演出我见》，《大公报》1937年4月14日）。

　　而两个电影剧本比之话剧，最人的变化是增加了秋瑾的留学日本。这段在夏衍剧作中完全作为暗场略过的经历，原本是其生平中极为重要的一部分，秋瑾的最终走向革命，实以此为转折点。尽管对秋瑾从家庭革命转向民族革命的思想历程如何区划有不同的理解，但柯灵与谢晋的增重留日剧情，使两个电影文本的结构"明显地分为北京、日本、上海、绍兴、就义五大段落"[1]，自然有利于全面展示秋瑾的人生道路，也能够把诸如陈天华为抗议日本颁布取缔留学生规则而投海自尽的重大时事正面演示出来。

　　尽管谢晋的分镜头本是在柯灵电影文学剧本的基础上改造而成，不过，两个文本的区别也很明显。柯灵的电影剧本着力表现秋瑾一生的"惊才绝艳，惊世骇俗，惊天动地"[2]，已经开启了诗化的趋向。谢晋的制作于此更大力推进、渲染，电影《秋瑾》因之具有浓郁的抒情史诗风格。剧本在《电影选刊》发表时，很可能出自编剧之一黄宗江之手的题记便在强调："本片不追求曲折离奇的故事情节和热闹场面，而是深刻地挖掘人物的内心情思。意境充满诗情，充分抒发了秋瑾悲愤而又激昂、豪放而又深沉的气质情怀，以情感人，以情取胜。"因而，该片"以秋瑾命运中不断出现的生离死别作为情节贯串线"，诸如"离家出走去日本前夕与儿女的离别，在日本跟陈天华的生离死别，在绍兴起义前跟徐锡麟

1　题记，谢晋：《秋瑾》，《电影选刊》1983年10月第5期。对照谢晋的《洗净铅华　抛却珠翠——〈秋瑾〉导演构思》（《谢晋电影选集（历史卷）》第23—26页，上海：上海大学出版社，2007年），可知此题记乃是撮述其1982年4月影片开拍时的谈话记录而成。

2　柯灵：《访问秋瑾的乡亲》（1962年12月），《柯灵文集》第三卷第673页，上海：文汇出版社，2001年。此言出自桑弧。

的生离死别，以及后来与王金发、与秀蓉（引者按：秋瑾的陪房
丫头）的生离死别"[1]，由此分割开秋瑾的五个人生阶段。

　　受其时正在理论界热烈讨论的人道主义思潮的影响[2]，作为对
"文革"期间以阶级斗争泯灭人性的反拨，谢晋在人物塑造上也有
意识的"力戒概念"。此一导演意图不只落实在秋瑾与女友的对
比——"秋瑾豪爽，徐寄尘婉约"，"秋瑾凝重，吴芝瑛轻浮"——
以及徐锡麟、陈天华、陈伯平与王金发四位革命同志的性格差异
上，即使对于杀害秋瑾的绍兴知府贵福等反面人物，影片"也首先
表现出他们是一个人，是具体的活生生的清朝官僚"[3]。因此，尽先
在北京已经见面的贵福，最初留给秋瑾的印象竟是"颇有好感"[4]。

　　可以想象，在严密的禁锢刚刚被打开的阶段，这种对人性的
发掘以及情感的抒发很容易过度。以与男同志的人物关系处理而
言，在柯灵的电影文学剧本中，徐锡麟等四位志士已先后走进秋
瑾的生命历程，作家却始终定位在"战友"[5]的身份，无论何时，秋
瑾与这些同志交谈的内容都只关乎救国。谢晋与黄宗江当然也无
意越界，但为了回应世间的传闻与观众的好奇，也应该是拍摄前

1　题记，谢晋：《秋瑾》，《电影选刊》1983年10月第5期。

2　此期发表的重要文章，有朱光潜的《关于人性、人道主义、人情味和共同美问题》
　　（《文艺研究》1979年第3期）、汝信的《人道主义就是修正主义吗？——对人道主
　　义的再认识》（《人民日报》1980年8月15日）、王若水的《人是马克思主义的出发
　　点》（收入同名文集，北京：人民出版社，1981年）及《为人道主义辩护》（《文汇
　　报》1983年1月17日）等。

3　题记，谢晋：《秋瑾》，《电影选刊》1983年10月第5期。

4　谢晋：《秋瑾》第一章。《谢晋电影选集》中所收《秋瑾》电影完成本与《电影选
　　刊》的分镜头本小有差异，但因后者可见其初始意图，故引文大抵以此为据。

5　夏衍原著、柯灵改编：《秋瑾传》第31页。

在北京所看1948年中电三厂的《碧血千秋》等影片[1]留下的印记，电影《秋瑾》中增加了徐锡麟的妻子送男人鞋样与戒指给秋瑾，信中并有"革命必成，壮志必遂，好事必谐"之语，让秋瑾深感受到侮辱。于是引发出徐、秋二人一段抒怀："竞雄，甘苦与共，生死相托，我们革命党人的情谊，实在是胜过家人骨肉！""天地之间，万种情怀，惟独革命同志之情可与天地共老。"[2]这一段的效果其实无助于澄清二人关系，反恰如柯灵所批评的："现在写的，如蜻蜓点水，一笔带过，论人论戏，似乎两无补益，反使观众分神，涉于遐想。"[3]此节应该算是谢晋有意追求"诗情应贯穿全剧""秋瑾的感情线要重点渲染"[4]而荡生的笔墨。

在如此浓情重彩的氛围中，"家庭革命"所要求的决绝，无疑会被冲淡以至于消解。而且，无论是柯灵还是谢晋的文本，秋瑾自出场始，爱国激情即成为其人生的主旋律。在《宝刀歌》"白鬼西来做警钟，汉人惊破奴才梦"的烘托下，已然用"革命党的口气"写出"反诗"[5]的秋瑾，其实早已超越了"家庭革命"的阶段。因而，晚清小说《六月霜》中秋瑾所自豪的"这男女平权、家庭

1　见谢晋的《洗净铅华　抛却珠翠——〈秋瑾〉导演构思》，《谢晋电影选集（历史卷）》第24页。

2　谢晋：《秋瑾》第四章，《电影选刊》1983年第5期。

3　柯灵：《关于〈秋瑾〉的通信》之一—《柯灵致王林谷、谢晋、黄宗江信》，《柯灵文集》第三卷第674页。更严厉的说法是："徐锡麟妻子致秋瑾一简，即酷似好事文人舞文弄墨，而不类闺中人口吻。"

4　谢晋：《洗净铅华　抛却珠翠——〈秋瑾〉导演构思》，《谢晋电影选集（历史卷）》第23、24页。

5　夏衍原著、柯灵改编：《秋瑾传》第5、6页；谢晋：《秋瑾》第一章，《电影选刊》1983年第5期。

革命的鼻祖，总不能说不是我"[1]，这类前卫的字眼，至此反都是从王廷钧口中道出，所谓"你这么三天不隔两的跟丈夫吵嘴，就算是男女平权"，以及"你不要妄想跟我闹家庭革命"[2]。柯灵与谢晋的区别只在于，后者改变了前者留学的完全自主性，而以王廷钧赌气地回应秋瑾"那我走。走得远远的，省得连累了你的脑袋"的话"好，好，你可以走。你一直嚷着去东洋上学堂！去吧！去找你佩服的章太炎、邹容，还有那个陈，什么什么天……哼！"[3]为秋瑾的决意留日先行做了铺垫。

接下来的处理，柯灵虽然也有"秋瑾把孩子紧紧地搂了一阵，偷偷擦干眼泪，下决心把孩子推开"的动情表演，但最终"乘长风，破万里浪，我总算走成了"[4]的兴奋，仍然主导了秋瑾的离别。谢晋则与此不同，影片在秋瑾出走前的儿女之情上可谓做足了文章。除保留柯作原有的情节外，电影又添加了秋瑾无意中看到两个即将分开的孩子"十分亲密地分着玩具"的场面，哥哥把自己心爱的玩具"下了很大的决心"，让给了妹妹。这些充满亲情的镜头，让"秋瑾再也抑制不住自己的感情，转身离去"，"哭出声来"，"无力地坐在椅子上，失声痛哭"[5]。这样尽情的宣泄，固然让作为母亲的秋瑾更具有普通人的情感体验，却与英风豪气的人物

1　静观子：《六月霜》第九回，《中国近代小说大系》（仇史、狮子吼、如此京华等）第167页。

2　夏衍原著、柯灵改编：《秋瑾传》第8页。在《秋瑾》第一章中，后句相同，前句则只有"你去跟他们讲你的男女平等吧"（《电影选刊》1983年第5期）相近。

3　谢晋：《秋瑾》第一章，《电影选刊》1983年第5期。

4　夏衍原著、柯灵改编：《秋瑾传》第13、16页。

5　谢晋：《秋瑾》第一章，《电影选刊》1983年第5期。

图2-29　谢晋导演的电影《秋瑾》海报

原型距离太远，也与女儿的回忆相抵牾。"我与胞兄，从小就不和睦。他仗恃祖母的宠爱，就倚势欺人"[1]的兄妹失和还在其次，秋瑾离家时的毅然决然，将唯一留在身边的女儿"寄托于友人谢涤泉家"，后"由邓姓女仆携归家中，几乎冻死饿毙于中途"[2]的遭际，更能映现秋瑾"家庭革命"的代价。而读秋瑾赴日后写给兄长的家书，也只有"妹近儿女诸情，俱无牵挂，所经意者，身后万世名耳"[3]，并无一语提及子女。两相对照，此处电影的刻意用情，非

1　王灿芝:《我的家庭和生活史略》，初刊《战旗五日刊》，1937年7月31日；录自郭长海、秋经武主编《秋瑾研究资料·文献集》第374页。

2　王灿芝:《读〈六月霜〉后之感想——关于先母秋瑾女士》，《人间世》第28期。

3　秋瑾:《致秋誉章书》其五（1905年9月12日），《秋瑾集》第39页。

但没有达到创作者所期望的"动人心弦"[1]的效果，反而既不真实，也落了套。

实际上，对于"男女平权"的话题，从夏衍以来，已经越来越被秋瑾日后所从事的武装革命救中国的思路压倒。最明显的是关于《中国女报》筹款的一场戏。夏衍的《秋瑾传》用第二幕的一半篇幅来表现，意在以募款无着，揭示单纯提倡妇女解放的路走不通，"一定要打一个响雷，放一把猛火"[2]，这也是王金发随后带来起义计划的意义。柯灵的电影文学剧本保留了话剧已有的募捐宴会情节，却并不让秋瑾懊悔办《中国女报》为徒劳。在她那里，唤醒女界与组织革命本可同时并行，甚至女报社还可以成为策划革命、试验炸弹的掩护。直到谢晋的影片出来，在秋瑾生平事业中相当重要的创办《中国女报》才完全边缘化。宴会基本转为暗场交代，只有徐寄尘拿出卖田产的银票交给秋瑾时说，"我怕你办女报，一定缺钱用"[3]，才算对此事略加交代。如此处置，正与"家庭革命"在电影中的淡化一致。

本来，期望兼顾亲情、友情与爱国激情，在柯灵与谢晋都有同样的诉求。不过，《秋瑾传》做得更有节制，虽然秋瑾最后的狱中从容绣花，并将绣好的梅花送给已成革命同志的秀蓉，愿其"象梅花，经得起风雪"[4]，太容易引人联想起1964年上演的歌剧《江姐》的狱中绣红旗以及主题歌《红梅赞》。当然，柯作成稿在前，

1　题记，谢晋：《秋瑾》，《电影选刊》1983年第5期。

2　夏衍：《秋瑾传》第49页。

3　谢晋：《秋瑾》第三章，《电影选刊》1983年第5期。

4　夏衍原著、柯灵选编：《秋瑾传》第83页。

倒不是套用，但仍可见一时风尚。

　　而"很多情节是写秋瑾策划武装起义等方面的斗争"的电影《秋瑾》，按照导演谢晋的构想，应极力避免像《碧血千秋》等已有的影片一样，拍成"'武'戏，动人之处不多"，因此，其目标是成就一部"文戏"[1]，以情动人。不过，遗憾的是，其中不少添加的动情场面，并不能达到预期的效应。特别是当秋瑾决定牺牲一段戏，秋要王金发先走，并以浙江各地同志的名册以及陈天华赠送的宝刀相托时，这个"秀才强盗"竟会"控制不住，突然痛哭失声，跪倒在地"[2]，反不及夏衍笔下"一贯的脱俗，精明，老练"的人物形象更神似[3]。特别是在秋瑾写好"绝命书"后，镜头又转到先前徐锡麟夫人捎来的男人鞋样。尽管影片在前面曾特意安排秋瑾对陈天华表白"我没有做过男人的鞋"，但此刻"秋瑾的手将揉皱了的鞋样摊平，拿起"，最后"扔进炉火中燃烧起来"[4]，在痛悼同志的悲伤之外，仍有意想表现压抑在秋瑾内心深处的别种情思。并非秋瑾不能爱慕徐锡麟或反之，但依照其爱恨情仇格外强烈分明的性格，即使有所描述，也应当更大气、畅快。片中一

1　谢晋：《洗净铅华 抛却珠翠——〈秋瑾〉导演构思》，《谢晋电影选集（历史卷）》第24页。

2　谢晋：《秋瑾》第三、五章，《电影选刊》1983年第5期。

3　光明读者会：《评〈自由魂〉》。该文甚至认为："要是看过或读过这剧本的观众或读者，一定每个人都爱他（引者按：指王金发），甚至会胜过爱秋瑾。"（《光明》第2卷第7号）

4　谢晋：《秋瑾》第二、五章，《电影选刊》1983年第5期。此处《秋瑾》完成本简化为"一只鞋样放进了燃烧着的火盆里，慢慢点燃了"（《谢晋电影选集（历史卷）》第131页）。

再借重鞋样、戒指等小物件，半遮半露，反显出男性作者的思维偏狭。

应当肯定的倒是电影中秋瑾的被捕，其一反先前各种文本的枪战设计，而改为清兵如临大敌般地涌入，秋瑾却"一个人从容不迫地将后厅的门打开，走了出来"[1]。如此描写，自然是为了塑造其大义凛然、视死如归的英烈形象，却也及时采纳了学界的最新研究成果。1982年，上海的《学术月刊》发表了秋瑾研究专家郭长海的论文，经过考辨，他认定，"历史上根本就不存在秋瑾持枪拒捕的事实"；并特别指出，所谓秋瑾"指挥学生武装抵抗，英勇杀敌，击毙清兵若干人，最后，因寡不敌众而被捕"的成说全无根据，而其"在某些文艺作品中（戏剧、曲艺、电影剧本，乃至绘画、连环画……）得到了更为精彩的描绘"[2]，才使他感觉有责任查明事实。由此，谢晋别具一格的改写，既可配合"文戏"的整体构思，也适度还原了历史真相。

从1950年代至1980年代，中国的社会思潮已经几经变易，这也使得每个阶段出现的秋瑾文学形象映现出不同的时代风貌。尽管还是那位1907年因组织革命暴动而被杀头的女杰，还是依据1930年代夏衍的话剧《秋瑾传》所作的改编，但排列各个文本，其间从革命传统教育最终转向对人性的尊重与呈现，依然可以见出思想界由一元到多元的突破。在这个意义上，谢晋电影的文化价值更值得重视，其艺术上的成功与否倒不该过于看重了。

---

1 谢晋：《秋瑾》第五章，《电影选刊》1983年第5期。
2 郭长海：《秋瑾持枪拒捕考》，《学术月刊》1982年第12期。

六　余韵：作为女性的秋瑾

如果以"秋瑾文学"的集中创作而言，晚清之外，1981年是又一个高峰。其时正值辛亥革命七十周年，按照魏绍昌"不完全的统计，各地同时有七个剧团演出了秋瑾戏，如北京京剧院二团的《风雨千秋》、上海人民艺术剧院二团的《秋风秋雨》（后改名《鉴湖女侠》）、浙江省歌舞团的《秋瑾》（芭蕾舞剧）、杭州话剧团的《秋瑾》、江苏省昆剧团的《鉴湖女侠》、天津市京剧三团的《鉴湖女侠》、安徽芜湖市梨黄戏剧团的《鉴湖碧血》等"。其中王元美编写的八场话剧《秋风秋雨》最得魏绍昌称赞，认为其"经过舞台实践检验的结果"，"终于独占鳌头"[1]。而与王作同期在《新剧作》刊载的尚有徐培均、卫震华所编八场越剧《鉴湖碧血》[2]，倒与当年演出的梨黄戏重名。京剧《风雨千秋》的作者则为黄宗江[3]，随后又以编剧的身份，参与了谢晋电影脚本《秋瑾》的写作。

上述诸作，以曾经刊发过剧本的三种戏剧而言，《鉴湖碧血》情节最离奇，编造了诸如徐寄尘被嘲辱愤而投水，王廷钧对秋瑾忏悔"我也想冲出家庭、官场，但我甩不掉因袭的重担"，陈伯平于安庆起事失败后受伤赶回绍兴报信、在清兵包围大通学堂时自杀[4]。诸如此类为增强戏剧效果、减少头绪的关目设置，却在史实中

1　魏绍昌：《秋瑾的艺术形象永垂不朽——从传奇、文明戏到话剧和电影》，[日本]《清末小說研究》第6号。

2　王元美：《秋风秋雨》（又名《鉴湖女侠》）；徐培均与卫震华：《鉴湖碧血》，《新剧作》1981年10月第5期。

3　黄宗江：《风雨千秋》，《剧本》1981年11月号。

4　参见徐培均、卫震华《鉴湖碧血》第一、四、七场，《新剧作》1981年10月第5期。

完全找不到根据。其间尤以死于徐锡麟刺杀安徽巡抚恩铭现场的陈伯平之出走，令人大跌眼镜。尽管这是为了塑造秋瑾的高大形象所做的铺垫，但在这样无中生有的场景中出现的鉴湖女侠，其真实性也因此大打折扣。

《秋风秋雨》与《风雨千秋》自然也有添加，如前者增添了一个因爱成仇、最终出卖秋瑾的叛徒姜光汉，后者让秋瑾在抵抗清兵、"弹绝弃枪"时高呼"（陈）天华，我来也！"并"挥刀直插心窝"，同样于史无据。只是，两个剧本的若干构思直至人物语言，如王元美剧作中的贵福与秋瑾在北京见面，黄宗江剧本中的秋瑾留学日本后参加多个革命团体而自白："鄙人多山头乃无山头。尽是山头，山也就平了，成了一大高原；我就想站立在我中国的高原上，遥呼四方！"亦均为后出的谢晋电影脚本《秋瑾》所吸纳[1]。而二剧对电影《秋瑾》最大的影响，还在刻意营造的抒情风格。不过，《秋风秋雨》拉来其时在文学界最具权威的鲁迅，让他在"序幕"中抒发对秋瑾的敬佩之情："我钦佩她这种为振兴中华勇往直前的精神，正是我们中华民族的脊梁骨。'鉴湖女侠'真是令人难忘呀！"[2]不无牵强。实则鲁迅对秋瑾亦如其老师章太炎，颇有微词[3]，因而谢晋和黄宗江随后在影片中完全剔除了鲁迅（周树人）这条线索。

1　黄宗江：《风雨千秋》第四折第十一景、第二折第四景；参见谢晋《秋瑾》第二章，《电影选刊》1983年10月第5期。

2　王元美：《秋风秋雨》（又名《鉴湖女侠》）"序幕"，《新剧作》1981年10月第5期。

3　章太炎称秋瑾"素自豪，语言无简择"（《秋瑾集序》，《民报》第17号，1907年10月），鲁迅也有"想到敝同乡秋瑾姑娘，就是被这种劈劈拍拍的拍手拍死的"（《而已集·通信》，《鲁迅全集》第三卷第446页，北京：人民文学出版社，1981年）之言。

　　大体而言，1981年出现的诸多戏剧作品中的秋瑾形象，仍处于自夏衍的《自由魂》向谢晋的《秋瑾》转变的过程中，作者更在意的是挖掘秋瑾的政治革命情怀，故肯定武装起义，多半对其办《中国女报》的志业不以为然。《鉴湖碧血》假徐锡麟与秋瑾之口反复言说："竞雄，《女报》不能制强梁，救国救民靠武装！""办女报欲唤女界早觉醒，终究是文章难当敌刀刃。"《秋风秋雨》更是沿袭夏衍的思路，回应郭沫若的提问："我不想办下去了。""这太慢了，又不能彻底。""即便走出了家庭又怎么办呢？"以此，"家庭革命"也只能被定义为女性走向革命的第一步，此即为《风雨千秋》中秋瑾之言"我们女子革命首先就不能不从家庭开始"[1]的真意所在。

　　于是，真正的突破还要等到1996年叶文玲的长篇小说《秋瑾》出版。作品以这样的笔调开场：

> 　　你默默地立于晨曦之中，素面朝天，丰仪飘然，周遭一无点缀。
>
> 　　这就是你么？
>
> 　　是你，当然是你。[2]

显然，这仍然沿用了电影《秋瑾》着意强调的"诗意"笔墨。落实在长篇小说这种体裁上，正可谓为"史诗"。

1　徐培均、卫震华：《鉴湖碧血》第一、六场；王元美：《秋风秋雨》（又名《鉴湖女侠》）第三场，《新剧作》1981年10月第5期；黄宗江《风雨千秋》第一折第三景，《剧本》1981年11月号。

2　叶文玲：《楔子》，《秋瑾》第1页，杭州：浙江文艺出版社，1996年。

图2-30　叶文玲著《秋瑾》(浙江文艺出版社，1996年)

　　叶著《秋瑾》所凸显的史诗意境，首先表现在作者对于相关史料充满高度热情的搜求与研读。1981年发下的心愿，十五年后才还清。在这期间，作者为了还原一个"真实的秋瑾"，做了充分的准备工作，"包括一遍遍地查访秋瑾的亲朋后裔以及其他知情人；包括寻觅秋瑾的祖居以及在祖居蓬勃兴起的各种纪念处；包括必不可少地一遍遍阅读那几百万字的资料；包括寻找那些哪怕有一点点可供搜寻的蛛丝马迹"，当然也包括一遍遍地阅读"她本人的诗、词、信札以及'绍兴府衙'搜出的档案，一次次地面对她的一篇篇或娟秀或潦草的笔迹特别是那个令人铭记如镌的指印"[1]。叶文玲所下的这番读史功夫，也使她比此前的任何作家都更

1　叶文玲：《后记》，《秋瑾》第449—450页。另，参见该书第5页。

接近她的写作对象，熟悉秋瑾诸多一向被忽略的细节。

　　而作者所采用的长篇小说文体，也祛除了戏剧、电影作品对于人物设置、时间长度上的种种制约，得以细致地铺展秋瑾的生平。尤其是那些从史料中读出来的诸多细节，作者也一一将其收纳、编织到情节中，成为使历史人物秋瑾鲜活起来的血肉。并且，这样的叙述本身，已展现出作者对秋瑾的体贴与解读。加以叶文玲设计的小说结构，乃是以秋瑾获知徐锡麟刺杀恩铭后殉难的消息直至其轩亭口就义六日间事为主线，再经由不断的闪回与梦境，牵连起秋瑾的一生行迹。由此，人物心理的深入展示，也成为小说情节演进的重要动力。

　　即如秋瑾的婚姻状况，自晚清以来，学界大抵相信秋瑾谓其夫"无信义、无情谊、嫖赌、虚言、损人利己、凌侮亲戚、夜郎自大、铜臭纨绔"[1]的诸般恶评，出现在文学作品中的王廷钧（子芳）因此多为负面形象。直到1982年9月，服部繁子（1872—1952）的遗作《回忆秋瑾女士》在日本全文发表[2]，并很快译介到中国，才使研究者对秋瑾的家庭生活有了更多了解。而1904年在北京期间，服部夫人与秋瑾有较多交往，最终秋瑾也是由她带到日本留学，故其记述具有很高的史料价值。文中尤为引人注目处，是那位"可怜巴巴的、温顺的"丈夫与身着男装、"飒爽英姿"的秋瑾形成了强烈对比，以至服部夫人对秋瑾这样说："在你家里你是男的，你丈夫是女的，你是你们家庭中的女王，不，是女神。"秋瑾的回答也耐人寻味：

1　秋瑾：《致秋誉章书》其五（1905年9月12日），《秋瑾集》第38页。

2　服部繁子：《秋瑾女士の思い出》，《季刊東西交涉》第1卷第3號，1982年9月。

夫人，我的家庭太和睦了。我对这种和睦总觉得有所不满足，甚至有厌倦的情绪。我希望我丈夫强暴一些，强暴地压迫我，这样我才能鼓起勇气来和男人抗争。

而秋瑾到日本留学，不仅是王子芳直接向服部繁子提出请求，并且，在最后火车开动之际，他还抱着儿子向秋瑾招手[1]。这和以往国人认知中那位顽固阻挠秋瑾留学的丈夫真有天壤之别。

面对这批新出现的回忆记述，加以阅读秋瑾作品的感受，显然让叶文玲对秋瑾的"家庭革命"有了新的理解。小说中新婚之夜的描述，实已预示了此后夫妇的性格冲突直至分道扬镳。站在王子芳的角度，作者写出了所谓"鱼欢水不欢"的体验："她性冷，对于他，她性情也冷，性事更冷。""闺房之乐中有这感觉，教人真是不无扫兴。这感觉一直伴随着他，在他们共度过的包括常常分别的十一年岁月里。"而"她最心热的，就是诗呀书呀文章呀，一说起这些来，就眉开眼笑，整个人都换了模样"。所以，感觉"娶了她这种女人，真是懊丧透顶"的王子芳，"日子一长，谁耐得了你这什么谢道韫、鲍参军的这般疯魔"[2]。末后这句的出典正在秋瑾的《谢道韫》一诗："咏絮辞何敏，清才扫俗氛。可怜谢道韫，不嫁鲍参军。"[3]丈夫的平庸不才、不懂风雅，本是秋瑾心中的终身恨事。双方的情不投，自然导致意不合。秋瑾此后的赴日留学与

1　服部繁子著，高岩译、金中校：《回忆秋瑾女士》，郭延礼编：《秋瑾研究资料》第175、171、177、174、179—181页，济南：山东教育出版社，1987年。

2　叶文玲：《秋瑾》第73—74页。

3　秋瑾：《谢道韫》，《秋瑾集》第74页。

走向革命，家庭生活的无可留恋实为不容忽视的原因[1]。

而当性别研究已在学界风生水起的1990年代，重新品味徐自华所写《秋瑾轶事》中的情境，也会产生别样的体悟。这篇写于1907年秋瑾被杀后、收集在1987年出版的《秋瑾研究资料》中的文字，乃徐氏以闺中密友的身份记录的温馨往事。面对惨烈的屠杀，那些已不可复得的亲密笑谑越发令作者低回追怀。特别是其中无意间透露的秋瑾的男性化取向，也足可补充秋瑾易男装、吟诵"侠骨前生悔寄身"[2]诗句的隐情。此文开篇即述：

> 女士工诙谐，词令之妙，使人解颐。课余无一日不与余雅谑，戏赠余句，有"安排娇骨用鞭挝"，余亦戏答云："自笑诗魔爱秋色，何妨傲骨受卿挝？"女士曰：子称我'卿'，礼太不敬。"余曰："雅号璿卿，焉能禁人不唤！"女士曰："人皆称我'竞雄'，'卿'字，不敢呼。"余曰："人不呼卿我独呼，始特别。"女士曰："子亦王大［夫］人对安丰语耶？"余笑曰："非也。平生风骨峻嶒甚，每到低头总为卿。"[3]

此间所用为《世说新语·惑溺》中故事："王安丰妇，常卿安丰。安丰曰：'妇人卿婿，于礼为不敬，后勿复尔。'妇曰：'亲卿爱卿，是以卿卿；我不卿卿，谁当卿卿？'遂恒卿之。"可见秋瑾自觉充当了故事中的男性角色，以王戎（安丰）自居，故拒绝"卿"的

1　参见笔者《秋瑾与谢道韫》，《北京大学学报》1999年第1期。

2　秋瑾：《自题小照（男装）》，《秋瑾集》第78页。

3　徐自华：《秋瑾轶事》，《小说林》第7期，1907年12月。

称呼。下文叙事，尽管也凸显了秋瑾的志向远大、爱国情切、嫉恶如仇，却仍不断穿插此类与性别相关的戏言。如其欲穿男装与徐自华姊妹合影，徐称："君如此装束，不便奉陪。"秋瑾因事去苏州，两日后半夜赶回，徐问："归胡速？"秋笑曰："恐子望陌头杨柳。"[1]此类言行，显与大众想象中的女英烈典范相差甚远，难怪徐氏这篇并不难寻的文章，长期未编入多种秋瑾史料集中[2]。

　　如此细节生动且来源可靠的第一手忆述，落在叶文玲手中，当然不会放过。据此，小说将徐自华初见秋瑾的心理描述为，"就象是相知多年的旧雨重逢，就象是'撞见了五百年前风流孽冤'！——虽然想到《西厢》里的这句念词有点令人羞涩，但是，一见秋瑾，不知为什么，自从先夫去世后，那种远逝了的只有对异性方有的依从和温柔之感，竟从此在她心头似春水似的泛滥起来"。这段情愫也竟幻化为徐氏对秋瑾的倾诉："倘若我们两人，有一是男性，再结秦晋之好，岂非是天上人间，美满姻缘一桩呵！"而此言也正道出了秋瑾的心事，甚至在1998年出版的修订本《秋瑾》中，作家更让秋瑾如此回应：

　　　　我也想了多日，与姐姐如此情投意合，真是合了前生缘份！若不是中国人出于传统习惯，一定要生儿育女传宗接代的话，我看只要两人心心相印，同姓［性］也可共同生

1　徐自华：《秋瑾轶事》，《小说林》第7期。

2　如周芾棠、秋仲英、陈德和辑《秋瑾史料》（长沙：湖南人民出版社，1981年），陈象恭编著《秋瑾年谱及传记资料》（北京：中华书局，1983年），王去病、陈德和主编《秋瑾史集》（北京：华文出版社，1989年），均未收此篇《秋瑾轶事》。

活在一起的！外国人有个简略的词叫作"同性恋"，就是这个意思！[1]

凡此，已尽显作家的大胆笔触。

我们当然可以不喜欢叶文玲以上的情节表述，却无法否认，这是她对既有史料做出的并不算离谱的解读。而这些情节在小说中诞生的意义，其实更值得关注。从晚清"冤狱"中的女学先进，到夏衍等革命作家笔下的巾帼英雄，一路走来，秋瑾的形象都不脱"救国先烈"的固定模式。而叶文玲小说对秋瑾性别心理的剖析，则将秋瑾还原为一位真实的女性，既特出，也平常。自此以后，可想而知，对秋瑾形象的阐释必然日益开放与丰富。

　　　　　　　　　2003年3月10日开笔，断断续续已历十年，
　　　　　　　　　2013年5月19日于京西圆明园花园完稿

（原分为《秋瑾之死与晚清的"秋瑾文学"》《民初戏剧中的秋瑾形象》《郑正秋与民初两部秋瑾戏》《秋瑾文学形象的时代风貌——从夏衍的话剧到谢晋的电影》，分刊《山西大学学报》2004年第2期、《文史知识》2005年第9期、《书城》2009年6月号、《中国现代文学研究丛刊》2009年第4期；全文载《秋瑾女侠遗集》，贵州教育出版社，2014年7月）

1　叶文玲：《秋瑾》，《叶文玲文集》第八卷第300、312页，北京：作家出版社，1998年。

剩义篇

英雌秋瑾

　　二十世纪八十年代初，我曾在绍兴走街过巷，从轩亭口、大通学堂直到和畅堂，一路追踪、寻觅秋瑾的遗迹。当街而立的秋瑾烈士纪念碑，学堂中秋瑾开枪拒捕的图画，故居小屋里焚烧秘密文件的说明，在在加固着秋瑾作为革命先烈留在我心目中的光辉形象。

　　那是真实的秋瑾，只是并不完全。

　　十五年后，我试图回到历史现场，考察晚清人眼中的秋瑾之死，进而追索秋瑾思想演进的历程。我从尘封的旧报刊中发覆拾遗，在同时代人的回忆中体味辨析，与秋瑾的作品相互比照，先前被革命光影笼罩的单色的秋瑾人生，在我的眼里于是变得丰富多彩。其人于可敬之外，又多了一份可亲。

　　读秋瑾湖南家居时期的诗词，伤春惜花、思亲怀友的传统闺怨主题一再呈现。秋瑾为此赢得的"女才子"之名，也使我很难将那时的她与古代的才媛淑女区别开来。我认定，假如秋瑾始终闭居湘潭，她很可能只是一位被掩埋在历史深处的普通家庭主妇，最好的情况也不过是有诗文传世的才女，一如宋代的李清照与朱淑真。

　　幸而1902年，秋瑾有机会随丈夫北上京华。此时"天子脚下"的北京虽仍为清王朝政治统治的中心，无孔不入的新思潮却也开始源源不断地涌入。新环境所提供的契机改塑了秋瑾的人生，或者可以说，敏感的女诗人及时抓住了新机遇。秋瑾获读新书新报，结识新学之士，原先受压抑潜藏的渴望与个性，迅速被激活并得到放大。如鱼得水的秋瑾在北京新学界的脱颖而出，已是指日可待。

于是，在1904年2月1日的天津《大公报》上，我读到了目前所知最早的关于秋瑾事迹的报道。那则《创设女学》的通讯，提及一所即将在北京南城绳匠胡同（今名菜市口胡同）开办的女学堂，已"延浙江秋女士为教习"。记者兴奋的是"北京女学此为权舆"，我感兴趣的却是秋瑾的女教习身份。

1904年2月，京城的知识女性结成了一个以"昌明女学、广开风气"为宗旨的小团体，取名为"中国妇女启明社"。那应该是近代北京历史上第一个妇女社团。秋瑾很快成为其中的一员。京师大学堂日本人教习服部宇之吉的夫人繁子，应邀作为该社的名誉员，在定期的聚会中"演说普通女学"。她记述的秋瑾形象，也与我们熟悉的那个身穿和服、手持短刀的革命标准照迥异：

> 高高的个头，蓬松的黑发梳成西洋式发型，蓝色的鸭舌帽盖住了半只耳朵，蓝色的旧西服穿在身上很不合体，袖头长得几乎全部盖住了她那白嫩的手。手中提一根细手杖，肥大的裤管下面露出茶色的皮鞋，胸前系着一条绿色的领带，脸色白得发青，大眼睛，高鼻梁，薄嘴唇。（《回忆秋瑾女士》）

现有一张笑容可掬的秋瑾照片可为证明。而在秋瑾所有存世的遗像中，这张留影给我的印象尤其深刻。

图3-1　秋瑾西装照

图3-2　秋瑾长衫照

从北京时期的喜穿男式西装，到就义时仍身着玄色纱长衫，男装已先入为主地成为秋瑾在国内与世人相见、最具性格特征的常服。而我从中读出的，是秋瑾对传统"男尊女卑"社会定位的抗争，以及与旧我决裂的女权意识的觉醒。其《满江红》词中语，"身不得，男儿列；心却比，男儿烈"，已将这一心事吐露无遗。

令我关注的还有秋瑾的"行"。一反北方官绅女眷乘车的垂帘深坐，此时穿行街市的秋瑾，乃是"首髻而足靴，青布之袍，略无脂粉，雇乘街车，跨车辕坐，与车夫并，手一卷书"，令世人惊怪。世交陶在东谓之"名士派"（陶在东《秋瑾遗闻》），我更愿意相信，那是秋瑾蔑视礼教大防的有意"犯规"。

秋瑾赴日留学的目的，最初见诸报端，亦称说其因"未经身亲文明教育"，不敢冒昧担任女学堂教习，"故极意游东瀛，以觇学务"（《女士壮志》，1904年3月1日《大公报》）。则小而言之，此行是为个人取得办好女学堂的合格资历；大而言之，研究日本女子教育、为中国女学取法也在意中。

那以后秋瑾走向革命的经历，人们已耳熟能详。不过，于策划起义之外，秋瑾另一面的活动同样值得关注：归国之初的执教浙江湖州浔溪女学，远赴爪哇兴办女子教育的计议，均坚持了其此前推进女学以谋求女权的理想。创刊于1907年1月14日的《中国女报》，明白宣布的宗旨，也首标"开通风气，提倡女学"（秋瑾《创办〈中国女报〉之草章及意旨广告》）。第二期刊登的秋瑾自撰词曲的《勉女权》更高唱：

> 吾辈爱自由，勉励自由一杯酒。男女平权天赋就，岂甘居牛后？愿奋然自拔，一洗从前羞耻垢。若安（引者按：即法国的圣女贞德）作同俦，恢复江山劳素手。
>
> 旧习最堪羞，女子竟同牛马偶。曙光新放文明候，独立占头筹。愿奴隶根除，智识学问历练就。责任上肩头，国民女杰期无负。

除"恢复江山"与"奴隶根除"隐约透出民族革命的意味，全首歌唱的主旋律，仍在实行女学、振兴女权。因此，如果将秋瑾的人生经历概括为从女性解放到民族解放、从家庭革命到社会革命，我想补充的一点是，二者乃相辅相成，而绝非舍此取彼。

我还应该坦白地承认，如此阅读与理解秋瑾，自然是因为多了一重女性主义的眼光。正如秋瑾思想的变迁可以作为测试晚清思潮风云变幻的晴雨表，我们原无法自外于时代。

回到晚清，对秋瑾之死意义的争论，也许早已超越了当初特殊的语境，延续成为一个世纪的话题。

1907年，国内舆论界为了抗议清朝官方的残暴专制，异口同声地认定，秋瑾所倡之"革命"，乃是"男女革命""家庭革命"，而绝非"种族革命"；秋瑾的社会身份只是新学堂女教习，而绝非起事暴动的革命党。据此，秋瑾遭虐杀便成为十足的"冤案"。小说、戏曲之以《六月霜》为题演述秋瑾故事，更将这层意思发挥到极致，作者取譬的对象，明显是关汉卿笔下那位冤屈而死的弱女子窦娥。如此言说虽不免走样，明眼人却不难看出其用心良苦。秋瑾之死也因此在关乎学界前途与女界未来的意义层面上，得到极力张扬。

远在海外的革命同志无所顾忌，当然可以直言不讳地表彰，"（秋）瑾之素志，惟在革命"，并特别强调"其所昌革命，则种族革命也，不得以男女革命相饰"。论述秋瑾赴死的意义，也正是"所谓求仁得仁"，"复因一人之死，以激发数千百人之革命"，其作用岂不伟哉！诸人以革命先烈推崇秋瑾，乃是以革命为天经地义、名正言顺的神圣事业。故国内报刊的曲意辩护，落在急于伸张革命之道的同志眼中，便被指为"以非革命诬（秋）瑾，乃瑾之大冤"。他们生怕秋瑾的"革命事迹"遂"将湮没不传"，极而言之，则国内的回护适成"秋瑾之奇冤"（志达《秋瑾死后之冤》，《天义》第15卷，1908年1月）。

辛亥革命以后，尘埃落定，孙中山一幅"巾帼英雄"的题词，使"秋瑾革命传"（借用秋女灿芝所著"革命历史长篇小说"之名）

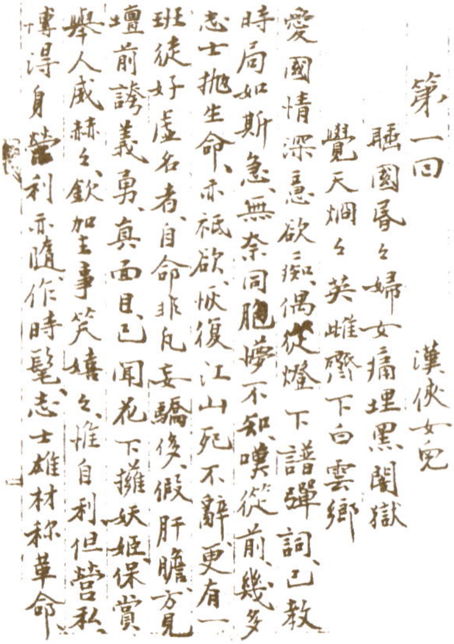
第一回　漢俠女兒
睡國昏昏婦女痛埋黑闇獄
覺天炯炯英雌齊下白雲鄉
愛國情深慝欲癡癡，偶從燈下譜彈詞，已教
時局如斯急，無奈同胞夢不知。嘆從前，幾多
志士拋生命，亦祇欲恢復江山死不辭。更有一
班徒好虛名者，自命非凡妄驕傲，假肝膽，方見
壇前誇義勇，真面目，已聞花下擁妖姬。保賞
舉人咸赫赫，欽加主事笑嬉嬉，推自利但營私，
博得自營利，亦隨作時髦，志士雄材稱革命，

图3-3　秋瑾《精卫石》第一回手迹

成为大半个世纪论述的主线；秋瑾之为女界先进的光荣不免一时黯淡，这倒为今日的重新发现留下余地。

其实，在我看来，对于秋瑾最合适的称呼与概括，还是那个创造于晚清却未能通行的“新名词”——英雌。那也是秋瑾在影写心事的弹词《精卫石》中所用的称谓。一批负有“扫尽胡氛”“男女平权”两大重任的女界先知降临人间，而叙述这节缘起的回目，正题作“觉天炯炯英雌齐下白云乡”。

英雌秋瑾，魂兮归来！

2002年1月12日于京北西三旗

（初刊《北京青年报》2002年1月14日）

我欲只手援祖国

——说秋瑾的女杰情怀

近代以来，绍兴出了不少名人，而女性中最著名的，首推秋瑾。在晚清内忧外患、国势危殆的时局刺激下，秋瑾从一个才媛淑女成为一名舍生取义的女革命家，其人生道路颇具典型意义。

根据秋家家谱，秋瑾于阴历乙亥年即公元1875年出生在福建，那时，她的祖父正在福建地区做官。1888年，秋瑾十四岁时，又随候补官缺的父亲来到湖南。在此之前，她曾回家乡绍兴居住，读书受教育，并向表兄弟学习剑术。二十二岁，秋瑾在湖南出嫁，丈夫是湘潭有名的富家子弟王廷钧（字子芳）。这桩婚姻完全是按照传统士绅家庭的规矩，由家长包办的。婚后，秋瑾生下了一子一女。假如生活是在最初设定的轨道上周始往复，秋瑾很可能只是掩埋在历史深处的一位普普通通的家庭主妇，最好的前途不过是有诗文流传于世的才女，那样，我们也许会失去今日为众人所熟悉的秋瑾形象。

可以支持我们这个观点的，是秋瑾居住湖南时期写下的许多诗词。其中大量的题材是伤春惜花、思亲怀友。如《踏青记事》诗记述秋瑾与女伴们一起在春日出游，第二首后两句为："一湾流水无情甚，不送愁情送落红。"前来赏花的秋瑾，眼中所见的却是

流水落花，充溢心中的自然是一片无法排遣的愁绪。这种情形，
被她诗意的描写为"流水无情""不送愁情送落红"。如果说，秋
瑾婚前尚有一些快乐的时光，在她的诗中留下了若干少女欢快的
音响，那么，出嫁以后，这份情感便难得一现，而更增添了思念
亲人的感伤。《秋日感别》其一抒写的正是此情此景：

> 昨宵犹是在亲前，今日相思隔楚天。
> 独上曝衣楼上望，一回屈指一潸然。

这也从一个侧面揭示了秋瑾在丈夫家中并未感到自由自在，倒不
乏作客他乡的孤独与寂寞。

虽然这一时期的诗词多属闺怨主题，但秋瑾不同于写《断肠
集》的宋代女诗人朱淑真处，就是她的诗中仍透出英风豪气，用
古代诗评的说法，可称之为"骨力"，而这一点正是以其性格为底
蕴的。《秋瑾集》中有一组为《芝龛记传奇》题写的诗，共八首，
应该是在湖南创作的，可以作为此类诗作的代表。清代人董榕所
写的《芝龛记》之所以会引起秋瑾浓厚的兴趣，完全是因为剧本
的内容是表现明代末年两位女将军秦良玉与沈云英的事迹。尽管
秦良玉除了抗击后金军队建立卓著功勋之外，也与沈云英一样同
农民起义军作战，但秋瑾敬佩的显然只是二人身为女性，却能驰
骋疆场，保家卫国，赛过男子。《题芝龛记》中不仅以赞美的笔调
刻画秦良玉作为一名土家族女将的戎装英姿，"靴刀帕首桃花马，
不愧名称娘子师"，叙述沈云英率十余人从敌人营垒中夺回战死的
父亲遗体，"百万军中救父回，千群胡马一时灰"，而且通过"同

心两女肩朝事，多少男儿首自低""肉食朝臣尽素餐，精忠报国赖红颜"的反复咏叹，把女子独立肩负救国重任的意思发挥得淋漓尽致。

值得注意的是这时所写的《杞人忧》一诗，诗题虽然取自"杞人忧天"的成语，似乎属于庸人自扰的思虑，但说的是反话，因为国家命运的危机确已迫在眉睫。这是一首七绝：

> 幽燕烽火几时收，闻道中洋战未休。
> 漆室空怀忧国恨，难将巾帼易兜鍪。

"幽燕"指的是古代幽州与燕国，大致相当于现在的河北北部到辽宁一带，包括北京地区。因而，这首诗感慨的时事显然是发生在北方的义和团运动及八国联军入京事件，诗人忧伤这一场正在进行的中外战争不知几时才能结束。"漆室"本是春秋时鲁国的一个地方，因为那里有一普通女子为国君年老、太子幼小而忧虑，虽然被人劝解，说"那是官员们操心的事情"，她还是回答："国家有难，君臣父子会蒙受耻辱，难道唯有妇女可以幸免于难吗？"秋瑾用这个典故恰当地表现了她的"忧国恨"。不过，她认为，只是忧愁无济于事，而希望能把自己的头巾换成战士戴的头盔，也就是"兜鍪"，亲身上战场杀敌。但这个愿望不能实现，只好说是"空怀"此恨。这首诗直接表达了对国事的深切忧虑，在秋瑾此期诗作中很少见，倒更显得珍贵。忧心国事，向往如同秦良玉、沈云英一般的英烈行为，也是日后秋瑾走向革命、舍生取义的伏线。

　　说到秋瑾走上革命道路的原因，也绝不能忽略其婚姻状况。从婚后多篇思亲诗中，我们已隐约感到这桩婚事并没有使秋瑾幸福。秋瑾的丈夫王廷钧是王家的小儿子，王家靠经商致富，家庭中不会有多少文化气息。王廷钧本人性格软弱，缺少才干，却保留了富家子弟常有的一些恶习。秋瑾对丈夫的不满，在一首题为《谢道韫》的诗中表现得十分清楚。这首诗借感叹东晋才女谢道韫所嫁非人，吐露的本是秋瑾自己的心事：

　　　　咏絮辞何敏，清才扫俗氛。

　　　　可怜谢道韫，不嫁鲍参军。

前两句诗夸赞谢道韫才华出众，用了一个著名的典故：有一次，谢道韫的叔父谢安正与子侄们聚谈，忽然天降大雪，谢安随口问："白雪纷纷何所似？"谢安的侄子谢朗回答说："撒盐空中差可拟。"意思是说，用空中撒盐可以比拟白雪纷纷的景象。谢道韫觉得不太恰当，接了一句："未若柳絮因风起。"谢安听了很高兴。因为柳絮轻柔，可以随风起舞，比颗粒结实的盐更能传写出雪花漫天纷飞的神韵。因此，"咏絮"便成为形容有文学才能的女子常用的词语。秋瑾这首诗的重点在后两句，她对谢道韫的婚姻充满了同情。根据《世说新语·贤媛》篇的记述，谢道韫嫁给王凝之后，心中不愉快。谢安安慰她说："王郎（指王凝之）是王羲之的儿子，资质也不错，你为什么这么看不起他？"谢道韫由于从小生活在人才济济、出类拔萃的谢氏家族中，眼界很高，说起自己家门中的叔父、兄弟，都是聪明绝顶的人物，因此抱怨："不意天壤之中，乃

有王郎!"（没想到天地之间，竟还有王郎这样的人!）后来因以
"天壤王郎"比喻不如意的女婿。谢道韫既然以为王凝之不理想，
秋瑾便替她设想，觉得她应该嫁给才气横溢的鲍照才般配。让谢
道韫与鲍照联姻在现实中并无可能性，因而它只是表达了才女与
才子结合才会幸福的婚姻愿望。或者更直接地说，这首诗写出了
秋瑾对王廷钧的不满意。有人据此推断说：秋瑾"走入革命之途，
由于天壤王郎之憾"（陶在东《秋瑾遗闻》）。这种说法虽过于简
单，却并非全无道理。

　　不过，婚姻的不如意到底只是秋瑾投身革命的原因之一，她
对英雄壮举的仰慕以及本人的豪侠性格，都使她更容易受到时势
的刺激，而转向以激烈手段实现其救国目的。就此而言，王廷钧
用钱捐了个户部主事的官职，带秋瑾入京，可以说是使这种转变
完成的契机。

　　秋瑾北上的时间，研究者有不同意见，大致可定在1902年。当
时的北京，虽不如上海思想开放、言论激烈，受西方文化影响而
产生的新学却也相当流行，对年轻的知识者尤其有吸引力。秋瑾
本以才学自负，又怀有高远的理想，一旦到达京城，读到各种新
书新报，接触众多新学之士，自然如鱼得水，原先潜藏的能量迅
速释放，其思想进步可谓一日千里。这一时期，秋瑾很喜欢读梁
启超主编的《新民丛报》，刊登在这本刊物上、由梁启超写作的
《罗兰夫人传》给她留下了深刻印象。法国大革命中，罗兰夫人被
她的政敌送上了断头台。虽然她的温和派立场与秋瑾后来的选择
不同，但是作为一位勇于献身的爱国者，罗兰夫人还是赢得了秋
瑾始终不变的尊敬，在她牺牲前一年所写的弹词《精卫石》序中，

仍提到罗兰夫人，把她视为女界的楷模。由于丈夫王廷钧与廉泉同在户部任职，且两家住处相近，秋瑾很快认识了廉泉的夫人吴芝瑛，结成莫逆之交。她又通过积极参与北京的女学堂、妇女座谈会等活动，与京城活跃的新派妇女来往密切，成为她们之中的一员，女子独立与解放的意识逐步形成。与此同时，对丈夫的不满进一步公开化，反抗男权与夫权对秋瑾来说，已不只是思想，更是行动。有一次，当王廷钧前往妓院吃花酒，却对秋瑾到戏院看戏横加指责时，冲突终于爆发。秋瑾愤而出走，住进客栈。以后更毅然东渡日本留学，完全脱离了丈夫的羁绊。

从北京期间秋瑾的思想状况看，可以认为她已达到了妇女解放的高度。这从服装的改变也可以看出。此时，秋瑾常着男装，以至1904年2月，当她初次与京师大学堂日本教师服部宇之吉的夫人服部繁子见面时，虽然是出现在妇女座谈会上，对方还是会对她的性别产生疑惑。也正是在这段时间，她与吴芝瑛结拜为姐妹，并将一双女鞋、一条裙子送给吴芝瑛，解释说：因已改男装，这些衣物没有用处，留给盟姐作纪念。现在还能够看到一张当年秋瑾穿男装的照片，正像服部夫人所描述的：

　　　　高高的个头，蓬松的黑发梳成西洋式发型，蓝色的鸭舌帽盖住了半只耳朵，蓝色的旧西服穿在身上很不合体，袖头长得几乎全部盖住了她那白嫩的手。手中提一根细手杖，肥大的裤管下面露出茶色的皮鞋，胸前系着一条绿色的领带，脸色白得发青，大眼睛，高鼻梁，薄嘴唇。

从服部繁子的反应不难得知，当时女性着男装是一种很稀奇、需要勇气的举动。秋瑾用这一行动表现了对"男尊女卑"的社会习俗的挑战。按照她的说法："在中国是男子强，女子弱，女子受压迫。我要成为男人一样的强者，所以我要先从外貌上象个男人，再从心理上也成为男人。"（服部繁子《回忆秋瑾女士》）这种想法虽显得简单、偏激，却还是真实地体现了秋瑾要求男女平等、女性独立自强的急切心情。

除此之外，京城生活也使秋瑾因贴近政治中心，而对外敌交侵、国家存亡危在旦夕的时局有了清醒了解，从而激起慷慨激昂的天性，渴望在救国事业中大显身手。这一时期，秋瑾以宝刀、宝剑为题，写了好几篇古风，诗歌激越悲壮，充满豪情侠气。她渴望手持利刃，为国征战，《红毛刀歌》里"英灵渴欲饮战血"的诗句，对此做了形象描写。而诗中大量出现的歌颂宝刀宝剑无比锋利的意象，在中国古典诗歌中，一向代表着雄才大略与英雄壮志。因而秋瑾的喜爱刀剑，除了早年的习武、任侠的个性，也显示了自觉"舍我其谁"的救国志士奋发有为的担当精神。被秋瑾写入《剑歌》的那些纵酒悲歌、把剑起舞的诗行，"右手把剑左把酒，酒酣耳热起舞时，夭矫如见龙蛇走"，在此前基本只会产生于男性诗人笔下，这时却成为秋瑾抒发英豪情怀的最佳形象表述。据好友吴芝瑛回忆，秋瑾此时拍摄过舞剑的照片（《纪秋女士遗事》）。现在人们最熟悉的秋瑾穿和服、手持日本短刀的相片，虽是赴日以后所照，仍能表明她对刀剑始终如一的钟爱与痴迷。正因为它展示了人与物的完美结合，这张照片被看作是秋瑾的经典图像也就不足为奇了。

图3-4　秋瑾持刀照

　　而秋瑾从要求男女平权转向暴力革命，从救国无方到以推翻清廷为挽救祖国危亡的唯一途径，这一转变的完成发生在东渡日本留学以后。像近代许多到西方和日本寻求富国强兵之术的先进之士一样，秋瑾也在1904年走上了这条路。留学东京为秋瑾打开了另一片新天地。在用功学习各门课程之外，她也热心于社会活动，成为各种留学生团体中的活跃人物。除照样参与妇女解放事业，恢复与改造已处于停办状态的女留学生组织"共爱会"，秋瑾还直接从事思想与知识的启蒙工作，创办了"演说练习会"，发刊《白话》杂志。而在其留学生涯中最有意义、对她一生来说最重大的事件，是加入孙中山领导的革命团体。秋瑾豪侠激烈的性格与

急于找到救国之路的焦虑，使她很容易与当时正在留学界蔓延的
革命情绪合拍。因此，来到东京不久，秋瑾就宣誓参加了以推翻
清朝、恢复中华为宗旨的革命组织"三合会"。1905年8月同盟会
成立后，她又转为该会会员，并担任浙江方面的负责人。而在这
一年的夏天，秋瑾回国探亲时，路经上海，先已加入了在江南颇
有号召力的光复会。在很短的时间里，与几个著名的革命社团建
立联系，并都能在其中发挥重要作用，这也可以看出秋瑾对武装
革命的推崇。1905年11月，因日本文部省公布《关于清国人入学之
公私立学校规程》（当时又称为《取缔清国留日学生规则》），对中
国留学生做出种种无理的限制，激起众怒。陈天华蹈海自杀，以
示抗议，大批留学生随即归国。秋瑾也毅然放弃学业，于年底离
开日本，真正开始从事实际的革命工作。

　　秋瑾留日以后写作的诗篇，也充满了民族意识，增加了反清
革命的内容。由于对暴力抗争所必须付出的牺牲有充分的心理准
备，秋瑾于是反复咏唱在革命中流血的意念。像"好将十万头颅
血，一洗腥膻祖国尘"（《赠蒋鹿珊先生言志且为他日成功之鸿爪
也》）一类的诗句，最准确地传达了秋瑾此时的心事。而她最著名
的《黄海舟中日人索句并见日俄战争地图》一诗，其中浓烈激越
的情感，也长久感动着无数后来人：

　　　　万里乘风去复来，只身东海挟春雷。
　　　　忍看图画移颜色，肯使江山付劫灰？
　　　　浊酒不销忧国泪，救时应仗出群才。
　　　　拼将十万头颅血，须把乾坤力挽回。

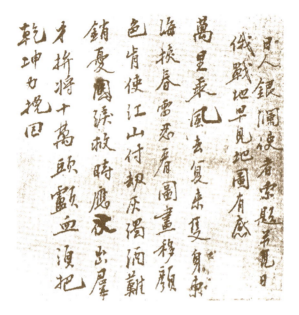

图3-5　《黄海舟中日人索句并见日俄战争地图》手迹

这首诗是秋瑾在归国途中，乘船经过日俄海战之处，因看过日俄
战争地图，又正好有日本人前来请求赠诗，便将心中所感尽情写
出。从发生在中国土地上的这场日本与俄国的战争，引起秋瑾对
任人宰割的国家命运的无比忧虑。诗的大意是说：乘风破浪、行
程万里，我离开祖国又回来，独自一人横渡东海，却携带着革命
的春雷。怎么忍心眼看中国的地图改变颜色，任由外国侵略者占
领，我岂能让祖国的土地被列强的战火焚毁？人说"借酒浇愁"，
酒却无法消除我忧国的愁绪，要想挽救时局，还得依仗杰出的人
才。即使牺牲再大、流血再多，也一定要把国家从亡国的危境中
解救出来。诗歌尽情吐露了秋瑾以拯救祖国为己任的怀抱，特别

是她那种全身心的投入，时刻为国事焦灼激动、寝食难安，在当时的革命者中也不多见。这种先锋意识，使得秋瑾心中时常充满独力承担的悲壮感，所谓"痛祖国之无人"（《致徐小淑书》）、"我欲只手援祖国"（《宝刀歌》），正是这一心情的典型表述。在敬佩其渴望为国献身的精诚之外，我们也不能不指出其个人英雄主义的倾向。

当然，最使我们尊敬的是秋瑾以鲜血实践了她的誓言。回国以后，秋瑾除创办《中国女报》，继续唤醒广大妇女挣脱种种束缚，大量的精力和时间都已用在筹划武装起义上。她积极联络会党，学习制作炸药，并在1907年初，接手主持徐锡麟在家乡绍兴开办的大通学堂，把学校作为起义的指挥部。原约订浙江、安徽同时在阴历六月十日（7月19日）行动，但由于浙江方面的武义、金华事先走露了风声，被清军各个击破，在安徽的徐锡麟不得不提前行动，于五月二十六日（7月6日）刺杀安徽巡抚恩铭后，英勇牺牲。此时秋瑾如及时撤退，完全可以幸免于难。但在这一生死关头，身为浙江方面起义负责人的秋瑾，已经抱定不成功便成仁的决心。在遇难前五天寄给徐小淑的绝命词中，秋瑾明确地表示了为国捐躯的意志以及对起义失败的悲愤：

> 虽死犹生，牺牲尽我责任；即此永别，风潮取彼头颅。
> 壮志犹虚，雄心未渝，中原回首肠堪断！（《致徐小淑绝命词》）

秋瑾最终的遗憾是壮志未酬，没有能够完成拯救祖国的大业；但她为国家、民族的独立自强而奋斗的雄心却是至死不变。个体生命虽会消亡，秋瑾却坚信革命必然成功，"风潮取彼头颅"正是对这一前景不容置疑的预言，仍带有秋瑾一贯的个性特征与魅力。

既然已认定为国牺牲是应尽的责任，秋瑾只期望以自己的死唤醒更多的人。因此，当六月四日（7月13日）大批清军包围大通学堂时，秋瑾早已疏散同志，烧掉文件，做好了准备。逮捕秋瑾的绍兴官府本想通过指认同党，将参与起义的人一网打尽，不料从秋瑾口中竟一无所获。由官方公布的口供尽管当时即受到怀疑，而其中"革命党的事就不必多问了"，倒可以相信是秋瑾的原话。无可奈何的绍兴知府贵福生怕秋瑾的被捕会激起更大的事变，于是急急忙忙请示浙江巡抚张曾敭，于阴历六月六日凌晨时分，匆忙在绍兴的杀人场所轩亭口，用野蛮的斩首刑法将秋瑾处死。这一天是公元1907年7月15日。

秋瑾留在世间的最后一行文字，是她审讯中写下的"秋雨秋风愁煞人"的诗句，所愁之事，由前面引述的"中原回首肠堪断"一句可明了其意，也就是说，直到生命的最后时刻，占据秋瑾心中的仍是忧国忧民之情。

还在1906年底归国后不久，秋瑾给仍留在日本的朋友写信，就表达过为反清革命事业（秋瑾信中称为"光复之事"）献身的决心已定："即不获成功而死，亦吾所不悔也。"而其毅然赴死的意义，还在于为女性争光。秋瑾认为，"男子之死于谋光复者""不乏其人"，"而女子则无闻焉，亦吾女界之羞也"（《与王时泽书》）。秋瑾以自己的血，证明了女子与男子有同样的救国热忱、担当精神与牺牲勇气，不仅改写了女界无死于国难者的历史，而且由她的死，一位爱国女性被残忍、腐败的清政府所杀害，因而激起更多的民愤，加速了革命思想的传播与清王朝的灭亡。这也是秋瑾选择牺牲的价值所在。

如果做个总结，秋瑾的一生可以概括为从女性解放到民族解放、从家庭革命到社会革命，她的人生道路缩影式地反映了近代妇女解放的历程。在作为救国先烈被崇仰的同时，秋瑾也以其女性先驱的独立身份，获得了后人永久的敬意。

1996年8月20日于京北蔚秀园

（原题《秋瑾》，初刊《中华文明之光》，北京大学出版社，2004年7月）

晚清上海报刊中的秋瑾祖父遗闻

做秋瑾研究时，曾略微留意过其家世。按照瑾弟秋宗章的说法："先大父宦闽久，先君随侍，全眷侨寓，故伯姊实生于闽，时为光绪元年夏正十月十一日也。"(《六六私乘》)虽具体为福建何地说法不一，秋瑾诞生于祖父官所却为多数研究者认同。

接下来的问题是，秋瑾的祖父在福建所任何职，为何解任。对于第一个问题，其实秋宗章已有明确回答："祖讳嘉禾，字露轩，官福建厦门海防厅同知补用知府。"(《六六私乘》)依照老规矩，此处所说的官衔，应是"官至"后面所写的最高阶，或者为其生前所任最后官职。根据现有的几种秋瑾年谱，可以大体知道秋嘉禾（1831—1894）的仕途履历：同治乙丑（1865年）补行咸丰辛酉（1861年）科并壬戌（1862年）恩科举人，为遇缺先选补用同知；光绪四年（1878）署理云霄厅同知，八月到任；光绪十六年十月二十五日（1890年12月6日），改任厦门海防厅同知，至次年三月初二日（1891年4月10日），其职由黄树珍接替（陈象恭《秋瑾年谱及传记资料》、郭长海等《秋瑾事迹研究》）。

秋嘉禾在厦门海防厅同知任上，只有四月余便卸职，按照官场通例，如此迅速离任，若不是奔丧守制或身患重病，必是遭忌解职。第一种可能性不存在，因秋氏后人并无此说。而1891年3月30日《申报》上所载《闽中官报》，倒是根据官方消息，称："署厦防同知秋嘉禾因病请假，遗缺应以试用同知黄树铨［珍］署理。"秋嘉禾回绍兴家居后，于1894年1月18日病逝，也可证实此言并非无稽之谈。不过，关于最后一种猜测，目前虽未见有论证，却也不应轻易排除。"因病"往往是另有隐情的托词，早已不是官场秘密。因此，笔者在编注《图像晚清》（百花文艺出版社，2001年）一书时，从《点石斋画报》中意外地发现了一幅与秋嘉禾有关的图画，便自觉有必要提供给研究者讨论

在1891年5月14日出刊的《点石斋画报》第261号（亥九）上，有一则题为《德政何在》的图像。画面以锣鼓为先导，跟着一队歌功颂德的游行队伍。夹杂在鼓吹手之间的，前有"视民如子"的木牌，后有"民之父母"的匾额，中间则是一柄高高举起、写满签名的罗伞。一班绅士跟在鼓乐后面，或步行，或乘轿。很明白，此处画的是地方乡绅为父母官送德政牌匾和万民伞的场景。街面上家家悬灯，这些高低不一的灯笼，不是写着"官清民安"，就是大书"秋司马""秋青天"，千篇一律。画幅左下角的"艮心"名章，表明此图出自《点石斋画报》社的画家符节之手。

再看图画上方的一段文字：

前署厦防同知秋丞嘉禾莅任月余，忽见街中家家悬挂"秋青天"、"秋司马"、"官清民安"灯笼。论者几疑有何德政，较之孔圣"期月"、"三年"为速，实系罕闻。嗣经吴观察密访，舆论佥云：有一二劣绅逢迎，传谕地保，多做灯

图3-6 《德政何在》（《点石斋画报》1891年5月第261号）

笼，挨家分送。凡悬灯之户，厅主均用名片道谢。始知"官清民安"，原来如此，可谓不明义利、丧尽廉耻矣。尤其甚者，凡该处绅商，皆勒令致送牌匾，颂扬德政。虽间有不肖劣绅谄媚迎合、徇情致送者，有贡商金益和等不服诛求，据情控告。于是向之粉饰惟恐不及者，至此遂大白于天下。

末后还有作者的几句感慨，算是结穴之笔："嘻！近世州县每当离任之时，无不有人恭颂德政，其果有政绩可纪者有几人哉！予故观于此而有慨焉。"缀于文后的押尾章，更以"欺世盗名"四字画龙点睛。

有了这段文字相对照，纯粹用写实笔法描绘的街景、人物，才透出强烈的讽刺意味来。以后茧叟所作小说《胡涂世界》（1906年出版），写一个官痞传授升官秘诀，其中也说道：

> 在任时第一要联络绅士。要晓得地方官这些万民伞、德政牌，并不是百姓送的，百姓一样出钱，却亦不能不出钱。出钱之后，绅士来还官的情。上司闻知，他也不晓得这个诀窍，还只当是民情感戴呢。（卷之十）

可见这种伪造民意、强奸民意的勾当，在"怪现状"层出不穷的晚清官场，倒该算是见怪不怪呢。

不过，秋嘉禾的时代要早些，候补的官员又多，难免被人盯上。而且，与小说中绅士得钱、官员得名（当然，"名"也以"利"为旨归）的情况略有不同，送牌匾的钱或许还得由绅商自掏腰包，自然会激起"绅怨"。下有控告者，上有访察者，两面夹攻，秋嘉禾只好解职回乡。这才有了现在绍兴的秋瑾故居——和畅堂，那原是秋嘉禾为安顿全家所租的宅第。

走笔至此，单就《点石斋画报》一面立说，似乎也可谓言之成理。不过，因该画报的新闻多半来自《申报》，在未与报纸相印证前，终觉心中不安。而一旦细究之下，所得结果又令我大为讶异。"奇文共欣赏，疑义相与析"，正不妨将有关文字一并录出。

自秋嘉禾1890年12月6日就任厦门海防厅同知，直至离职，在此期间内，《申报》上所有关于秋氏的报道均为正面歌颂之词。且到任第一日，便充满祥瑞征兆。

　　此前，"厦门四乡自秋徂冬，久无雨泽，高下田畴，一律龟坼"。即使有"吴观察、彭军门关心民瘼，设坛祈雨"，效果也很有限："月前虽略沛甘霖，尚未既沾且足。""于是金门、何厝各乡社耆老，邀集男妇老幼数百人，身穿素服，恭舁神像，手执香烛，数步一跪，行抵厦门，诣龙神庙求雨，并至道署旁清水池网渔卜兆。"结果，网中尽是预兆"数日内即可得雨"的白色鱼。归途中，乡民仍如来时一般，"三步一拜，五步一跪"。而且，"往返三四十里，口念佛号，略无间断"。妙的是，到12月5日，居然"阴云四合"。6日午后，雨水也如期而至。入夜，更是"大雨倾盆，不啻银河倒泻"。这场雨直下到第三日尚未放晴，"下隰高原，土膏气润"，严重的旱情得以消除，自然"大慰农民之望"。有趣的是，《申报》报道并不将此归功于虔诚求雨的众乡民，反而联系到降雨之日上任的秋嘉禾：

　　　　厦门商民以为秋司马甫经莅任，即得甘霖，可谓甘雨随东矣。（1890年12月22日《鹭岛寒涛》）

于是乎，前面一大篇盼雨、求雨与最终喜降甘霖的描述，便都落实到秋氏的就职上，所谓"民望之，若大旱之望云霓也"（《孟子·梁惠王下》）。只不知如此宣扬，会不会招致日后"密访"其政绩的顶头上司"吴观察"的不满。

　　接下来，1891年1月5日见报的《厦门杂志》言其德政两桩，一为行道除秽，一为整顿港口运营：

> 厦门街道甚狭，兼之污秽高积，如阜如冈，以致臭气薰蒸，令人呕恶。秋司马深为不便，手书朱谕，仰各段地保传谕各处居民，每日打扫门前，清理街道，不准堆积龌龊，如违拿究。又以木板黏贴告示，禁止双桨小船抢载轮船番客行李衣箱，俾过往官商不致受其勒诈。

还在报载秋嘉禾上任之前，《申报》已有一则消息述及，因有军营中人向"收买垃圾售与乡民"者收取垃圾堆放海滩的租金，众人无钱，因此罢业，才使城内"污秽如山"。记者于是要求"有保护斯民之责者"（1890年12月15日《厦岛余闻》）设法措置。以厦门位居第一批被迫开放的五口通商城市之列，中外客商往来频繁，清洁市容，建立秩序，自是地方官应予关注的大事。秋嘉禾的举动，也算是对《申报》呼吁的积极回应。而如何处理中外关系，在各地官员中一向属于相当棘手的政务。秋氏对此似乎也能应付裕如，当其离任之际，有报道特别加以表彰云：

> 秋司马政尚宽平，民皆戴德。而与各西员往来酬酢，尤为不亢不卑。兹当临别赠言，特购绍兴所出状元红一一分赠，盖所以表别忱也。（4月8日《厦门近事》）

以家乡特产相赠，确实当得起"不亢不卑"之评，且尤显亲切。

不过，秋嘉禾的诸般政绩中，最突出并播扬广远的，还是其断案之神明。秋氏上任刚刚一月有余，《申报》上已有此类赞颂：

　　秋露轩分府莅任以来，长于折狱，民间讼案已讯结数十
起，士民交口颂神明焉。至前任已结之案，或原告稍有委
屈，具词求请伸雪以及翻控等案，分府则萧规曹随，不肯轻
议更张，以杜刁民健讼之弊。

记者虽许以"若非胸有智珠，何能如此"（1891年1月22日《鹭岛杂
俎》），实则，此处透露出的是秋嘉禾老于官场的世故。即使明知
委屈，仍坚持不翻旧案，所谓"讯结神明"，也该打些折扣。

　　倘若就其任期内的审案表现而言，有关记述倒是大抵首肯秋
嘉禾政宽刑简。有一则故事，以"秋司马政尚宽平，时于瘅恶之
中，导人为善，颂声载道，几于有口皆碑"开头，接着讲道：

　　有一妙手空空儿，经事主获住人赃，禀送至案。司马细
心研鞫，见其貌尚文秀，知非惯作穿窬者。因赏给洋银一
元，令其学作好人，小本营生以糊口。一时堂上堂下，咸颂
使君仁慈恺恻，颇有古君子之风。（4月5日《鹭江谈屑》）

叙述相当生动有趣。也正因心慈手软，秋嘉禾离厦之时，积案甚
多。4月13日《厦门近事》对此有所描述：

　　秋司马莅任未届三月，旋即调省。署中胥差以分府到任
以来，案多批驳，未行签票传提者居多。现届交卸，凡有积
案，一律签票传提。是以近日差役持票，道途仆仆。

如此抓紧办案，时间匆迫，恐怕难以保证审理公正。

但秋嘉禾此前累积的声誉，还是为其在《申报》上赢得了送别掌声。黄树珍接任的调令公布后，厦门方面传出的消息是一片惋惜：

> 署厦门同知秋司马嘉禾于去冬捧檄履新，除暴安良，政声卓著。现经藩宪另委黄司马树珍署理，厦门士庶咸不免甘棠蔽芾之吟矣。（4月5日《鹭江谈屑》）

既然"政声卓著"，依依惜别，秋嘉禾获赠德政匾与万民伞，也就算不上出乎意外：

> 秋司马莅厦未经三月，慈祥恺恻，民望咸孚。兹以瓜代有期，无从借寇，因推陈、王二绅为首，公制匾伞，以表去思。本月二十日鼓吹衣冠，恭送至署。

只是途中仍出现了戏剧性场面："中途突有似疯非疯之某姓欲将伞上所书剪除，经诸绅正言斥之，其人乃呓语喃喃而去。"（4月8日《厦门近事》）加之有一被认作恶棍敲诈、批斥不准的案件又重新审理，让人心生"未知何故"的疑虑（4月13日《厦门近事》），在秋嘉禾离去前的颂歌中，已隐约透出若干不和谐音。

值得玩味的是，《点石斋画报》上《德政何在》刊出之日，已在秋嘉禾去职一月之后，画幅文字也与前述《申报》办案神明的报道针锋相对。同一报业集团的两份报刊，前后评价语调截然两样，这个弯子转得实在太大。在报社，利用后出的画报为大报纠错，肃清影响，不失为两全其美的妙法。而在当事者，不排除秋氏善于文饰的一面，另一种可能性则是，上级或后任官员出于忌恨，落井下石。无论究竟如何，官场总非清明之地，是可以肯定的。

以选录《点石斋画报》及相关历史资料编成的《图像晚清》，也收入了《德政何在》这幅图。不过，因画面上方的原文乃委托他人代录，不知是哪个环节出了差错，秋嘉禾的名字误排作"秋嘉木"。在此顺便做个更正。

2002年3月16日初稿、4月12日改定于京北西三旗

（初刊《中华读书报》2002年7月17日）

引用书目

基本文献

《北京女报》

《大公报》

《东方杂志》

《国民日日报汇编》第四集

《惠兴女学报》

《江西》

《民报》

《民国日报》

《民立报》

《民权画报》

《女子世界》

《申报》

《神州女报》

《神州日报》

《时报》

《时务报》

《天义》

《同文沪报》

《文学》第6卷第4号，1936年4月

《文学界》创刊号，1936年6月

《小说林》

《小说月报》

《新闻报》

《扬子江小说报》

《浙江潮》

《知新报》

《直隶教育杂志》

《中国女报》

《中国新女界杂志》

《中华教育界》

《中外小说林》

阿英编：《晚清文学丛钞（传奇杂剧卷）》上册，北京：中华书局，
　　1962年。

阿英编：《晚清戏曲小说目》，上海：上海文艺联合出版社，1954年。

毕志杜编：《徐锡麟》，上海：新小说社，1907年。

卞孝萱、唐文权编：《辛亥人物碑传集》，北京：团结出版社，1991年。

陈平原、夏晓虹编注：《图像晚清：〈点石斋画报〉》，天津：百花文
　　艺出版社，2001年。

董榕：《重刊芝龛记乐府》，光绪十五年（1889）道州署董氏刻本。

房玄龄等：《晋书》，第8册，北京：中华书局，1974年。

服部宇之吉主编，张宗平、吕永和译：《清末北京志资料》，北京：
　　北京燕山出版社，1994年。

龚宝铨编:《秋女士遗稿》,东京印本,1910年。

古越嬴宗季女:《六月霜传奇》,上海:改良小说会社,1907年。

故宫博物院明清档案部编:《清末筹备立宪档案史料》下册,北京:
  中华书局,1979年。

郭长海、郭君兮辑校:《秋瑾诗文集》,杭州:浙江古籍出版社,
  2013年。

郭长海、郭君兮辑注:《秋瑾全集笺注》,长春:吉林文史出版社,
  2003年。

郭长海、秋经武主编:《秋瑾研究资料·文献集》上、下册,银川:
  宁夏人民出版社,2007年。

郭延礼编:《秋瑾研究资料》,济南:山东教育出版社,1987年。

徐自华著、郭延礼编:《徐自华诗文集》,北京:中华书局,1990年。

郭延礼、郭蓁编:《秋瑾集 徐自华集》,北京:中华书局,2015年。

胡珠生编:《宋恕集》上册,北京:中华书局,1993年。

黄宗江:《风雨千秋》,《剧本》1981年11月号。

惠毓明编:《吴芝瑛传》,无锡:双飞阁藏版,1936年。

金一:《女界钟》,1903年。

静观子:《六月霜》,《中国近代小说大系》(仇史、狮子吼、如此京
  华等),南昌:百花洲文艺出版社,1991年。

柯灵:《柯灵文集》第三卷,上海:文汇出版社,2001年。

夏衍原著、柯灵改编:《秋瑾传》,上海:上海文艺出版社,1979年。

李又宁、张玉法主编:《近代中国女权运动史料》下册,台北:龙
  文出版社股份有限公司,1995年。

鲁迅:《而已集》,《鲁迅全集》第三卷,北京:人民文学出版社,
  1981年。

吕碧城:《吕碧城集》,上海:中华书局,1929年。

南武静观自得斋主人:《中国之女铜像》,上海:改良小说社,1909年。

秋灿芝:《秋瑾革命传》,台北:三民书局,1969年。

秋经武编著:《精卫石之隙——秋氏亲人记秋瑾》,呼和浩特:远方出版社,2003年。

沈不沉编:《洪炳文集》,上海:上海社会科学院出版社,2004年。

舒新城编:《中国近代教育史资料》上册,北京:人民教育出版社,1961年。

汤志钧编:《陶成章集》,北京:中华书局,1986年。

陶成章著、魏兰补注:《浙案纪略》,1916年。

王灿芝编:《秋瑾女侠遗集》,上海:中华书局,1929年、1934年。

王去病、陈德和主编:《秋瑾史集》,北京:华文出版社,1989年。

王时泽编:《秋女烈士遗稿》,长沙:秋女烈士追悼会筹备处,1912年。

王元美:《秋风秋雨》(又名《鉴湖女侠》),《新剧作》1981年10月第5期。

魏绍昌编:《鸳鸯蝴蝶派研究资料》上卷,上海:上海文艺出版社,1984年。

吴芝瑛:《剪淞留影集》,上海:《小万柳堂丛刊》本,1918年。

夏衍:《秋瑾传》,上海:开明书店,1950年。

夏衍原著、王雁改编:《秋瑾传》(京剧),北京:北京出版社,1960年。

夏衍:《夏衍剧作选》,北京:人民文学出版社,1953年。

夏衍:《自由魂》,《光明》第2卷第1号,1936年12月。

谢晋:《秋瑾》,《电影选刊》1983年10月第5期。

徐培均、卫震华:《鉴湖碧血》,《新剧作》1981年10月第5期。

学部:《奏定学堂章程》,学校司排印局,1904年。

叶文玲:《秋瑾》,杭州:浙江文艺出版社,1996年。

叶文玲：《秋瑾》,《叶文玲文集》第八卷, 北京：作家出版社,
　　1998年。

英敛之：《英敛之先生日记遗稿》,"近代中国史料丛刊续编"第22
　　册, 台北：文海出版社, 1974年。

余嘉锡：《世说新语笺疏》, 北京：中华书局, 1983年。

张廷玉等：《明史》, 第23册, 北京：中华书局, 1974年。

赵尔巽等：《清史稿》, 第42册, 北京：中华书局, 1977年。

《浙江办理秋瑾革命全案》,《文献丛编》第十六辑, 1933年9月。

浙江省辛亥革命史研究会、浙江省图书馆编：《辛亥革命浙江史料
　　选辑》, 杭州：浙江人民出版社, 1981年。

《蔡元培全集》第二卷, 北京：中华书局, 1984年。

中国蔡元培研究会编：《蔡元培全集》第15卷, 杭州：浙江教育出
　　版社, 1998年。

中国人民政治协商会议浙江省委员会文史资料研究委员会编：《浙
　　江辛亥革命回忆录》, 杭州：浙江人民出版社, 1981年。

中国史学会主编：《辛亥革命》(三), 上海：上海人民出版社, 1957年。

中国戏曲研究院编：《中国古典戏曲论著集成》(九), 北京：中国
　　戏剧出版社, 1959年。

中国戏曲研究院编：《中国古典戏曲论著集成》(八), 北京：中国
　　戏剧出版社, 1960年。

中华书局上海编辑所编：《秋瑾集》, 上海：中华书局, 1960年。

中华书局上海编辑所编：《秋瑾集》, 上海：上海古籍出版社, 1979年。

中华书局上海编辑所编：《秋瑾史迹》, 北京：中华书局, 1958年。

周芾棠、秋仲英、陈德和辑：《秋瑾史料》, 长沙：湖南人民出版社,
　　1981年。

朱寿朋编：《光绪朝东华录》, 第五册, 北京：中华书局, 1958年。

研究著作

陈象恭编著：《秋瑾年谱及传记资料》，北京：中华书局，1983年。

戈公振：《中国报学史》，北京：生活·读书·新知三联书店，1955年。

会林、绍武编：《夏衍戏剧研究资料》（下），北京：中国戏剧出版
　社，1980年。

郭长海、李亚彬编著：《秋瑾事迹研究》，长春：东北师范大学出版
　社，1987年。

孙元超编：《辛亥革命四烈士年谱》，北京：北京图书馆出版社，
　1981年。

王去病、陈德和主编，晨朵编写：《秋瑾年表（细编）》，北京：华
　文出版社，1990年。

王去病、朱馥生主编：《秋瑾评集》，北京：中国妇女出版社，2000年。

王志明：《清代乡居进士与官府交往活动研究》，上海：上海书店出
　版社，2018年。

万仕国：《何震年表》，江苏省仪征市人大常委会办公室印，2010年。

徐载平、徐瑞芳：《清末四十年申报史料》，北京：新华出版社，
　1988年。

单篇文章

阿英：《关于秋瑾的一部小说〈六月霜〉》，《人间世》第27期，1935
　年5月。

蔡元培：《亡友胡钟生传》，《蔡元培全集》第二卷，北京：中华书局，
　1984年。

陈去病：《徐自华传》，《南社》第9集，1914年5月。

褚谨翔：《关于秋瑾墓葬的一封信——清代女书法家吴芝瑛的手迹》，
　《书法》1979年第6期。

范文澜:《女革命家秋瑾》,《中国妇女》1956年第8期。

高翔宇:《秋风秋雨返秋魂——政治文化视野下的民元秋瑾迁葬》,
《汉语言文学研究》2014年第1期。

观云(蒋智由):《绍兴案》,《政论》第1号,1907年10月。

光明读者会:《评〈自由魂〉》,《光明》第2卷第7号,1937年3月。

郭长海:《秋瑾持枪拒捕考》,《学术月刊》1982年第12期。

郭沫若:《娜拉的答案》,《新华日报》1942年7月19日。

洪忠良:《陶冶公,一位可敬的辛亥老人》,中国国民党革命委员会
浙江省委员会编印:《浙江民革前辈录》,2010年。

胡彬:《论中国之衰弱女子不得辞其罪》,《江苏》第3期,1903年6月。

华玮:《世变中的女声——传奇〈六月霜〉之秋瑾形象及其意涵》,
胡晓真主编:《世变与维新》,台北:"中研院"中国文哲研究所
筹备处,2001年。

雷瑨:《申报馆之过去状况》,抱一编:《最近之五十年》,上海:申
报馆,1923年。

毛奇龄:《故明特授游击将军道州守备列女沈氏云英墓志铭》,毛奇
龄撰、李塨等编:《西河合集》,第84册,乾隆乙丑(1745年)书
留草堂刻本。

秋誉章:《长歌》,《秋萘子遗诗(三首)》,《绍兴师专学报》1983年
第1期。

秋宗章:《大通学堂党案》,《越风》第8—10期,1936年2—3月。

秋宗章:《关于秋瑾与〈六月霜〉》,《人间世》第33期,1935年8月。

秋宗章:《记徐寄尘女士》,《近代史资料》1983年第2期。

秋宗章:《六月六日与李钟岳》,《国闻周报》第14卷第22期,1937
年6月。

沈钧儒:《辛亥革命杂忆》,中国人民政治协商会议全国委员会文史

　　资料研究委员会编:《辛亥革命回忆录》第一集,北京:中华书局,1961年。

沈祖安:《拼把头颅换凯歌》,《杭州大学学报》1979年1、2合期。

时萌:《徐念慈年谱》,时萌:《中国近代文学论稿》,上海:上海古籍出版社,1986年。

太炎(章太炎):《秋瑾集序》,《民报》第17号,1907年10月。

陶在东:《苗山今昔谈·秋瑾遗闻》,《大风》第15期,1938年7月。

王灿芝:《读〈六月霜〉后之感想——关于先母秋瑾女士》,《人间世》第28期,1935年5月。

王道元:《早期的北京师范大学——京师大学堂师范馆》,《文化史料》第四辑,北京:文史资料出版社,1983年。

王时泽:《回忆秋瑾》,中国人民政治协商会议湖南省委员会编印:《文史资料》第二辑,1961年;《辛亥革命回忆录》第四集,北京:中华书局,1963年。

王时泽:《秋女烈士瑾略传》,《湖南历史资料》1980年第一辑,长沙:湖南人民出版社,1980年9月。

王时泽:《〈秋女烈士遗稿〉跋》,《湖南历史资料》1980年第一辑,长沙:湖南人民出版社,1980年9月。

王士伦:《秋瑾出生年代》,《历史研究》1979年第12期。

王晓波:《巾帼英雄秦良玉》,《中国典籍与文化》1995年第1期。

魏绍昌:《秋瑾的艺术形象永垂不朽——从传奇、文明戏到话剧和电影》,〔日本〕《清末小說研究》第6号,1982年12月。

魏绍昌:《许啸天同秋瑾、胡适的关系》,《文汇读书周报》1999年6月5日。

吴泰昌:《最早的秋瑾诗词集》,《新民晚报》2011年7月22日。

吴芝瑛:《祭秋瑾女士文》,《民国报》第3号,1911年12月11日。

夏晓虹:《罗兰夫人在中国》,《学人》第十三辑,南京:江苏文艺出版社,1998年3月。

夏晓虹:《秋瑾与谢道韫》,《北京大学学报》1999年第1期。

夏晓虹:《秋瑾之死与晚清的"秋瑾文学"》,《山西大学学报》2004年第2期。

夏晓虹:《晚清女学中的满汉矛盾——惠兴自杀事件解读》,《晚清女性与近代中国》,北京:北京大学出版社,2004年。

夏晓虹:《晚清人眼中的秋瑾之死》,《学人》第十辑,南京:江苏文艺出版社,1996年9月。

夏晓虹:《晚清上海报刊中的秋瑾祖父遗闻》,《中华读书报》2002年7月17日。

夏衍:《秋瑾不朽》,《人民日报》1979年12月5日。

谢晋:《洗净铅华 抛却珠翠——〈秋瑾〉导演构思》,《谢晋电影选集(历史卷)》,上海:上海大学出版社,2007年。

虚白:《曾孟朴先生年谱》,《宇宙风》第3期,1935年11月。

徐珂:《秋瑾赋诗乞书》,《清稗类钞》29册(文学),上海:商务印书馆,1917年。

徐双韵:《记秋瑾》,中国人民政治协商会议全国委员会文史资料研究委员会编:《辛亥革命回忆录》第四集,北京:中华书局,1963年。

徐自华:《返钏记》,《江苏革命博物馆月刊》第1卷第5期,1929年12月。

学生某:《东京新感情》,《新小说》第1号,1902年11月。

姚蒇庭、陈于德:《秋瑾烈士史事片断》,《辛亥革命绍兴史料》,绍兴市政协文史资料组,1981年。

姚鹏图:《论白话小说》,《广益丛报》第65号,1905年3月。

余一:《语溪徐夫人五秩寿言》,《南社》第22集, 1923年12月。

赵而昌:《记鉴湖女侠秋瑾》,《风雨谈》第9期, 1944年2月。

中国之新民（梁启超）:《（近世第一女杰）罗兰夫人传》,《新民丛
　　报》第17号, 1902年10月。

周建人:《回忆鲁迅片断》,《北京师范大学学报》1979年第3期。

左鹏军:《近代传奇杂剧作家作品考辨五题》,《文学遗产》2001年
　　第1期。

服部繁子:《秋瑾女士の思い出》,《季刊東西交涉》第1卷第3號,
　　1982年9月。

图书在版编目（CIP）数据

秋瑾与二十世纪中国 / 夏晓虹著.—北京：商务
印书馆，2023
（人文史丛书）
ISBN 978 - 7 - 100 - 21987 - 7

Ⅰ.①秋… Ⅱ.①夏… Ⅲ.①秋瑾（1877—1907）—人
物研究 Ⅳ.①K827=52

中国国家版本馆 CIP 数据核字（2023）第024668号

权利保留，侵权必究。

秋瑾与二十世纪中国

夏晓虹 著

商 务 印 书 馆 出 版
（北京王府井大街36号 邮政编码 100710）
商 务 印 书 馆 发 行
山 东 临 沂 新 华 印 刷 物 流
集 团 有 限 责 任 公 司 印 刷
ISBN 978 - 7 - 100 - 21987 - 7

2023年4月第1版 开本 889×1240 1/32
2023年4月第1次印刷 印张 9.875
定价：78.00元